U0587493

智能网联汽车技术

主　编　李劲松

副主编　崔人志　曾昭炜

参　编　蒋　斌　杨　敏　张春雨　徐思为

主　审　王东兵

重庆大学出版社

内容提要

本书是对标国家"双高"建设标准,对标汽车产业发展规划,调研企业急需的关键工作岗位及所需要的职业能力,结合职业教育人才培养标准,以工作任务驱动,校企联合开发的智能汽车技术丛书系列。

本书共5章,结合智能网联汽车国家发展战略和技术路线图2.0,紧密围绕智能网联汽车环境感知、定位导航、高精地图、路径规划、运动控制、5G环境V2X车联网技术、汽车安全技术、道路测试技术和相关法规进行讲解。第1章智能网联汽车概述,介绍智能网联汽车的相关概念、分级及系统组成;第2章智能网联汽车关键技术,介绍环境感知、决策规划、控制执行等技术;第3章智能网联汽车信息交互关键技术,介绍V2X通信技术、智能网联汽车与大数据和云平台以及信息安全技术等内容;第4章智能网联汽车基础支撑技术,介绍高精度地图与定位技术、智能网联汽车法规、标准、智能网联汽车测试评价等内容;第5章智能网联汽车产业应用及发展,介绍智能网联汽车应用场景及发展趋势等内容。

本书可作为高等职业院校智能网联汽车专业、智能汽车技术专业、汽车电子技术专业、新能源汽车技术专业等相关专业的教材,以及汽车技术研发企业、汽车制造企业、汽车维修企业的参考用书及培训教材,也可作为广大对智能汽车感兴趣的各类人员的参考用书。

图书在版编目(CIP)数据

智能网联汽车技术 / 李劲松主编. --重庆 :重庆
大学出版社, 2022.3
ISBN 978-7-5689-3202-8

Ⅰ. ①智… Ⅱ. ①李… Ⅲ. ①汽车—智能通信网
Ⅳ. ①U463.67

中国版本图书馆 CIP 数据核字(2022)第 050736 号

智能网联汽车技术
ZHINENG WANGLIAN QICHE JISHU

主　编　李劲松
副主编　崔人志　曾昭炜
参　编　蒋　斌　杨　敏　张春雨　徐思为
主　审　王东兵
　　　　　策划编辑　杨粮菊
责任编辑:杨育彪　　版式设计:杨粮菊
责任校对:关德强　　责任印制:张　策

*

重庆大学出版社出版发行
出版人:饶帮华
社址:重庆市沙坪坝区大学城西路21号
邮编:401331
电话:(023)88617190　88617185(中小学)
传真:(023)88617186　88617166
网址:http://www.cqup.com.cn
邮箱:fxk@cqup.com.cn(营销中心)
全国新华书店经销
重庆市联谊印务有限公司印刷

*

开本:787mm×1092mm　1/16　印张:14.5　字数:346千
2022年3月第1版　　2022年3月第1次印刷
印数:1—2 000
ISBN 978-7-5689-3202-8　定价:49.00元

本书如有印刷、装订等质量问题,本社负责调换

版权所有,请勿擅自翻印和用本书

制作各类出版物及配套用书,违者必究

前 言

    2019 年,中共中央、国务院发布《交通强国建设纲要》;2020 年,国家发展改革委、中央网信办、科技部、工业和信息化部等 11 部门联合发布《智能汽车创新发展战略》,构建国家智能网联汽车顶层设计规划,提出建设中国标准智能汽车和实现智能汽车强国的战略目标;2020 年,国务院办公厅印发《新能源汽车产业发展规划(2021—2035 年)》;2020 年 11 月 11 日,"2020 世界智能网联汽车大会"在京召开,在开幕式后的主论坛环节,中国智能网联汽车创新中心首席科学家李克强发布并解读了《智能网联汽车技术路线图 2.0》,该技术路线图制定了面向 2035 年的智能网联汽车技术发展的总体目标、愿景、里程碑与发展路径。

    汽车行业科技变革趋势是向低碳化、电动化、智能化、网联化方向发展。与传统汽车是机电一体化产品相比,智能网联汽车是机电信息一体化产品,需要汽车、交通设施、信息通信基础设施(包括4G/5G、地图与定位、数据平台)等多个产业跨界融合。根据中国汽车工程学会发布的 2021 年《智能网联汽车产业人才需求预测报告》,2025 年,汽车行业人才需求高达 120 万人,行业总体人才缺口 103 万人;智能网联汽车技术人才的存量预计仅为 7.2 万人,而学校教育滞后于人才需求,人才净缺口最高为 3.7 万人,缺口比例高达 1/3。

    智能网联汽车技术是一项庞大且复杂的系统工程,是集环境感知、规划决策和控制执行等功能于一体的现代运载工具和移动信息处理平台,具有典型的多学科和跨学科特点。同时智能网联汽车具有区域属性和社会属性的特点,在行驶过程中需要通信、地图、数据平台等本国属性的支撑和安全管理,每个国家都有自己的使用标准规范。

    本书结合智能网联汽车国家发展战略和技术路线图 2.0,紧密围绕智能网联汽车环境感知、定位导航、高精地图、路径规划、运动控制、5G 环境 V2X 车联网技术、汽车安全技术、道路测试技术和相关法规进行讲解。本书共 5 章。第 1 章智能网联汽车概述,对智能网联汽车的基本概念、分级及系统组成做了介绍;第 2 章介绍了智能网联汽车关键技术,对环境感知、决策规划、控制执行等技术做了详细的讲解;第 3 章智能网联汽车信息交互关键技术,对 V2X 通信技术、智能网联汽车与大数据和云平台、信息安全技术进行讲解;第 4 章智能网联汽车基础支撑技术,对高精度地图与定位技术、智能网联汽车法律法规、智能网联汽车安全标准、智能网联汽车测试评价做了介绍;第 5 章智能网联汽车产业应用及发展,对智能网联汽车应用场景,现在、未来发展趋势及面临的风险做了介绍。

本书特点：

①政策法规的最新介绍。本书增加了从 2019 年以来，智能网联汽车国际国内法律法规及最新技术发展路线图的介绍。

②工作任务驱动。本书对标国家"双高"建设标准，对标汽车产业发展规划，调研企业急需的关键工作岗位及所需要的职业能力，结合职业教育人才培养标准及学生的能力特点，打造校企产教深度融合课程体系。本书配有基于企业实际岗位工作任务驱动的实训工单，充分体现了职业教育的核心理念，具有较强的针对性和可操作性。

③教学资源配套丰富。本书是"互联网+"新形态教材，除纸质教材外，还嵌入了习题、视频等数字资源，将教材、课堂、教学资源三者融合，实现线上线下相结合的教学模式。

④校企研产联合开发。本书由成都市技师学院、苏州清研车联教育科技有限公司联合开发，并得到了重庆理工大学、清华大学苏州研究院、全国交通运输职业教育教学指导委员会、全国智慧交通与智能网联汽车产教联盟及一些企业的大力支持。

成都市技师学院是国家级重点技工学校，是世界技能大赛国家级数控铣竞赛项目集训基地、国家高技能人才培养示范基地、国家级智能制造生产性实训基地、全国技工院校一体化师资培训基地，先后获得"2020 亚太职业院校影响力 50 强""全国教育系统先进集体""全国职业教育先进单位""国家技能人才培育突出贡献奖""四川省文明校园""四川省依法治校示范学校"等荣誉。

苏州清研车联教育科技有限公司是由清华大学苏州研究院投资的创新型科技教育企业。公司致力于成为汽车数字化人才综合解决方案，从汽车新型技术技能人才培养入手，为国内院校汽车相关专业、为汽车企业提供人才培养解决方案，是校企深度融合的立交桥和放大器。

本书由重庆理工大学李劲松担任主编，成都市技师学院崔人志、曾昭炜担任副主编，苏州清研车联教育科技有限公司王东兵担任主审。在本书编写的过程中，成都市技师学院蒋斌、杨敏、张春雨参加了编写工作，四川大学硕士研究生徐思为完成了数据的采集、分析和测试等工作；重庆理工大学学生罗思毅、高科、雷文冰、刘莉莉、陈广、潘黎、邹鹏程参与了资料的收集、整理工作。在此表示衷心感谢。

智能汽车技术尚处发展阶段，且编者学识有限，书中不足之处在所难免，敬请读者指正。如读者在使用本书的过程中有其他意见或建议，恳请提出宝贵意见（电子邮箱 jsli0326@ cqut. edu. cn）。

编　者

2021 年 12 月

目　录

第1章　智能网联汽车概述

人类的交通工具是经过上千年的马车时代,以及由近代欧洲的机械文明逐步发展而来的,具体可以划分为 4 个阶段:工业 1.0 的机械化时代、工业 2.0 的电气化时代、工业 3.0 的信息化时代,以及当前正在发生的工业 4.0 智能化时代。汽车由于与人类社会息息相关,又被称为"改变世界的机器"。在工业 4.0 智能化时代,汽车产品技术性能及汽车交通系统将在未来 10～20 年中发生革命性变化。绿色、智能、共享、基于网络的一体化智能网联汽车是集成现代科学技术为一体的新产品、新模式、新生态的载体。智能网联汽车已成为带动 AI、信息通信、大数据、云计算等发展的战略制高点。智能网联汽车产品功能和使用方式正在发生深度变革,汽车逐渐转变为智能移动空间。

据有关数据统计,截至 2021 年 12 月底,智能网联新车的数量增加到 216 款,在所有新车中的比例超过 23%。2021 年全年,智能网联汽车累计销量高达 271.801 7 万辆,在全年累计销量中的占比超过 12% 达 12.74%,其中 12 月单月的渗透率已接近 20%,达到 18.68%,与新能源汽车的渗透率不相上下。

展望未来,电动化和智能化的发展趋势将不可逆转,随着汽车厂商持续加大对智能化和电动化的研发力度及新品投放节奏,该细分市场将在不久的将来主导整个汽车市场。

教学目标

通过本章学习,学生可以认识什么是智能网联汽车,了解智能网联汽车的分级,学习智能网联汽车的关键技术。

教学任务

知识点	学习要求
智能网联汽车的概念	了解什么是智能网联汽车
智能网联汽车的系统组成	掌握智能网联汽车的系统结构
智能网联汽车的分级	了解中国、美国及德国对智能网联汽车的分级及异同点

案例导入

依托雄安新区开放创新环境和数字道路建设运营基础,在召开的 2021 中国国际数字经济博览会智能雄安建设发展论坛上,二十多家企业围绕智能网联汽车的研发、运营、车路协同体系建设开展中试工作,推动全球领先的智能交通体系建立,营造多方共赢的智能网联汽车产业生态环境,共同打造雄安新区智能网联汽车产业聚集示范区,助力建设"妙不可言、心向往之"的未来之城。智慧城市典型交通场景如图 1.1 所示。

图 1.1　智慧城市典型交通场景

1.1　智能网联汽车相关概念

　　智能网联汽车是指汽车实现自动驾驶的两条技术路线,即单车智能汽车和可以联网的汽车。一般我们提到"自动驾驶"或者"无人驾驶",更普遍的说法是"智能车"(智能汽车)。按照《汽车驾驶自动化分级》(GB/T 40429—2021)定义,"自动驾驶汽车"专指 L3 级及以上级别的汽车,不再使用"无人驾驶"的说法,"智能汽车"与"智能网联汽车"在大部分使用场景下是类似的概念,一般不会刻意强调它们的区别。

1.1.1　智能汽车的两种模式

　　智能汽车的"智能"有以下两种模式。

　　①自主式智能汽车(Autonomous Vehicle):依靠自车所搭载的各类传感器对车辆周围环境进行感知,依靠车载控制器进行决策和控制并交由底层执行,实现自动驾驶。

　　②网联式智能汽车(Connected Vehicle):车辆通过 V2X 通信的方式获取外界的环境信息并帮助车辆进行决策与控制。

　　这两种智能的模式都在各自往前发展,同时也在融合,其融合的结果就是智能网联汽车,并且当"智能"和"网联"一起出现时,"智能"一般做狭义理解,即"自主式智能";当"智能"单独出现时,一般做广义理解,即涵盖了"自主式智能"和"网联式智能"。智能汽车的组成如图 1.2 所示,智能汽车内部展示图如图 1.3 所示。

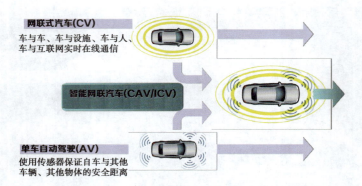

（a）自主式智能汽车与网联式智能汽车的融合

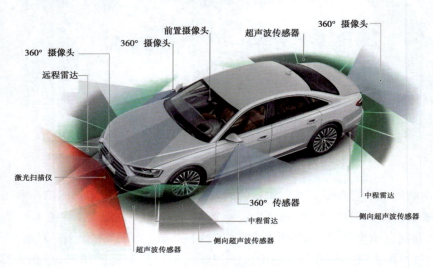

（b）典型传感器布置图

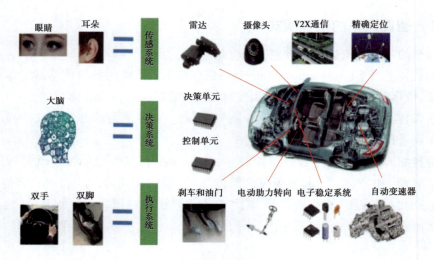

（c）典型的车辆技术构成图

图 1.2　智能汽车的组成

图 1.3　智能汽车内部展示图

1.1.2　车联网的构成

车联网(Internet of Vehicle，IOV)是以车内网、车际网和车云网为基础,按照约定的通信协议和数据交互标准,在车—X(X:车、路、行人及云平台等)之间,进行无线通信和信息交换的大系统网络,是能够实现智能化交通管理、智能动态信息服务和车辆智能化控制的一体化网络,是物联网技术在交通系统领域的典型应用,如图 1.4 所示。

图 1.4　车联网

从结构层次来看,车联网系统是一个"端管云"三层结构体系:第一层是端系统,第二层是管系统,第三层是云系统。

端系统是汽车的智能传感器,负责采集与获取车辆的智能信息,感知行车状态与环境;是具有车内通信、车间通信、车端系统网通信的泛在通信终端;还是让汽车具备车联网寻址和网络可信标志等能力的设备。

管系统解决车与车、车与路、车与网、车与人等的互联互通,实现车辆自组网及多种异构网络之间的通信与漫游,在功能和性能上保障实时性、可服务性与网络泛在性,同时它也是公网与专网的统一体。

云系统具体内容:车联网是一个云架构的车辆运行信息平台,它的价值链包含了 ITS、物流、客货运、危特车辆、汽修汽配、汽车租赁、企事业车辆管理、汽车制造商、4S 店、车管、保险、紧急救援、移动互联网等。因此需要虚拟化、安全认证、实时交互、海量存储等云计算功能,其应用系统也是围绕车辆的数据汇聚、计算、调度、监控、管理与应用的复合体系。

从应用分类来看,车联网可以从联网技术、应用对象和需求对象等角度来划分,无论哪种分类方式都基本涉及以用户体验为核心的信息服务类应用、以车辆驾驶为核心的汽车智能化应用和以协同为核心的智慧交通类应用。基于蜂窝通信的 V2X 技术如图 1.5 所示。

图 1.5　基于蜂窝通信的 V2X 技术

1.1.3　智能交通系统

智能交通系统是未来交通系统的发展方向。它是将先进的信息技术、计算机处理技术、数据通信技术、传感器技术、电子电控技术、运筹学、人工智能等有效地集成运用于整个地面交通管理系统而建立的一种在大范围内、全方位发挥作用的,实时、准确、高效的综合交通运输管理系统,如图 1.6 所示。

智能交通系统范围包含道路上的车辆和各种交通设施,强调系统平台通过智能化方式对交通环境下的车辆及交通设施进行智能化管理和控制,也提高了交通效率。智能交通系统是随着车联网技术的发展而不断发展的,车联网的终极目标就是智能交通系统。

图 1.6　智能交通系统

1.1.4　智能网联汽车定义

我国工业和信息化部在《国家车联网产业标准体系建设指南(智能网联汽车)》中明确规定,智能网联汽车(Intelligent and Connected Vehicle,ICV)是指搭载先进的车载传感器、控制器和执行器等装置,并融合现代通信与网络等技术,实现车与 X(人、路、车、云端等)智能信息交换、共享,具备复杂环境感知、智能决策、协同控制等功能,可实现"安全、高效、舒适、节能"行驶,并最终可实现替代人来操作的新一代汽车。智能网联汽车产业是汽车、电子、信息、交通、定位导航、网络通信、互联网应用等行业领域深度融合的新型产业,是全球创新热点和未来发展的制高点。

智能网联汽车如图 1.7 所示,先进辅助驾驶系统如图 1.8 所示。

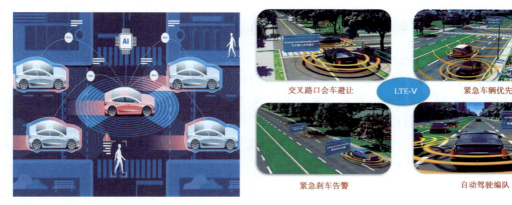

图 1.7　智能网联汽车　　　　　　图 1.8　先进辅助驾驶系统

智能汽车、车联网、智能网联汽车的关系如图 1.9 所示。

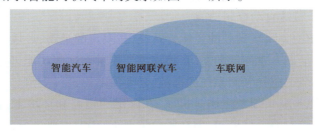

图 1.9　智能汽车、车联网、智能网联汽车的关系

1.2　智能网联汽车的分级

　　汽车驾驶自动化是全球汽车技术及产业的重要发展趋势,在为人们提供更加安全、舒适以及顺畅的出行方式与物流解决方案的同时,不断与人工智能、信息通信、智慧城市与交通等技术深度融合,正在重塑汽车及相关产业的生态体系和价值链体系。

　　近年来,国际及主要汽车产业国家和地区的标准法规组织广泛开展汽车驾驶自动化分级的研究。美国国家公路交通安全管理局(NHTSA)在 2013 年率先提出将汽车驾驶自动化分为无自动化、特定功能自动化、组合功能自动化、有条件自动化和完全自动化共 5 个等级;德国联邦交通研究所(BASt)根据研究,将汽车驾驶自动化分为仅驾驶员、辅助驾驶、部分自动驾驶、高度自动驾驶以及完全自动驾驶共 5 个等级;国际自动机工程师学会(SAE International)发布的 SAE J3016 标准提出了 0—5 级分类法,将汽车驾驶自动化分为从无驾驶自动化(0 级)直至完全驾驶自动化(5 级)在内的 6 个等级;国际标准化组织(ISO)与 SAE 组成国际标准联合起草组,正在制定 ISO 22736《道路机动车辆驾驶自动化系统相关术语的分级和定义》并已完成 FDIS 投票;联合国世界车辆法规协调论坛(UN/WP.29)于 2019 年专门就驾驶自动化分级的法规制定原则展开讨论,确定了区分驾驶辅助和自动驾驶制定相关国际技术法规的方案。其中,SAE J3016 是国际上影响最大、应用最广泛的分级标准,截至目前已发布 4 个版本:2014 版首次提出 0—5 级分类框架和原则,2016 版主要增加设计运行范围(ODD)定义并具体说明动态驾驶任务(DDT)等内容,2018 版和 2021 版主要完善术语描述并对标准使用中的常见问题进行解释说明。

1.2.1 美国关于智能网联汽车的技术分级

1. NHTSA 与 SAE 自动驾驶分级

2013 年,NHTSA 首次发布了自动驾驶汽车分级标准,对自动化的描述分为了 5 个等级。2014 年 1 月,SAE 制定了 J3016 自动驾驶分级标准,对自动化的描述分为了 L0—L5 共 6 个等级,以区分不同层次的自动驾驶技术之间的差异。两个分级标准拥有一个共同之处,即自动驾驶汽车和非自动驾驶汽车之间存在一个关键区别,也即汽车本身是否能控制一些关键的驾驶功能,如转向、加速和制动。

美国国家公路交通安全管理局(NHTSA)将汽车的自动化等级分为以下 5 级。

①无自动化阶段(0 级):在任何道路和环境下,驾驶主体均为驾驶员。

②特定功能自动化(1 级):驾驶主体为驾驶人和系统,在限定的道路和环境条件下,汽车具有一个或者 多个特殊自动控制功能。

③组合功能自动化(2 级):驾驶的主体为系统,在限定的道路、环境条件下,汽车具有纵横两个方向上控制功能融合在一起的系统,不需要驾驶员对这些功能进行控制,但驾驶员依旧需要保持对周围环境的感知和对系统的监控,必要时随时进行干预。

④有条件自动化(3 级):驾驶主体是机器,在限定的道路和环境下,汽车能够自动驾驶而且不需要驾驶员保持对系统的监控,但在紧急情况下,仍旧需要进行人工干预。

⑤完全自动化(4 级):在任何道路和环境下均可以实现自动驾驶。

SAE 与 NHTSA 这两个分级标准的区别主要在于对完全自动驾驶级别的定义与划分。与 NHTSA 不同,SAE 将其包含的 L4 级再划分为 L4 和 L5 两个级别。SAE 的这两个级别都可定义为完全自动驾驶,即汽车已经能够独立处理所有驾驶场景、完成全部驾驶操作,完全不需要驾驶员的接管或介入。这两个级别仍存在区别,L4 级的自动驾驶通常适用于城市道路或高速公路这类部分场景;而 L5 级的要求更严苛,汽车必须在任何场景下做到完全自动驾驶。

SAE 的分级是大多数政府和企业使用的标准。美国交通运输部在 2016 年 9 月发布关于自动化汽车的测试与部署政策指引时,明确将 SAE J3016 标准确立为自动驾驶汽车定义的全球行业参照标准。在此之后,来自全球各地的多家企业单位都认可并效仿该标准,评定和研发自身的自动驾驶产品。

2. SAE 分级的更新

2018 年,修订版 SAE J3016(TM)《标准道路机动车驾驶自动化系统分类与定义》进一步细化了每个分级的描述,其中包含 6 个级别的驾驶自动化的详细定义,从无驱动自动化(L0级)到全驱动自动化(L5 级)及其在道路上的操作。该等级适用于装配汽车在任何给定路况的操作情况下进行的自动驾驶。虽然给定的汽车可以配备或提供在不同级别下执行的驾驶自动化系统,但在任何给定情况下展现出来的自动化驾驶水平都由一个或多个相应的技术状态和参数特征来决定。

SAE 版本的标准提到了动态驾驶任务,并依据动态驾驶任务的执行者和具体内容来定义自动驾驶处于的级别,并认为驾驶中有 3 个主要参与者:用户、驾驶自动化系统以及其他汽车系统和组件。

在本次 SAE 版本中,诸如电子稳定控制和自动化紧急制动等主动安全系统,以及其他某些类型的驾驶员辅助系统(如车道保持辅助系统等),不在此次驾驶自动化分类标准的范围之内。原因是它们并不是部分或全部动态驾驶任务的持续运行基础,它们仅在特殊情况下针对潜在的危险情况提供短暂干预。由于主动安全系统动作的瞬时特性,其干预措施不会改变或消除驾驶员或自动驾驶程序正在执行的部分或全部动态驾驶任务,因此这些不在自动化驾驶的范围之内。

1.2.2　德国关于智能网联汽车的技术分级

德国联邦公路研究院把智能网联汽车发展划分为 3 个阶段,即部分自动驾驶、高度自动驾驶以及完全自动驾驶。

(1)部分自动驾驶阶段

在部分自动驾驶阶段,驾驶员需要持续监测车辆驾驶辅助系统的提示,车辆无法作出自主动作。

(2)高度自动驾驶阶段

在高度自动驾驶阶段,驾驶员不再需要对驾驶辅助系统持续监控,驾驶辅助系统可以在某种状态下暂时代替驾驶员作出一定的动作,并且能够由驾驶员随时接管对车辆的操控。

(3)完全自动驾驶阶段

在完全自动驾驶阶段,真正实现无人驾驶的状态。

1.2.3　中国关于智能网联汽车的技术分级

2021 年 8 月 20 日,《汽车驾驶自动化分级》(GB/T 40429—2021)推荐性国家标准批准发布,于 2022 年 3 月 1 日起实施。该标准规定了汽车驾驶自动化分级遵循的原则、分级要素、各级别定义和技术要求框架,旨在解决我国汽车驾驶自动化分级的规范性问题。

GB/T 40429—2021 适用于具备驾驶自动化功能的 M 类、N 类汽车,其他类型车辆可参照执行。基于驾驶自动化系统能够执行动态驾驶任务的程度,根据在执行动态驾驶任务中的角色分配以及有无设计运行范围限制,将驾驶自动化分成 0 至 5 级共 6 个级别。

驾驶自动化等级与划分要素的关系见表 1.1。

表 1.1　驾驶自动化等级与划分要素的关系

分级	名称	持续的车辆横向和纵向运动控制	目标和事件探测与响应	动态驾驶任务后援	设计运行范围
0 级	应急辅助	驾驶员	驾驶员及系统	驾驶员	有限制
1 级	部分驾驶辅助	驾驶员及系统	驾驶员及系统	驾驶员	有限制
2 级	组合驾驶辅助	系统	驾驶员及系统	驾驶员	有限制

续表

分级	名称	持续的车辆横向和纵向运动控制	目标和事件探测与响应	动态驾驶任务后援	设计运行范围
3级	有条件自动驾驶	系统	系统	动态驾驶任务后援用户（执行接管后成为驾驶员）	有限制
4级	高度自动驾驶	系统	系统	系统	有限制
5级	完全自动驾驶	系统	系统	系统	无限制*
*排除商业和法规因素等限制					

GB/T 40429—2021 基于以下 6 个要素对驾驶自动化等级进行划分：

①是否持续执行动态驾驶任务中的目标和事件探测与响应；

②是否持续执行动态驾驶任务中的车辆横向或纵向运动控制；

③是否同时持续执行动态驾驶任务中的车辆横向和纵向运动控制；

④是否持续执行全部动态驾驶任务；

⑤是否自动执行最小风险策略；

⑥是否存在设计运行范围限制。

GB/T 40429—2021 对分级方法做了如下明确定义。

在汽车驾驶自动化的 6 个等级中,0—2 级为驾驶辅助,系统辅助人类执行动态驾驶任务,驾驶主体仍为驾驶员;3—5 级为自动驾驶,系统在设计运行条件下代替人类执行动态驾驶任务,当功能激活时,驾驶主体是系统。各级名称及定义如下：

① 0 级驾驶自动化(应急辅助,emergency assistance)系统不能持续执行动态驾驶任务中的车辆横向或纵向运动控制,但具备持续执行动态驾驶任务中的部分目标和事件探测与响应的能力。

② 1 级驾驶自动化(部分驾驶辅助,partial driver assistance)系统在其设计运行条件下持续地执行动态驾驶任务中的车辆横向或纵向运动控制,且具备与所执行的车辆横向或纵向运动控制相适应的部分目标和事件探测与响应的能力。

③ 2 级驾驶自动化(组合驾驶辅助,combined driver assistance)系统在其设计运行条件下持续地执行动态驾驶任务中的车辆横向和纵向运动控制,且具备与所执行的车辆横向和纵向运动控制相适应的部分目标和事件探测与响应的能力。

④ 3 级驾驶自动化(有条件自动驾驶,conditionally automated driving)系统在其设计运行条件下持续地执行全部动态驾驶任务。

⑤ 4 级驾驶自动化(高度自动驾驶,highly automated driving)系统在其设计运行条件下持续地执行全部动态驾驶任务并自动执行最小风险策略。

⑥ 5 级驾驶自动化(完全自动驾驶, fully automated driving)系统在任何可行驶条件下持续地执行全部动态驾驶任务并自动执行最小风险策略。

用户与驾驶自动化系统的角色见表1.2。

表 1.2 用户与驾驶自动化系统的角色

驾驶自动化等级	用户的角色	驾驶自动化系统的角色 (驾驶自动化系统激活)
0 级 应急辅助	驾驶员： 执行全部动态驾驶任务，监管驾驶自动化系统，并在需要时介入动态驾驶任务以确保车辆安全	①持续地执行部分目标和事件探测与响应； ②当驾驶员请求驾驶自动化系统退出时，立即解除系统控制权
1 级 部分驾驶辅助	驾驶员： ①执行驾驶自动化系统没有执行的其余动态驾驶任务； ②监管驾驶自动化系统，并在需要时介入动态驾驶任务以确保车辆安全； ③决定是否及何时启动或关闭驾驶自动化系统； ④在任何时候，可以立即执行全部动态驾驶任务	①持续地执行动态驾驶任务中的车辆横向或纵向运动控制； ②具备与车辆横向或纵向运动控制相适应的部分目标和事件探测与响应的能力； ③当驾驶员请求驾驶自动化系统退出时，立即解除系统控制权
2 级 组合驾驶辅助	驾驶员： ①执行驾驶自动化系统没有执行的其余动态驾驶任务； ②监管驾驶自动化系统，并在需要时介入动态驾驶任务以确保车辆安全； ③决定是否及何时启动或关闭驾驶自动化系统； ④在任何时候，可以立即执行全部动态驾驶任务	①持续地执行动态驾驶任务中的车辆横向和纵向运动控制； ②具备与车辆横向和纵向运动控制相适应的部分目标和事件探测与响应的能力； ③当驾驶员请求驾驶自动化系统退出时，立即解除系统控制权

续表

驾驶自动化等级	用户的角色	驾驶自动化系统的角色（驾驶自动化系统激活）
3级 有条件 自动驾驶	驾驶员（驾驶自动化系统未激活）： ①驾驶自动化系统激活前,确认装备驾驶自动化系统的车辆状态是否可以使用; ②决定何时开启驾驶自动化系统; ③在驾驶自动化系统激活后成为动态驾驶任务后援用户。 动态驾驶任务后援用户（驾驶自动化系统激活）： ①当收到介入请求时,及时执行接管; ②发生车辆其他系统失效时,及时执行接管; ③可将视线转移至非驾驶相关的活动,但保持一定的警觉性,对明显的外部刺激（如救护车警笛等）进行适当的响应; ④决定是否以及如何实现最小风险状态,并判断是否达到最小风险状态; ⑤在请求驾驶自动化系统退出后成为驾驶员	①仅允许在其设计运行条件下激活; ②激活后在其设计运行条件下执行全部动态驾驶任务; ③识别是否即将不满足设计运行范围,并在即将不满足设计运行范围时,及时向动态驾驶任务后援用户发出介入请求; ④识别驾驶自动化系统失效,并在发生驾驶自动化系统失效时,及时向动态驾驶任务后援用户发出介入请求; ⑤识别动态驾驶任务后援用户的接管能力,并在用户的接管能力即将不满足要求时,发出介入请求; ⑥在发出介入请求后,继续执行动态驾驶任务一定的时间供动态驾驶任务后援用户接管; ⑦在发出介入请求后,如果动态驾驶任务后援用户未响应,适时采取减缓车辆风险的措施; ⑧当用户请求驾驶自动化系统退出时,立即解除系统控制权
4级 高度自动 驾驶	驾驶员/调度员（驾驶自动化系统未激活）： ①驾驶自动化系统激活前,确认装备驾驶自动化系统的车辆状态是否可以使用; ②决定是否开启驾驶自动化系统; ③在驾驶自动化系统激活后,车内的驾驶员/调度员成为乘客。 乘客/调度员（驾驶自动化系统激活）： ①无须执行动态驾驶任务或接管; ②无须决定是否及如何实现最小风险状态,且不需要判断是否达到最小风险状态; ③可接受介入请求并执行接管; ④可请求驾驶自动化系统退出; ⑤在请求驾驶自动化系统退出且系统退出后成为驾驶员	①仅允许在其设计运行条件下微活; ②激活后在其设计运行条件下执行全部动态驾驶任务; ③识别是否即将不满足设计运行范围; ④识别驾驶自动化系统失效和车辆其他系统失效; ⑤识别驾乘人员状态是否符合设计运行条件; ⑥在发生下列情况之一且用户未响应介入请求时,执行风险减缓策略并自动达到最小风险状态: ——即将不满足设计运行条件; ——驾驶自动化系统失效或车辆其他系统失效; ——驾乘人员状态不符合设计运行条件（如有）; ——用户要求实现最小风险状态; ⑦除下列情形以外,不得解除系统控制权: ——已达到最小风险状态; ——驾驶员在执行动态驾驶任务; ⑧当用户请求驾驶自动化系统退出时,解除系统控制权,如果存在安全风险可暂缓解除

驾驶自动化等级	用户的角色	驾驶自动化系统的角色（驾驶自动化系统激活）
5 级 完全自动 驾驶	驾驶员/调度员（驾驶自动化系统未激活）： ①驾驶自动化系统激活前,确认装备驾驶自动化系统的车辆状态是否可以使用; ②决定是否开启驾驶自动化系统; ③在驾驶自动化系统激活后,车内的驾驶员/调度员成为乘客。 乘客/调度员（驾驶自动化系统激活）： ①无须执行动态驾驶任务或接管; ②无须决定是否及如何实现最小风险状态,且不需要判断是否达到最小风险状态; ③可接受介入请求并执行接管; ④可请求驾驶自动化系统退出; ⑤在请求驾驶自动化系统退出且系统退出后成为驾驶员	①无设计运行范围限制; ②仅允许在其设计运行条件下激活; ③激活后在其设计运行条件下执行全部动态驾驶任务; ④识别驾驶自动化系统失效和车辆其他系统失效; ⑤在发生下列情况之一且用户未响应介入请求时,执行风险减缓策略并自动达到最小风险状态: ——驾驶自动化系统失效或车辆其他系统失效; ——用户要求实现最小风险状态。 ⑥除下列情形以外,不得解除系统控制权: ——已达到最小风险状态; ——驾驶员在执行动态驾驶任务; ⑦当用户请求驾驶自动化系统退出时,解除系统控制权,如果存在安全风险可暂缓解除

中国标准和其他主要国家分类的区别如下。

①从服务"人类"的角度对驾驶自动化分级进行界定。

SAE J3016 为便于描述人和系统在不同驾驶自动化级别中的动态驾驶任务及责任关系,不仅界定了系统需要承担的动态驾驶任务,也对人类需要承担的任务和责任做了相应规定。GB/T 40429—2021 以汽车及其驾驶自动化系统为标准化对象,不适合照搬 SAE J3016 在对汽车及驾驶自动化系统的功能、任务界定的同时也对人提出相应要求的模式,因此,GB/T 40429—2021 在界定驾驶自动化级别时,只将系统需要承担的动态驾驶任务和责任纳入 GB/T 40429—2021 规范性要素予以规定,并与此对应将"人和系统的责任划分"以及"对人的要求"的相关内容均转化为注和资料性附录,既保证了标准支撑专业技术开发及应用的规范性,又为消费者等非专业技术人员理解本标准提供了帮助。

②"驾驶自动化"与"自动驾驶"是两个不同的概念。

与 SAE J3016 类似,GB/T 40429—2021 规定的是驾驶自动化分级,即根据驾驶自动化系统所能执行的驾驶任务情况,将驾驶自动化功能分为不同的等级。其中,0—2 级统称为"驾驶辅助",属于低级别的驾驶自动化功能;3—5 级统称为"自动驾驶",属于高级别的驾驶自动化功能。因此,可以认为"自动驾驶"对驾驶自动化分级结果的描述,是对高级别（3—5级）驾驶自动化功能的统称。

③驾驶自动化"功能"不等同于驾驶自动化"能力"。

GB/T 40429—2021 的主要定位是对汽车驾驶自动化功能进行分级,对不同级别的驾驶自动化系统需要承担的驾驶任务进行界定,但不能用于评价驾驶自动化能力和水平。汽车驾驶自动化系统的能力评价需要综合考虑驾驶自动化功能级别和对应的设计运行条件两个因素,单独采用其中任何一个因素评价驾驶自动化能力都是不合适的。因此,不能简单地认为驾驶自动化级别高的系统就一定比级别低的系统能力强,而是要将系统对应的设计运行条件考虑在内,在相同功能级别前提下比较设计运行条件大小或在相同设计运行条件前提下比较功能级别才有实际价值。否则,脱离设计运行条件,单纯强调驾驶自动化级别缺乏科学性,也是没有意义的。

④驾驶自动化等级命名更符合我国实际,更直白易懂。

第一,将0级命名为"应急辅助"并要求其至少有目标或事件探测能力,可兼具非持续性控制。SAE J3016 在驾驶自动化分级中纳入"无自动化"并定义为0级,存在逻辑上的争议;同时,其纳入0级范畴的前方碰撞预警(FCW)、自动紧急制动(AEB)、车道偏离预警(LDW)等均具有一定"自动化"属性且多应用于安全应急场景。GB/T 40429—2021 将上述功能纳入0级并命名为"应急辅助",既符合技术实际,又解决了分级逻辑上的争议问题。第二,将2级命名由"部分驾驶自动化"修改规范为"组合驾驶辅助"。SAE J3016 将2级命名为"部分驾驶自动化",但划归"驾驶辅助"范畴,容易造成理解和认知上的混淆。GB/T 40429—2021 从级别名称上就明确强调2级驾驶自动化属于"驾驶辅助"范畴,划清与自动驾驶的界限,避免产生误解与误用,同时,准确对应了2级驾驶自动化功能兼具横、纵向组合控制的特征。第三,提出设计运行条件(ODC)的概念,将设计运行范围(ODD)、驾乘人员状态和车辆状态统一纳入驾驶自动化系统激活和运行的综合条件描述,更符合技术逻辑和产品设计实际。

⑤中国汽车驾驶自动化分级标准在各驾驶自动化级别中相应强化了安全性因素。

例如,针对3级驾驶自动化系统提出"适时采取减缓车辆风险的措施"的技术要求。在这种情况下,即使需要依赖驾驶员进行接管的3级驾驶自动化系统,在设计时也应考虑风险减缓措施,从而最大限度地保障车辆运行的安全性。我国标准关注驾驶自动化安全性的理念和原则得到国际同行的认可与重视,在2021版 SAE J3016 中也有所体现。

1.3　智能网联汽车系统组成

1.3.1　智能网联汽车的层次结构

智能网联汽车以汽车为主体,利用多种先进技术实现多车有序安全行驶,通过无线通信网络等手段为用户提供多样化信息服务。智能网联汽车的关键技术体系大体由环境感知层、智能决策层以及控制和执行层三部分组成。感知主要分为自主式感知和网联式感知。智能网联汽车通过车载传感器获得对复杂环境的感知,称为自主式感知;借助现代通信和网络技术来感知环境,称为网联式感知。

1. 环境感知层

环境感知层是通过车载环境感知技术、卫星定位技术及 V2X(基于 LTE 或 5G)无线通信技术等,实现对车辆自身属性和车辆外在属性(如行人、道路和车辆等)静态、动态信息的提取和收集,并向智能决策层输送信息。其主要目标包括目标检测、车辆定位等。

目标检测主要使用车载的视觉传感器、毫米波雷达、激光雷达、超声波雷达等,以及基于

V2X 的路测传感器,来感知和识别车辆自身和周边环境的驾驶态势。

车辆定位主要使用车载的 GPS 和惯导、摄像头(或激光雷达)、云端的高清地图,帮助车辆获取到车辆所在的具体坐标,为车辆的决策规划提供依据。常见的定位技术有卫星定位、差分定位、惯性导航定位,以及即时定位与地图构建技术(Simultaneous Localization and Mapping,SLAM),也称为 CML (Concurrent Mapping and Localization)等。

2. 智能决策层

智能决策层的主要功能是接受环境感知层的信息并进行融合,对道路、车辆、行人、交通标志和交通信号等进行识别、分析、判断并决策车辆驾驶模式和将要执行的操作,并向控制和执行层输送命令。

3. 控制和执行层

控制和执行层的主要功能是按照智能决策层的指令,对车辆进行操作和协同控制,保障汽车安全行驶和舒适驾驶。

1.3.2　智能网联汽车的技术结构

2016 年,国家发布了《智能网联汽车技术路线图》,作为"节能与新能源汽车技术路线图"研究专题之一,支撑构建了中国智能网联汽车产业技术发展体系,并为中国智能网联汽车产业技术发展指明了方向。

2019 年,中国汽车工程学会开展了《智能网联汽车技术路线图 2.0》的修订工作。修订后的 2.0 路线图系统梳理、更新、完善了智能网联汽车的定义、技术架构和智能化网联化分级,分析了智能网联汽车的技术发展现状和未来演进趋势,对《智能网联汽车技术路线图》实现程度和实施效果进行了评估。

2020 年 11 月,在北京举办的世界智能网联汽车大会上正式发布的《智能网联汽车技术路线图 2.0》(以下简称《路线图 2.0》),是继《新能源汽车产业发展规划(2021—2035)》《节能与新能源汽车技术路线图 2.0》之后,又一份定调未来 15 年技术路线的顶层设计文件。

路线图 2.0 中将智能网联汽车技术架构划分为"三横两纵",如图 1.10 所示。

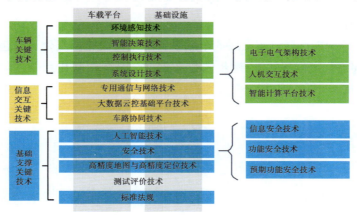

图 1.10　智能网联汽车"三横两纵"技术架构

"三横"指车辆关键技术、信息交互关键技术与基础支撑关键技术。智能网联汽车的"三横"架构涉及的3个领域的关键技术可以划分为以下12种。

①环境感知技术。环境感知技术包括利用机器视觉的图像识别技术、利用雷达(激光、毫米波、超声波)的周边障碍物检测技术、多源信息融合技术和传感冗余设计技术等。

②智能决策技术。智能决策技术包括危险事态建模技术、危险预警与控制优先级划分、群体决策和协同技术、局部轨迹规划及驾驶人多样性影响分析等。

③控制执行技术。控制执行技术包括面向驱动、制动的纵向运动控制,面向转向的横向运动控制,基于驱动、制动、转向、悬架的底盘一体化控制,融合车联网通信及车载传感器的多车队列协同和车路协同控制等。

④系统设计技术。系统设计技术包括电子电气架构技术、人机交互技术、智能计算平台技术等。

⑤专业通信与网络技术。专业通信与网络技术包括V2X多种通信设备融合技术,多边缘计算能力对智能网联汽车业务多场景、支持技术,车路协同决策与控制技术等。

⑥大数据云控基础平台技术。云平台与大数据包括智能网联汽车云平台架构与数据交互标准、云操作系统、数据高效存储和检索技术、大数据的关联分析、深度挖掘技术等。

⑦车路协同技术。车路协同技术包括车路融合环境感知技术,车、路、云一体化协同控制的自动驾驶技术。

⑧人工智能技术。人工智能技术包括多源异构信息融合技术、多传感环境感知算法深度融合技术等。

⑨安全技术。安全技术包括信息安全技术、功能安全技术、预期功能安全技术等。

⑩高精度地图与高精度定位技术。高精度地图与高精度定位技术包括高精度地图数据模型与采样式样、交换格式和物理存储的标准化技术,基于北斗地基增强系统的高精度定位技术,多源辅助定位技术等。

⑪测试评价技术。测试评价技术包括智能网联汽车测试评价方法与测试环境建设。

⑫标准法规。标准法规包括智能网联汽车整车标准体系以及涉及汽车、交通、通信等各领域的关键技术标准。

"两纵"指支撑智能网联汽车发展的车载平台与基础设施。基础设施包括交通设施、通信网络、大数据平台、定位基站等,逐步向数字化、智能化、网联化和软件化方向升级,支撑智能网联汽车发展。

习　题

一、单选题

1. 智能网联汽车是指搭载先进的车载传感器、控制器和执行器等装置,并融合现代通信与网络技术,实现车与(　　　)、路、车、云平台等的信息交换。

　　A. 人　　　　　　　　B. 物　　　　　　　　C. 电脑　　　　　　　　D. 管理平台

2. 我国于2021年8月20日颁布的GB/T 40429—2021《汽车驾驶自动化分级》推荐性国

家标准中,(　　)级以上的才能叫自动驾驶汽车。

　　A.0 级　　　　　　　B.1 级　　　　　　　C.2 级　　　　　　　D.3 级

　　3.我国《智能网联汽车技术路线图2.0》中,增加了(　　)。

　　A.自动驾驶汽车　　　B.智能网联车　　　C.智能汽车　　　　　D.车联网

　　4.从结构层次看,车联网系统是一个"端管云"三层结构体系:第一层是端系统,第二层是管系统,第三层是(　　)。

　　A.车系统　　　　　　B.云系统　　　　　　C.网系统　　　　　　D.交通系统。

　　5.智能决策层的主要功能是接受环境感知层的信息,对道路、车辆、行人、交通标志和交通信号等进行识别、分析、判断并决策车辆驾驶模式和将要执行的操作,并向(　　)输送命令。

　　A.环境感知层　　　　　　　　　　　　B.执行层

　　C.控制和执行层　　　　　　　　　　　D.控制层

二、多选题

　　1.智能汽车的"智能"有(　　)两种模式,这两种智能的模式都在各自往前发展,同时也在融合,其融合的结果就是智能网联汽车。

　　A.自主式智能汽车　　B.智能交通系统　　C.网联式智能汽车　　D.自动驾驶汽车

　　2.中国于2021 年8 月20 日颁布的GB/T 40429—2021《汽车驾驶自动化分级》推荐性国家标准适用于具备驾驶自动化功能的(　　)汽车,其他类型车辆可参照执行。

　　A.M 类　　　　　　　B.N 类　　　　　　　C.O 类　　　　　　　D.C 类

　　3.智能网联汽车技术路线可划分为"三横两纵"式技术架构,"两纵"指支撑智能网联汽车发展的(　　)。

　　A.车载平台　　　　　B.云平台　　　　　　C.基础设施　　　　　D.通信设备

　　4.智能网联汽车技术逻辑结构的两条主线是(　　)。

　　A.环境感知　　　　　B.信息感知　　　　　C.决策控制　　　　　D.控制执行

　　5.智能网联汽车安全技术包括(　　)等。

　　A.信息安全技术　　　　　　　　　　　B.功能安全技术

　　C.决策控制技术　　　　　　　　　　　D.预期功能安全技术

三、填空题

　　1.智能网联汽车技术路线"三横"指车辆关键技术、_____与基础支撑关键技术。

　　2.通过车载传感器获得对复杂环境的感知,称为自主式感知;借助现代通信和网络技术来感知环境,称为_____。

　　3._____是未来交通系统的发展方向。

　　4.智能决策技术包括危险事态建模技术、_____、群体决策和协同技术、局部轨迹规划及驾驶人多样性影响分析等。

5.高精度地图具有_____、_____和_____的特点。不论是动态化,还是精度和丰富度,最终目的都是保证自动的安全与高效率。

四、判断题

1.2级驾驶自动化系统在其设计运行条件下持续地执行动态驾驶任务中的车辆横向和纵向运动控制,且具备与所执行的车辆横向和纵向运动控制相适应的部分目标和事件探测与响应的能力。(　　)

2.高精度地图是指绝对精度和相对精度均在毫米级的高分辨率、高丰富度的导航地图,也称为三维高精度地图。(　　)

3.《汽车驾驶自动化分级》(GB/T 40429—2021)中的"驾驶自动化"与"自动驾驶"是两个不同的概念。(　　)

4.高精度地图制作只需要 GPS 便可完成。(　　)

5.《汽车驾驶自动化分级》(GB/T 40429—2021)将汽车驾驶自动化分为 5 个等级。(　　)

五、简答题

1.什么是智能网联汽车?

2.什么是车联网?

3.智能网联汽车技术"三横两纵"指的是什么?

4.《汽车驾驶自动化分级》(GB/T 40429—2021)与其他国家分类的区别有哪些?

第2章　智能网联汽车关键技术

作为智能化车辆关键的环境感知技术、决策规划技术、控制执行技术是依赖高新技术的有力支撑,是保证智能网联汽车功能安全和性能安全,保证道路交通安全的车辆关键技术。

教学目标

通过本章学习,学生可以了解到智能网联汽车车辆关键技术有哪些,了解车辆关键技术的概念及其实现的相关技术原理。

教学任务

知识点	学习要求
智能网联汽车关键技术	掌握智能网联汽车关键技术有哪些
车辆关键技术之环境感知技术	了解环境感知技术及其目的;掌握相关元器件的功能、原理及优缺点
车辆关键技术之决策规划技术	掌握决策规划技术的概念;了解智能网联汽车进行行驶决策与路径规划的技术方法
车辆关键技术之控制执行技术	掌握控制执行技术的相关概念及控制执行方法

案例导入

百度无人驾驶车依托国际领先的交通场景物体识别技术和环境感知技术,实现高精度车辆探测识别、跟踪、距离和速度估计、路面分割、车道线检测,为自动驾驶的智能决策提供依据。2021 年 6 月 21 日,交通运输部、外交部、120 余位驻华使馆外交官和国际组织驻华代表在北京首钢园体验了百度共享无人车出行服务,如图 2.1 所示。

图 2.1　百度共享无人车

2.1　环境感知技术

2.1.1　环境感知技术概述

环境感知相当于智能网联汽车的"眼睛和耳朵",它们的性能决定智能网联汽车能否适应复杂多变的交通环境。自动驾驶等级越高,对环境感知要求越高。无人驾驶汽车对环境感知的要求最高,其次是自动驾驶汽车、智能网联汽车和智能汽车。

智能驾驶车辆获取和处理环境信息主要用于状态感知和 V2X(车对外界的信息交换)网联通信。状态感知主要通过车载传感器对周边及本车环境状态信息进行采集和处理,包括交通环境状态的感知和车身状态的感知。V2X 网联通信是结合现代通信与网络技术,实现智能驾驶车辆与外界设施及汽车之间的互联互通、信息共享与协调控制等。本节主要介绍基于传感器的交通状态感知,交通状态感知功能的实现依赖于环境感知传感器及相应的感知技术。环境感知是一个复杂的系统,它需要多种车载传感器实时获取周边环境的信息,通过多种算法处理和分析原始输入数据,给出最合理的决策。因此,环境感知是感知设备(即硬件设备)和软件算法(即感知技术)的统一体。硬件设备是感知的物理基础,主要指各种车载传感器,包括激光雷达、毫米波雷达、机器视觉系统、红外传感器、多传感器信息融合系统、多源信息交互系统等。原始数据的质量越高,后续数据处理与分析模块的难度就越低。获取高质量的数据离不开性能优异的车载传感器。不同传感器的原理功能各异,它们在不同的使用场景里获取不同的局部信息,这些信息相互补充,能够显著提高系统的冗余度和容错性,从而保证决策的快速性和正确性。多传感融合是当前自动驾驶汽车采用的主流环境感知方案。环境感知示意图如图 2.2 所示。

不同传感器在测距、温度适应性等无人驾驶关键特性上的性能表现见表 2.1。

图 2.2　环境感知示意图

表 2.1　不同传感器的性能表现

性能	激光雷达	毫米波雷达	摄像头	GNSS/IMU
远距离测量能力	优	优	优	优
分辨率	良	优	优	优
低误报率	良	优	一般	优
温度适应性	优	优	优	优
不良天气适应性	较差	优	较差	优
灰尘/潮湿适应性	较差	优	较差	较差
低成本信号处理	较差	优	较差	良

　　视觉传感器是通过摄像头采集外部信息并根据算法进行图像识别;超声波雷达是通过发射和接收超声波,分析折返时间测算距离;毫米波雷达是通过发射和接收毫米波,分析折返时间测算距离;激光雷达是通过发射和接收激光,分析折返时间测算距离。

2.1.2　超声波雷达

　　汽车测距技术有超声波测距、激光测距、毫米波测距和摄像头测距等,其中超声波测距、激光测距、毫米波测距的测距方式类似,都是将发射信号与回波信号进行比较,得到脉冲时间、相位或频率的差值,计算出发射与接收信号的时间差,再分别根据机械波在空气中的传播速度,计算与障碍物的距离和相对速度。

　　但是由于超声波、激光(包括红外线激光)、毫米波的特性差异,测距技术也因受障碍物、气候变化等因素影响而各不相同。主要测距雷达性能比较见表 2.2。

表 2.2　主要测距雷达性能比较

	摄像头	超声波	毫米波	激光	红外线
探测距离	≥50 m	≈10 m	≥100 m	≥200 m	≈10 m
响应时间	由处理时间决定	较快(≈15 ms)	较快(≈15 ms)	较快(≈10 ms)	较慢(≈1 000 ms)
受污染、磨损等因素影响	很大	几乎没有	不大	很大	不大
成本	较高	低	中	高	低
环境适应性	较差	好	好	差	差

　　综上所述,超声波雷达适用于近距离测距场景,例如泊车辅助、变道辅助、低速自动跟车等。

1. 超声波特性认知

声波属于机械波。声波由声源振动产生,声波传播的空间称为声场,人耳可以听到的声波的频率一般为 20 Hz ~ 20 kHz。频率小于 20 Hz 的声波称为次声波,次声波的波长很长,因此能绕大型障碍物发生衍射,不易衰减,不易被水和空气吸收。

频率高于 20 kHz 的声波就是超声波,通常以纵波的方式在弹性介质内传播,方向性好,穿透能力强,对色彩、光照、电磁场不敏感,在气体中易衰减,而在液体、固体中衰减不大,广泛应用于测距、测速、清洗、焊接、碎石、杀菌消毒等各领域。

超声波的波长很短,只有几厘米,短的只有千分之几毫米,具有如下特性。

(1)传播特性

超声波为直线式传播,绕射能力弱,反射能力强。这是因为超声波的波长很短,通常障碍物的尺寸要比超声波的波长大好多倍,所以超声波的衍射本领很差,它在均匀介质中能够定向直线传播,具有绕射能力弱、反射能力强的特性。超声波的波长越短,该特性就越显著。

(2)传播速度

超声波在空气中传播的速度比较慢。当在固体或者液体中传播时,超声波具有传播能量衰减比较小和穿透能力比较强的优点。介质的密度与弹性特性是影响超声波传播速度的主要因素。超声波在空气中的传播速度与温度、大气压力等因素有关,其中温度的影响更大。因此高精度的超声波测距系统会加装温度雷达,提供温度与超声波传播速度的修正。超声波传播速度与温度的关系见表 2.3。

表 2.3　超声波传播速度与温度的关系

温度/℃	−30	−20	−10	0	10	20	30	100
超声波传播速度 /(m · s^{-1})	313	319	325	323	338	344	349	386

实验表明,空气中声波传播速度的近似式:

$$C = 331.5 + 0.16\theta \tag{2.1}$$

式中　C ——声波传播速度,m/s;

　　　θ ——气温,℃。

(3)折射与反射

在同样的媒介中超声波将直线传播,但是,当超声波在两种不同的介质中传播时,在这两种介质的分界面上会产生两种不同的现象,一种是部分超声波被反射,另一种是其余的超声波会穿过该分界面继续传播而产生折射,如图 2.3 所示。这种现象受媒介的种类、形状的影响,在大气中,即使是遇到人体也会出现明显的反射现象。

利用超声波检测时要注意多重反射的干扰,在可检测物体上反射一次后回归的反射波会反射到雷达探头或附近的物体、天花板面等,并再次反射到可检测物体进行二次或二次以上反射。例如在二次反射的情况下,超声波会收到恰好与一次反射相同的、经过 2 倍一次反射距离的反射波,如图 2.4 所示。

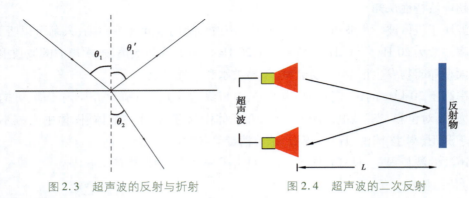

图 2.3　超声波的反射与折射　　　图 2.4　超声波的二次反射

（4）功率特性

当声音在空气中传播时，会推动空气中的微粒往复振动而对微粒做功，功率与声波的频率成正比。超声波频率很高，与一般声波相比，它的功率很大。当超声波频率变高时，其波束也会随着变窄，于是该声波的定向传播和反射能力就会变强，它所携带的传播能量也会远远大于具有相同振幅的其他类型的声波。

（5）超声波的干涉特性

当两列超声波在某种介质中传播并相遇时，该介质中某些质点振动会相互加强，而另外有些质点的振动会相互减弱甚至有些质点的振动会完全抵消，这种现象称为超声波的干涉现象，超声波的干涉示意如图 2.5 所示，由于超声波干涉现象的存在，在两列超声波辐射区的周围会形成一个包含有最强和最弱振动的扬声场。

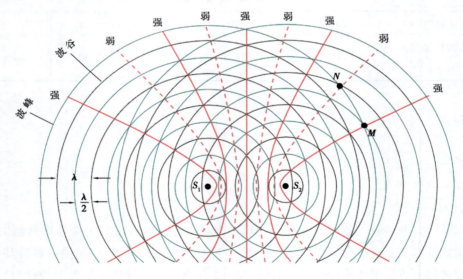

图 2.5　超声波的干涉示意

（6）衰减特性

超声波在传播的过程中，其所携带的声能量会有所减弱，这种特性称为超声波衰减特性。产生衰减的原因主要有以下几点。

①由声束的扩散引起的衰减：这种衰减只与波形和距离有关，而与介质无关。

②由散射引起的衰减：当超声波在不同的介质中传播时，会产生散乱反射现象而使声能衰减。

③由吸收引起的衰减：当超声波想要传播时，质点需要振动，而克服质点与质点之间的黏滞力做功会使声能衰减。

（7）空化作用

超声波作用于液体时可产生大量小气泡，其原因一是液体内局部出现了拉应力而形成负压，压强的降低使原来溶于液体的气体过饱和，而从液体逸出，成为小气泡；二是强大的拉应力把液体"撕开"成一空洞，这一过程称为空化。空洞内为液体蒸气或溶于液体的另一种气体，甚至可能是真空。因空化作用形成的小气泡会随周围介质的振动而不断运动、长大或突然破灭。破灭时周围液体会突然冲入气泡而产生高温、高压，同时产生激波。与空化作用相伴随的内摩擦可形成电荷，并在气泡内因放电而产生发光现象。在液体中进行超声处理的技术大多与空化作用有关。

超声波雷达作为测距传感器，在汽车倒车辅助系统中的作用是检测障碍物的距离与方位，在汽车上已经使用数十年之久，技术极为成熟，并且成本低廉。超声波雷达虽然与其他测距传感器相比测距距离较小，但是受外界环境干扰小，可以全天候工作。在汽车上可以前后左右设置多颗超声波雷达，能全方位、无死角地识别近距离的障碍物，具有较高的应用价值。

2. 车载超声波雷达的工作原理

车载超声波雷达的工作原理如图2.6所示，是由安装在同一位置的发生器和接收器完成超声波的发射与接收，由定时器计时。超声波传感器发出的高频超声波脉冲遇到障碍物时被反射回来，部分反射回波被接收器接收，转换成电信号。超声波脉冲以声波速度传播，从发射到接收超声波脉冲所需时间间隔与传感器到障碍物表面的距离成正比，通常用公式 $L = CT/2$ 表示。式中，L 为测量的距离长度；C 为超声波在空气中的传播速度；T 为测量距离传播的时间差（从发射到接收的时间）。

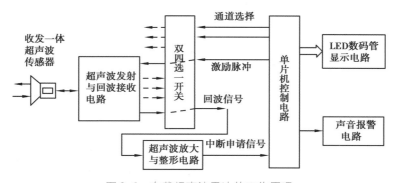

图2.6 车载超声波雷达的工作原理

3. 超声波雷达的结构与典型参数

超声波雷达采用超声波测距原理探测障碍物的距离，一般由超声波传感器（俗称探头）、超声波发射电路、超声波接收电路、中央处理器（包括控制电路、计数电路、标准振荡电路）等部分组成,超声波传感器是整个倒车系统最核心的部件。

通常衡量车载超声波雷达性能的指标有以下几个方面:一是衡量精度,不仅要求车载超声波雷达具有高的分辨率,还要有低的衡量误差;二是探测范围,好的车载超声波雷达探测盲区少,探测范围宽;三是响应时间,这要求车载超声波雷达能够快速地测量出障碍物的距离,及时地提醒驾驶人障碍物的方位和距离。

超声波雷达内部结构和外形如图2.7所示。

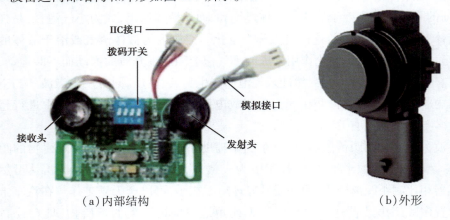

（a）内部结构　　　　　　　　　　　　　　　（b）外形

图2.7　超声波雷达内部结构和外形

超声波雷达的主要参数见表2.4。

表2.4　超声波雷达的主要参数

项　目	参　数
最小测量距离/m	0.15
最大测量距离/m	5.5
目标分辨率/cm	3 ~ 15
水平视场角	±70° @ 35 dB
垂直视场角	±35° @ 35 dB
质量/g	14
工作温度/℃	−40 ~ + 85
电流消耗/mA	7
防护安全等级	IP64k

4.超声波雷达在 ADAS 中的应用

（1）倒车辅助

超声波雷达最基础的应用是倒车辅助。超声波传感器通常需要同控制器和显示器结合使用,从而以声音或者更直观的显示告知驾驶员周围障碍物的情况,解除驾驶员泊车、倒车和启动车辆时前后左右探视引起的困扰,并帮助驾驶员扫除视野死角和视线模糊的缺陷,提高驾驶安全性。

倒车雷达工作原理如图2.8所示。

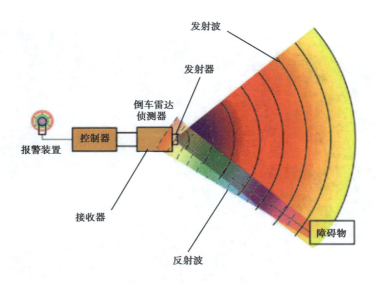

图 2.8　倒车雷达工作原理

（2）泊车库位检测、高速横向辅助

除了检测障碍物，超声波雷达还有许多更强大的功能，例如泊车库位检测、高速横向辅助等。泊车库位检测是自动泊车系统的第一步，主要依赖安装在车辆侧方的自动泊车辅助传感器（Automatic Parking Assistant，APA），在汽车缓缓驶过库位时，利用汽车侧方的 APA 会得到一个探测距离与时间的关系，然后可以计算得到库位的近似长度，当检测的库位长度大于汽车泊入所需的最短长度时则认为当前空间有车位。泊车库位检测场景如图 2.9 所示。

图 2.9　泊车库位检测场景

另外，超声波雷达还可应用于高速横向辅助。假设某汽车在行驶过程中，左后方有其他车辆渐渐驶近，在离自车距离较近时，该汽车在确保右侧有足够空间的情况下，自主地向右微调，降低与左侧车辆碰撞的风险。目前大部分车型搭载的超声波雷达都是倒车雷达（UPA），而随着自动驾驶技术的不断推进，基于超声波的自动泊车功能逐渐进入大众视野，APA 的市场也会逐渐打开。高速横向辅助场景如图 2.10 所示。

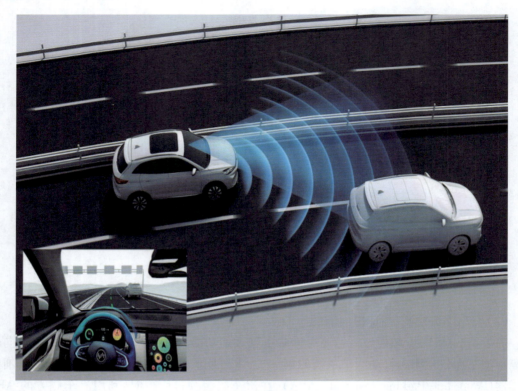

图 2.10　高速横向辅助场景

2.1.3　毫米波雷达

1.毫米波雷达概述

在认识毫米波雷达之前,先简单介绍毫米波。频段在 1 000 MHz 以下的属于普通频段,频段在 1 000 ~ 30 000 MHz 属于微波,频段在 30 000 ~ 300 000 MHz(波长 1 ~ 10 mm)属于毫米波。毫米波的波长短、频段宽,易实现窄波束,分辨率高,不易受干扰。

根据波的传播理论,频率越高,波长越短,分辨率越高,穿透能力越强,但在传播过程的损耗也越大,传输距离越短;相对地,频率越低,波长越长,绕射能力越强,传输距离越远。与微波相比,毫米波的分辨率高、指向性好、抗干扰能力强、探测性能好;与远红外波相比,毫米波的大气衰减小,对烟雾、灰尘具有更好的穿透性,受天气影响小。这些特质决定了毫米波雷达具有全天候的工作能力。

例如,我们通常看到的灰尘的直径为 1 ~ 100 μm,自然界的雨点的直径为 0.5 ~ 4 mm。所以波长与它们相等或者更长的电磁波可以轻易穿透这些障碍物,毫米波便拥有这样的能力。这个性能是其他传感器难以实现的。

电波波长及应用见表2.5。

表 2.5　电波波长及应用

波段		波长	频率	传播方式	主要用途
长波		30 000 ~ 3 000 m	10 ~ 100 kHz	地波	超远程无线电通信和导航
中波		3 000 ~ 200 m	100 ~ 1 500 kHz	地波和天波	调频 (AM) 无线电广播
中短波		200 ~ 50 m	1 500 ~ 6 000 kHz		
短波		50 ~ 10 m	6 ~ 30 MHz	天波	
微波	米波	10 ~ 1 m	30 ~ 300 MHz	近似直线传播	调频无线电广播、电视、导航
	分米波	10 ~ 1 dm	300 ~ 3 000 MHz	直线传播	移动通信、电视、雷达、导航
	厘米波	10 ~ 1 cm	3 000 ~ 30 000 MHz		
	毫米波	10 ~ 1 mm	30 000 ~ 300 000 MHz		

　　毫米波雷达是测量被测物体相对距离、相对速度、方位的高精度传感器,早期被应用于军事领域,随着雷达技术的发展与进步,毫米波雷达开始应用于汽车领域。毫米波在智能驾驶方面主要应用于采集车辆前方、后方、侧向运动目标的位置和运动速度,且毫米波易于识别静态目标。

　　车载毫米波雷达的原理是通过天线向外发射毫米波,接收目标反射信号,经过后方处理后,快速准确地获取汽车车身周围的物理环境信息,然后根据所探知的物体信息对其进行目标跟踪和识别分类,进而结合车身动态信息进行数据融合,最终通过中央处理单元进行智能处理。经合理决策后,以声、光及触觉等多种方式告知或警告驾驶员或及时对汽车做出主动干预,以确保驾驶过程的安全性和舒适性,减少事故发生频率。毫米波雷达实物图如图 2.11所示。毫米波雷达的特性见表 2.6。

（a）77 GHz 毫米波雷达 ARS548　　　（b）德尔福 ESR 毫米波雷达

图 2.11　毫米波雷达实物图

表 2.6　毫米波雷达的特性

参数	参考值
频率范围/GHz	77～81
探测距离范围/m	150～200
FOV/(°)	45
工作温度/℃	−40～125
数据刷新率/ms	50
尺寸/mm	80×75×20
质量/g	≤200
功耗/W	≤3
接口类型	CAN
芯片方案	AWR1642
检测目标/个	32

实际上,在 20 世纪 60 年代的美国,毫米波雷达便开始在车载领域应用,但是当时的工艺水平较低,应用的是单天线,前端只能一收一发,其频率只有 10 GHz。这种雷达装置配备在车辆的前方并不美观,就像两个放在汽车前端的盘子。之后,为了缩小其体积,业内专家不断将频率往上提,达到 30 GHz、50 GHz。雷达频率越高、天线尺寸就越小,意味着同样尺寸的雷达,其天线波束的集中度更高。到了 20 世纪 90 年代,就发展出 60 GHz、77 GHz 和 94 GHz 的毫米波雷达。60 GHz 频段后来主要用来通信,94 GHz 主要是军用频段,而工业上则选择了 77 GHz 作为主流的毫米波雷达的频段。在历史上,也有比较典型的毫米波雷达应用。1992 年,美国交通部门在灰狗公交车上安装了 1 500 套毫米波雷达,到 1993 年取得了立竿见影的效果:交通事故发生率下降了 25%。不过最后因为效果太好,触及了一些既得利益者的利益,所以在 1994 年被全部拆除。

2.毫米波雷达的特点

毫米波雷达波束窄、角分辨率高、顺带宽、隐蔽性好、抗干扰能力强、体积小、质量轻,其最大优点是可测距离远。与红外、激光设备相比,具有对烟、尘、雨、雾良好的穿透传播特性,不受恶劣天气的影响,抗环境变化能力强。

(1)毫米波的特性

频带宽、波长短和大气传播衰减大是毫米波的三大特性。

①频带宽。通常认为毫米波频率为 26.5～300 GHz,带宽高达 273.5 GHz,超过从直流到微波带宽之和的十倍。即使考虑大气吸收,在大气中传播时仅使用 4 个窗口,这 4 个窗口的总带宽高达 135 GHz,是微波以下各频段带宽之和的 5 倍,可以容纳大量系统信号在该频谱工作而不会产生相互干扰。

②波长短。毫米波的频率介于红外波和厘米波之间,综合了两者的一些优点:能够像厘米波一样在全天候环境下工作,抗干扰能力强,不受物体表面形状、颜色的干扰;具有像红外波一样的高分辨率,可以分辨相距更近的小目标并且能更为清晰地观察目标的细节,易于利

用多普勒效应对动态目标进行识别;波束窄、天线口径小、更容易小型化。

③大气传播衰减大。毫米波在非"大气窗口"频率传播时,大气对毫米波具有较强的衰减作用,尤其在 60 GHz、120 GHz、180 GHz 三个频段附近,其衰减出现极大值,即出现"衰减峰"。但是即使如此,毫米波相对于激光和红外线,对水滴、尘埃和烟雾的穿透能力更强,一般为 150 ~ 200 m。

（2）毫米波雷达的优点

基于毫米波的特性,毫米波雷达拥有以下优点。

①响应速度快。毫米波的传播速度与光速一样,并且其调制简单,配合高速信号处理系统,可以快速地测出目标的距离、速度、角度等信息。

②探测距离远。毫米波雷达探测距离远,一般为 150 ~ 200 m,最远可达 300 m。

③适应力强。毫米波具有很强的穿透性,在雨、雪、大雾等极端恶劣天气依然可以正常工作,而且不受颜色和温度影响。

④探测性能好。毫米波波长较短,汽车在行驶中的前方目标一般都是由金属构成,这会形成很强的电磁反射,其探测不受温度和颜色的影响。

⑤抗干扰能力强。毫米波雷达一般工作在高频段,周围的噪声和干扰处于中低频区,基本不会影响毫米波雷达的正常运行。

（3）毫米波雷达的缺陷

①覆盖区域呈扇形,有盲点区域。

②无法识别交通标志和交通信号灯。

3.毫米波雷达的类型

（1）按工作原理分类

毫米波雷达按不同的工作原理可以分为脉冲式毫米波雷达与调频式连续毫米波雷达两类。

脉冲式毫米波雷达通过发射脉冲信号与接收脉冲信号之间的时间差来计算目标距离。如果目标距离较近,则发射与接收脉冲信号之间的时间差相对较小。由于智能车辆需要根据目标距离计算结果激发相应模块以实现特定功能,因此要求雷达计算目标距离的时间尽可能短,这种情况下就需要系统采用高速的信号处理技术,导致脉冲式毫米波雷达的近距离探测技术复杂、成本较高。

调频式连续毫米波雷达是利用多普勒效应测量得出不同距离的目标的速度,它通过发射源向给定目标发射微波信号,并分析发射信号频率和反射信号频率之间的差值,精确测量出目标相对于雷达的运动速度等信息。

（2）按探测距离分类

毫米波雷达按探测距离可分为短程（SRR）、中程（MRR）和远程（LRR）毫米波雷达。短程毫米波雷达探测距离一般小于 60 m,中程毫米波雷达探测距离一般为 100 m 左右,远程毫米波雷达探测距离一般大于 200 m。

（3）按频段分类

毫米波雷达按采用的毫米波频段不同,划分为 24 GHz、60 GHz、77 GHz 和 79 GHz 毫米波雷达。主流可用频段为 24 GHz 和 77 GHz,其中 24 GHz 适合近距离探测,77 GHz 适合远距离探测。

4. 毫米波雷达的控制策略

毫米波雷达的控制策略如图 2.12 所示。通常,为了满足不同距离范围的探测需要,一辆汽车上会安装多颗短程、中程和长程毫米波雷达。其中 24 GHz 雷达系统主要实现近距离探测(SRR,60 m 以下),77 GHz 雷达系统主要实现中、长距离的探测(MRR,100 m 左右;LRR,200 m 以上)。不同的毫米波雷达"各司其职",在车辆前方、车身和后方发挥不同的作用。如图 2.13 所示,车载毫米波雷达的安装位置大体可分为三类:安装在汽车正前方的长距离前向毫米波雷达,用于控制车辆的加减速和制动操作,安装在车辆后保险杠内的后角雷达,可以实现盲点检测(BSD)、车道变换辅助(LCA)、后向目标横穿警告(RCTA)等功能;安装在车辆前保险杠内的前向角雷达,可以配合前向长距离雷达实现报警和控制功能。

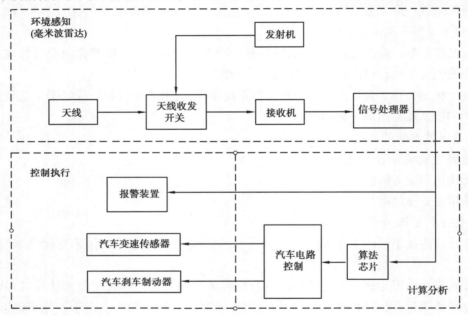

图 2.12　毫米波雷达的控制策略

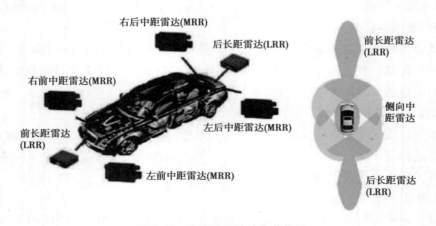

图 2.13　毫米波雷达的安装位置

5.毫米波雷达在汽车上的应用

自动驾驶采用的传感器主要有摄像头、毫米波雷达、激光、超声波、红外线等。毫米波雷达传输距离远,在传输窗口内大气衰减和损耗低,穿透性强,可以满足车辆对全天气候的适应性要求,并且毫米波本身的特性决定了毫米波雷达传感器器件尺寸小、质量轻等特性,很好地弥补了摄像头、激光、超声波、红外等其他传感器在车载应用中所不具备的使用场景。毫米波雷达在智能网联车上主要应用于自适应巡航系统、自动紧急制动系统、前方碰撞预警系统、盲区检测系统、变道辅助系统等,以下只简述前三种。

(1)自适应巡航(ACC)

自适应巡航(Adaptive Cruise Control,ACC)是一种可以依据设定的车速或者距离跟随前方车辆行驶,或根据前车速度主动控制本车行驶速度,最终将车辆与前车保持在安全距离的驾驶辅助功能,该功能最大的优点是可以有效地解放驾驶者的双脚,提高驾驶的舒适性,如图 2.14 所示。

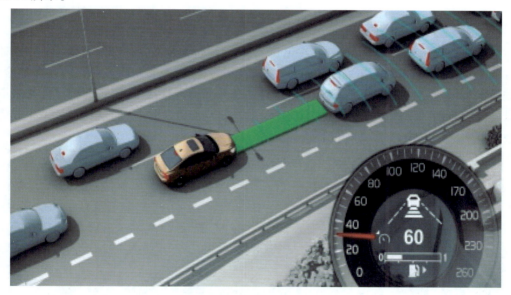

图 2.14　自适应巡航

(2)自动紧急制动(AEB)

自动紧急制动(Autonomous Emergency Braking,AEB)是一种汽车主动安全辅助功能。AEB 系统利用毫米波雷达测出与前车或者障碍物的距离,然后利用数据分析模块将测出的距离与警报距离、安全距离进行比较,小于警报距离时就进行警报提示,而小于安全距离时即使在驾驶员没有来得及踩制动踏板的情况下,AEB 系统也会启动,使汽车自动制动,从而确保驾驶安全,如图 2.15 所示。

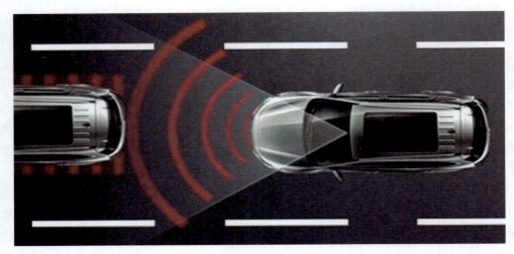

图 2.15 自动紧急制动

（3）前方碰撞预警（FCW）

前方碰撞预警（Forward Collision Warning，FCW）通过毫米波雷达和前置摄像头不断监测前方的车辆，判断本车与前车之间的距离、方位及相对速度，探测到前方潜在的碰撞危险，当驾驶员没有采取制动措施时，仪表会显示报警信息并伴随声音报警，警告驾驶员务必采取应对措施。当判断到事故即将发生时，系统会让刹车自动介入工作，从而避免事故发生或降低事故可能造成的风险，如图 2.16 所示。

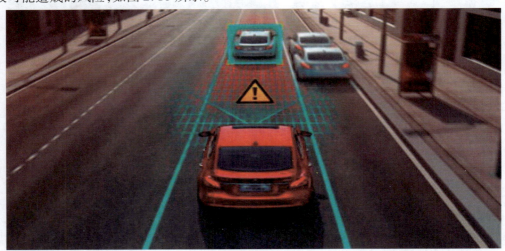

图 2.16 前方碰撞预警

2.1.4 激光雷达

1. 激光雷达概述

激光雷达是激光探测及测距系统的简称，是一种以激光器作为发射光源，采用光电探测技术手段的主动遥感设备。激光雷达是工作在光波频段的雷达，利用光波频段的电磁波先向目标发射探测信号，然后将其接收到的回波信号与发射信号相比较，从而获得目标的位置

（距离、方位和高度）、运动状态（速度、姿态）等信息，实现对目标的探测、跟踪和识别。

激光雷达根据安装位置的不同，分为两大类，一类安装在自动驾驶汽车的四周，如图 2.17（a），另一类安装在自动驾驶汽车的车顶，如图 2.17（b）所示。

（a）安装在车前方　　　　　　　　　　（b）安装在车顶

图 2.17　车载激光雷达安装位置

2.激光雷达的特点

（1）激光雷达的优点

①分辨率高：激光雷达可以获得极高的角度、距离和速度分辨率。通常激光雷达的角分辨率不低于 0.1 mrad，也就是说可以分辨 3 km 距离上相距 0.5 m 的两个目标，并可同时跟踪多个目标；距离分辨率可达 0.1 m；速度分辨率能达到 10 m/s 以内。

②探测范围广：探测距离可达 300 m 以上。

③信息量丰富：可直接获取探测目标的距离、角度、反射强度、速度等信息，生成目标多维度图像。

④可全天候工作：激光主动探测，不依赖于外界光照条件或目标本身的辐射特性，它只需发射自己的激光束，通过探测发射激光束的回波信号来获取目标信息。

⑤激光雷达波长短：可以在分子量级上对目标进行探测，且探测系统的结构尺寸可做得很小。

（2）激光雷达的缺点

①易受天气影响。例如遇到空气中的雾霭后会形成反射，误判断为遇到了障碍物，将导致错误的驾驶行为。

②不易识别交通标志和交通信号灯，不能识别文字信息。

③现阶段成本高。

3.激光雷达的组成及测距原理

（1）激光雷达的组成

激光雷达主要构成要素包括发射系统、接收系统和信号处理系统。激光雷达的内部构成如图 2.18 所示。

①发射系统。由激光光源周期性发射激光脉冲，光电旋转编码器控制发射激光的方向和线束，最后通过转镜将激光发射至目标物体。

②接收系统。接收器接收被测物体反射回来的激光，产生接收信号。

③信号处理系统。接收信号经过放大处理和数模转换，经由信息处理模块计算，获取目标表面形态、物理属性等特性，最终建立物体模型。

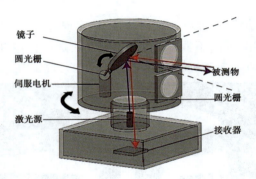

图 2.18　激光雷达的内部构成

（2）激光雷达测距的基本原理

激光雷达测距的基本原理是通过测算激光发射信号与激光回波信号的往返时间，从而计算出目标的距离，如图 2.19 所示。首先，激光雷达发出激光束，激光束碰到障碍物后被反射回来，被激光接收系统进行接收和处理，从而得知激光从发射至被反射回来并接收之间的时间，即激光的飞行时间，根据飞行时间，可以计算出障碍物的距离。根据所发射激光信号的不同形式，激光测距可分为脉冲法激光测距和相位法激光测距两大类。

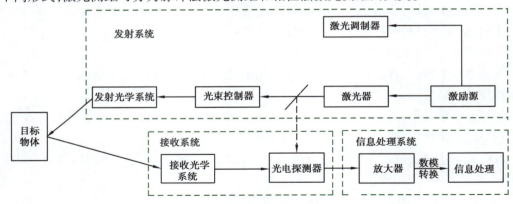

图 2.19　激光雷达测距的基本原理

①脉冲法激光测距。

用脉冲法测量距离时，首先激光器发出一个光脉冲，同时设定的计数器开始计数，当接收系统接收到经过障碍物反射回来的光脉冲时停止计数。计数器所记录的时间就是光脉冲从发射到接收所用的时间。光速是一个固定值，只要得到从发射到接收所用的时间就可以算出所要测量的距离。设 C 为光在空气中传播的速度，光脉冲从发射到接收的时间为 T，则待测距离为 $L = CT/2$。

②相位法激光测距。

相位测距法的原理是利用发射波和返回波之间所形成的相位差来测量距离。首先，经过调制的频率通过发射系统发出一个正弦波的光束。然后通过接收系统接收经过障碍物之后反射回来的激光。只要求出这两束光波之间的相位差，就可计算出待测距离。

激光从发射到接收的时间为

$$T = \frac{\Delta\varphi}{\omega} = \frac{\Delta\varphi}{2\pi f} \tag{2.2}$$

式中　T——激光从发射到接收的时间;

　　　$\Delta\varphi$——发射波和返回波之间的相位差;

　　　ω——正弦波角频率;

　　　f——正弦波频率。

待测距离为

$$L = \frac{1}{2}CT = \frac{C\Delta\varphi}{4\pi f} \tag{2.3}$$

4. 激光雷达的分类

目前激光雷达广泛应用在测绘、气象监测、安防、自动驾驶等领域,激光雷达是实现汽车自动驾驶不可或缺的关键传感器。目前市面上可见的车载激光雷达基本都是机械式的,典型特征就是会旋转,当然也有混合固态激光雷达,即外面不转,里面仍有激光发射器进行旋转的种类。但除了这两种激光雷达,因使用的技术不同还分为多种激光雷达。

(1)按照功能划分

激光雷达按功能的不同进行分类,有激光测距雷达、激光测速雷达、激光成像雷达和激光跟踪雷达等。

①激光测距雷达:激光测距雷达是利用飞行时间来确定被测物体与测试点的距离。

②激光测速雷达:激光测速雷达是通过对被测物体进行两次有特定时间间隔的激光测距,从而得到该被测物体的移动速度。

③激光成像雷达:激光成像雷达是利用雷达不间断扫描的功能勾画出物体的轮廓形状。

④激光跟踪雷达:激光跟踪雷达是利用雷达技术连续确定目标的位置变化,从而实现跟踪。

(2)按照介质划分

按激光介质的不同进行分类,激光雷达有气体激光雷达、半导体激光雷达和固体激光雷达等。

①气体激光雷达:气体激光雷达以 CO_2 激光雷达为代表,工作在红外波段,大气传输衰减小,探测距离远。

②半导体激光雷达:半导体激光雷达能以高重复频率方式连续工作,具有寿命长、体积小、成本低和对人眼伤害小的优点。

③固体激光雷达:固体激光雷达的峰值功率高,输出波长范围与现有的光学元器件以及大气传输特性相匹配,效率高、体积小、质量轻、可靠性高和稳定性好。

(3)按照线数划分

激光雷达按照线数可划分为单线激光雷达和多线激光雷达。

①单线激光雷达主要用于规避障碍物,扫描速度快、分辨率强、可行性高。其缺点是只能平面式扫描,不能测量物体高度,有一定的局限性。

②多线激光雷达主要应用于汽车的雷达成像,相比单线激光雷达在维度提升和场景还原上有了质的改变,可以识别物体的高度信息。多线激光雷达常规是 2.5D,有的也可以做

到 3D。

5.激光雷达的应用

多线束激光雷达主要用于智能网联汽车先进辅助驾驶系统(ADAS),例如,奥迪 A8L 安装的 4 线束激光雷达,其可适用于自适应巡航控制系统、车道偏离预警系统、自动紧急制动系统、交通拥堵辅助系统等。

图 2.20　奥迪 A8L 安装的 4 线束激光雷达

多线束激光雷达具有高精度电子地图和定位、障碍物识别、可通行空间检测、障碍物轨迹预测等功能。

L4 级和 L5 级的智能网联汽车必须使用多线束激光雷达,360°发射激光,从而达到 360°扫描,获取车辆周围行驶区域的三维点云,通过比较连续感知的点云、物体的差异,检测周边物体的运动,由此创建一定范围内的 3D 地图。

自动驾驶汽车的精准定位和路径跟踪必须依靠激光雷达的高精度。

2.1.5　视觉传感器

1.视觉传感器的概念

视觉传感器是指通过对摄像机拍摄到的图像进行图像处理,来计算对象物的特征量(面积、重心、长度、位置等),并输出数据和判断结果的传感器。

视觉传感器是整个机器视觉系统信息的直接来源,主要由一个或者两个图形传感器组成,有时还要配以光投射器及其他辅助设备。视觉传感器的主要功能是获取足够的机器视觉系统要处理的最原始图像。

利用光学元件和成像装置获取外部环境图像信息的仪器,通常用图像分辨率来描述视觉传感器的性能。视觉传感器的精度不仅与分辨率有关,而且同被测物体的检测距离相关。被测物体距离越远,其绝对的位置精度越差。例如,Mobileye 视觉监测效果如图 2.21 所示。

图 2.21　Mobileye 视觉监测效果

2. 视觉传感器的基础结构

（1）视觉传感器的组成

视觉传感器主要由光源、镜头、图像传感器、模-数转换器、图像处理器、图像存储器等组成,如图 2.22 所示。

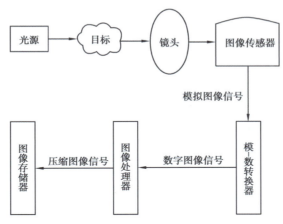

图 2.22　视觉传感器的组成

（2）图像传感器的技术参数

①像素:影像显示的基本单位。在整个图像中,可以将像素看作一个颜色单一并且不能再分割成更小元素或单位的小格,单位面积内的像素越多代表分辨率越高,所显示的影像就越清晰。像素用两个数字来表示,例如 720×480,720 表示在图像长度方向上所含的像素点数,480 表示在图像宽度方向上所含的像素点数,二者的乘积就是该相机的像素数。

②帧率:以帧为单位的位图图像连续出现在显示器上的频率。帧率代表单位时间所记录或播放的图片的数量。每秒的帧数或者帧率表示图形处理器处理场时每秒钟能够更新的次数。高的帧率可以得到更流畅、更逼真的动画。

③靶面尺寸:图像传感器感光部分的大小。一般用英寸(in)来表示,通常这个数据指的是这个图像传感器的对角线长度,常见的有 1/3 in(1 in＝25.4 mm),靶面越大,通常意味着通光量越好,而靶面越小则比较容易获得更大的景深。例如,1/2 in 可以有比较大的通光量,而 1/4 in 比较容易获得更大的景深。

④感光度:又称为 ISO 值,是衡量底片对于光的灵敏程度,由敏感度测量学及测量数个数值来决定,感光度越高,感光面对光的敏感度就越强,快门速度就越高。

⑤信噪比:一个电子设备或者电子系统中信号与噪声的比例,实质是正常声音信号与噪声信号比值,用 dB 表示。一般来说,信噪比越大,说明混在信号里的噪声越小,声音回放的音质量越高,否则相反。

(3)相机的内部参数

相机的内部参数是与相机自身特性相关的参数,主要有焦距、光学中心、图像尺寸和畸变参数等。

①焦距:镜头的光学中心到图像传感器的距离,如图 2.23 所示。焦距有可变焦距和不可变焦距,单位为 mm。

②光学中心:相机的镜头是由多个镜片构成的复杂光学系统,光学系统的功能等价于一个薄透镜。实际上薄透镜是不存在的,光学中心是这一等价透镜的中心。不同结构的镜头,其光学中心位置也不一样,大部分在镜头内的某一位置,但也有在镜头前方或镜头后方的。

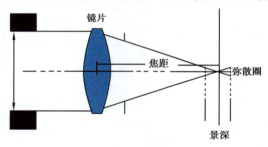

图 2.23　相机焦距

③图像尺寸:构成图像的长度和宽度,可以用像素为单位,也可以用厘米为单位。

④畸变系数:分为径向畸变系数和切向畸变系数。径向畸变发生在相机坐标系转为物理坐标系的过程中;切向畸变产生的原因是透镜不完全平行于图像。

径向畸变就是沿着透镜半径方向分布的畸变,产生原因是光线在远离透镜中心的地方比靠近中心的地方更加弯曲,这种畸变在普通廉价的镜头中表现更加明显,径向畸变主要包括枕形畸变和桶形畸变两种,如图 2.24 所示。

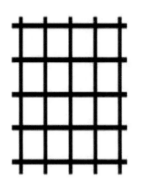 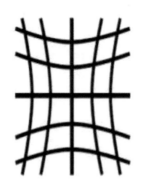 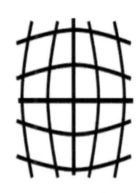

（a）正常图像 （b）枕形畸变 （c）桶形畸变

图 2.24 径向畸变

3. 视觉传感器发展方向

（1）产业化的发展对视觉传感器的需求上升

我国已成为全球集成电路的一个重要需求市场，集成电路（IC）测试业已粗具雏形，半导体和电子市场已粗具规模。而如此强大的半导体产业需要高质量的技术做后盾。同时它对产品的高质量、高集成度要求将越来越高。恰巧，视觉传感器将能帮助它们解决以上的问题，因此该行业将是视觉传感器最好的用武之地。

（2）统一标准是视觉传感行业发展的原动力

未来，视觉传感产品的好坏不能够通过单一因素来衡量，应该逐渐按照国际化的统一标准判定。随着我国自动化的逐渐开放，将带领与其相关的产品技术也逐渐开放。因此，依靠封闭的技术难以促进整个行业的发展，只有形成统一而开放的标准才能让更多的厂商在相同的平台上开发产品。这也是促进我国视觉传感朝国际化水平发展的原动力。

（3）标准化、一体化是视觉传感的必经之路

由于机器视觉是自动化的一部分，没有自动化就不会有机器视觉，视觉传感软硬件产品正逐渐成为协作生产制造过程中不同阶段的核心系统，无论是用户还是硬件供应商都将视觉传感产品作为生产线上信息收集的工具。这就要求视觉传感产品大量采用"标准化技术"，直观地说就是要随着自动化的开放而逐渐开放，可以根据用户的需求进行二次开发。当今，自动化企业正在倡导软硬一体化解决方案，视觉传感器的厂商在未来 5 ~ 6 年内也应该不单纯是只提供产品的供应商，而是逐渐向一体化解决方案的系统集成商迈进。

2.1.6 传感器融合技术

不同传感器的原理、功能各异，在不同场景下发挥着各自的优势，其获取的信息各不相同，不能相互替代。由于每个传感器存在差异，只通过增加单一传感器数量并不能从根本上解决问题。实现自动驾驶，就需要多个传感器相互配合，共同构成智能网联汽车的感知系统。视觉传感器、毫米波、激光雷达的性能对比见表 2.7。

表 2.7 视觉传感器、激光雷达和毫米波雷达的性能对比

	视觉传感器	毫米波	激光雷达
最远探测距离	50 m	250 m	300 m
精度	一般	较高	极高
功能	车道标线识别、碰撞预警、交通标志识别、全景泊车、红绿灯信号识别	自适应巡航、自动紧急制动	实时建立周围环境的三维模型
优点	成本低、信息丰富,可以识别较远物体	不受天气影响,探测距离远、精度高,可以获取速度信息	精度极高,扫描周围环境建立实时三维模型
缺点	受环境影响大、极端天气可能失效、难以精确测距	对金属敏感,难以探测行人,缺少高度信息	受恶劣天气影响,成本高

相比于摄像头,雷达的分辨率较差,难以识别具体的物体种类,但其抗干扰能力强,在恶劣环境下如夜晚、雾天等仍然可以工作,并且可以得到距离信息。而摄像头虽然受环境影响较大,但是其分辨率较高,并且能够获取丰富的图像信息,便于物体的识别。由此可见,摄像头与雷达之间有很强的互补性,成功实现两者的融合,能有效增强系统的感知能力。

传感器的融合可以发挥各传感器的优势,使得采集的信息有一定的冗余度。即使某个传感器出现问题也不会影响行车安全,显著提高系统的容错性,从而保证决策的快速性和准确性。传感器融合是未来发展的必然趋势。

1. 激光雷达与摄像头融合

激光雷达与摄像头融合,相当于是激光雷达和摄像头各自发挥自己的优势,在它们某些做得不够好的地方,利用两个甚至多个传感器的信息进行融合。融合的关键是需要将摄像头和激光雷达进行联合标定,获取两者坐标系的空间转换关系;可以通过标定的方式,把激光雷达投射到图像的坐标系中,在图像的像素点和激光雷达投影后的点之间做匹配,然后通过某种优化方程来解决匹配问题。

激光雷达与摄像头性能对比,摄像头的优点是成本低廉,技术相对比较成熟;劣势包括获取准确的三维信息非常难和受环境的限制比较大。激光雷达的优点在于其探测距离较远,能够准确获取物体的三维信息,稳定性相当高,鲁棒性好。主要完成的工作有:第一,路沿检测,也包括车道线检测;第二,障碍物识别,对静态物体和动态物体的识别;第三,定位以及地图的创建。缺点是成本较高,而且产品的最终形态也还未确定。

摄像头可用于进行车道线检测、车牌识别、限速牌和红绿灯的识别,很容易通过深度学习把障碍物进行细致分类。而激光雷达可用于路牙及障碍物检测,它对障碍物只能分些大类,但对物体运动状态的判断比较准。

障碍物的检测可以使用激光雷达进行物体聚类,但是对于较远物体过于稀疏的激光线束聚类的效果较差,因此利用视觉图像信息进行目标检测,进而获取障碍物的位置,同时视

觉还可以给出障碍物类别信息;激光雷达可以得到目标的 3D 数据,通过标定参数,以及摄像头本身的内参,可以把激光雷达的 3D 点投射到图像上,图像上的某些像素就会获得激光雷达的深度信息,然后便可以做基于图像的分割或者深度学习模型;融合过程中,因为两者视场角的不同,可能会造成噪点或者漏点。对于智能网联汽车来说,除了对车辆进行广域定位,还需要对周边物体进行跟踪和运动预测。

如果通过摄像头告诉激光雷达前后两帧是同一个物体,那么通过激光雷达就可以知道物体在这前后两帧间隔内的运动速度和运动位移是多少,这样就可以跟踪运动物体并做一些预测。

2. 毫米波雷达与激光雷达的信号融合

毫米波雷达的优点是探测距离比较远,精度非常高,而且不受天气和光线的影响,对运动的金属物体比较敏感;其缺点是对别的物体不太敏感,分辨率也比较低,不太容易得到障碍物的轮廓;适合在高速公路上进行障碍物探测。而激光雷达的测距精度非常高,特别是多线雷达可以识别物体的轮廓,但容易受到阳光雨雾相互干扰的影响。因此两者结合可以取长补短,在各种环境下均可以完成距离和轮廓的探测。

毫米波雷达是指工作在毫米波波段的雷达,通过天线向外发射毫米波,然后接收目标反射信号,经计算后获取汽车车身与其他物体的相对距离、速度、角度、运动方向等,再输送给车辆的中央处理单元(ECU)进行智能处理和决策。

激光雷达的工作原理是以激光作为信号源,由激光器发射出的激光束来探测目标的距离、方位、高度、速度、姿态等特征量。由于激光束不断地扫描目标物,因此可以得到目标物上的全部数据点,经过 3D 成像处理后,还可得到精确的三维立体图像。

毫米波雷达与激光雷达的信号融合示意图如图 2.25 所示。

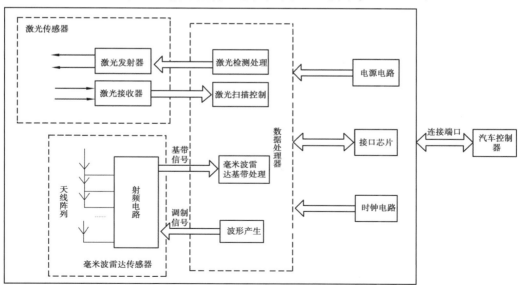

图 2.25　毫米波雷达与激光雷达的信号融合示意图

二者的性能特点有哪些明显的优劣势对比呢？

首先，在探测精度和分辨率上，激光雷达明显优于毫米波雷达。例如，毫米波雷达和激光雷达同时发现道路前方的"障碍"，前者可能只能看到一个模糊形状，而后者则可以清楚地区分障碍是路肩还是斜坡，当车辆判断为斜坡后，就可以做出安全前进的决策。

其次，在抗环境干扰上，毫米波雷达则显著优于激光雷达。由于激光雷达使用的是光波段的电磁波，透射与绕射性能不强，在遇到雨雪、大雾、雾霾、灰尘等环境，其探测性能将大幅下降。而相比于光学传感器，处于毫米波波段的电磁波则不会受到雨、雾、灰尘等常见环境因素的影响。因此，毫米波具有全天候（除大雨天气外）、全天时的强抗干扰的探测性能。而在抗信号源干扰上，与毫米波雷达易受自然界中的电磁波影响不同，自然界中能对激光雷达产生干扰的信号源极少。因此，激光雷达的抗信号源干扰能力更强一些。

此外，在探测距离上，由于毫米波在大气中衰减弱，可以探测感知到更远的距离，中远程毫米波雷达可以达到 250 m 的探测距离，而激光雷达最远只能达到 200 m。因此，在高速行驶过程中，毫米波雷达可以比激光雷达更早地判断前方障碍物的状况，起到安全提醒或者紧急制动的判断。

另外，在制作工艺和成本上，毫米波雷达则明显优于激光雷达。毫米波波长短，天线口径小，具有体积小、质量轻、易集成等特性，容易安装在汽车上；而激光雷达由于内部构造复杂，对制造工艺要求很高，产品体积较大，安装难度高或者美观性差。同时，在成本上，毫米波雷达的价格可以控制在千元左右，而性能较好的激光雷达仍然要到数万元。

目前，对于激光雷达，除了小型化、美观化的问题，降低成本成为头等重要的事情。而对于毫米波雷达，提升其测量分辨率和精确度，则成为当务之急。

3. 毫米波雷达与单目摄像头的信号融合

这两种传感器相融合，多数情况下都是以摄像头数据为主，毫米波雷达作为辅助；将毫米波雷达返回的目标点投影到图像上，围绕该点并结合先验知识，生成一个矩形的感兴趣区域，然后只对该区域内进行目标检测。这种融合的优点是可以迅速地排除大量不会有目标的区域，极大提高识别速度。

实现自动紧急制动的技术主要有三类，分别是基于视觉传感器、毫米波雷达和激光雷达。由于成本限制因素，国内主要使用前两种方式。首先摄像头和毫米波雷达分别针对观测目标收集数据，然后对各传感器的输出数据进行特征提取与模式识别处理，并将目标按类别进行准确关联，最后利用融合算法将同一目标的所有传感器数据进行整合，从而得出关于目标威胁性的一致性结论。

毫米波雷达主要是通过对目标物发送电磁波并接收回波来获得目标物体的距离、速度和角度。单目视觉方案稍复杂，它需要先进行目标识别，然后根据目标在图像中的像素大小来估算目标的距离。将摄像头和雷达进行融合，相互配合共同构成汽车的感知系统，取长补短，实现更稳定、可靠的自动紧急制动功能。毫米波雷达与单目摄像头的信号融合流程如图 2.26 所示。

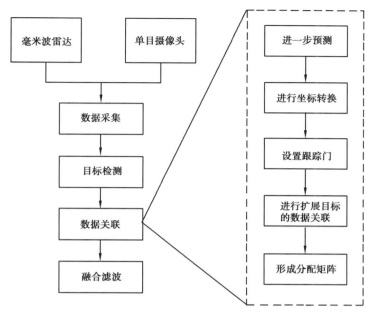

图 2.26　毫米波雷达与单目摄像头的信号融合流程

总体来讲,摄像头方案成本低,可以识别不同的物体,在物体高度与宽度测量精度、车道线识别、行人识别准确度等方面有优势,是实现车道偏离预警、交通标志识别等功能不可缺少的传感器,但作用距离和测距精度不如毫米波雷达,并且容易受光照、天气等因素的影响。毫米波雷达受光照和天气因素影响较小,测距精度高,但难以识别车道线、交通标志等元素。另外,毫米波雷达通过多普勒偏移的原理能够实现更高精度的目标速度探测。

2.2　决策规划技术

2.2.1　决策规划技术概述

决策规划是智能网联汽车自动驾驶关键技术之一。决策规划是指首先融合多传感信息,然后根据驾驶需求进行任务决策,接着在能避开可能存在的障碍物前提下,通过一些特定的约束条件,规划出两点间多条可选安全路径,并在这些路径中选取一条最优的路径作为车辆行驶轨迹。决策规划层是自主驾驶系统智能性的直接体现,对车辆的行驶安全性和整车性能起着决定性作用,以谷歌和斯坦福等为代表的众多企业和高校做了大量研究。规划决策部分主要实现两个功能,一是认知理解,根据环境感知收集的信息,对车辆自身实现精准定位以及对周围环境实现准确研判;二是对下一步行动的准确判断和规划,选择合理的路径到达目的地。

常见的决策规划体系结构有分层递阶式、反应式以及二者混合式。分层递阶式体系结构是一个串联系统结构,如图 2.27 所示。在该结构中,智能驾驶系统的各模块之间次序分明,上一个模块的输出即为下一个模块的输入,因此又称为“感知-规划-行动”结构。当给定目标和约束条件后,规划决策就根据即时建立的局部环境模型和已有的全局环境模型决定出下一步的行动,进而依次完成整个任务。

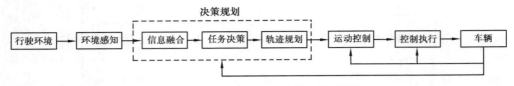

图 2.27　决策规划-分层阶梯式体系结构

　　由于该结构对任务进行了自上而下的分解,从而使每个模块的工作范围逐层缩小,对问题的求解精度也就相应地逐层提高,具备良好的规划推理能力,容易实现高层次的智能控制。但是也存在如下一些缺点:

　　①它对全局环境模型的要求比较理想化,全局环境模型的建立是根据地图数据库先验信息和传感器模型的实时构造信息,它对传感器提出了很高的要求,与此同时,存在的计算瓶颈问题也不容忽视,从环境感知模块到执行模块,中间存在着延迟,缺乏实时性和灵活性。

　　②分层递阶式体系结构的可靠性不高,一旦其中某个模块出现软件或者硬件上的故障,信息流和控制流的传递通道就受到了影响,整个系统很有可能发生崩溃而处于瘫痪状态。

　　③与分层递阶式体系结构不同,反应式体系采用并联结构,如图 2.28 所示,每个控制层可以直接基于传感器的输入进行决策,因而它所产生的动作是传感器数据直接作用的结果,可突出"感知-动作"的特点,易于适应完全陌生的环境。其中,基于行为的反应式体系结构是反应式体系中最常用的结构。反应式结构最早于 1986 年由 Brooks 提出,并成功应用于移动机器人。其主要特点是存在着多个并行的控制回路,针对各个局部目标设计对应的基本行为,这些行为通过协调配合后作用于驱动装置,产生有目的的动作,形成各种不同层次的能力。虽然高层次会对低层次产生影响,但是低层次本身具有独立控制系统运动的功能,而不必等高层次处理完毕。

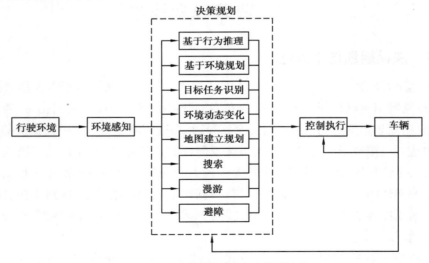

图 2.28　决策规划-反应式体系结构

　　反应式体系结构中的许多行为主要设计成一个简单的特殊任务,所以感知、规划和控制三者可紧密地集成在一块,占用的存储空间不大,可以产生快速的响应,实时性强。同时,每一层只需负责系统的某一个行为,整个系统可以方便灵活地实现低层次到高层次的过渡,而且如若其中一层的模块出现了预料之外的故障,剩下的层次仍能产生有意义的动作,系统的鲁棒性得到了很大的提高。但是设计方面也存在以下一些难点。

①由于系统执行动作的灵活性,需要特定的协调机制来解决各个控制回路对同一执行机构争夺控制的冲突,以便得到有意义的结果。

②除此之外,随着任务复杂程度以及各种行为之间交互作用的增加,预测一个体系整体行为的难度将会增大,缺乏较高等级的智能。

分层递阶式体系结构和反应式体系结构各有优劣,都难以单独满足行驶环境复杂多变时的使用需求,所以越来越多的行业人士开始研究混合式体系结构,将两者的优点进行有效的结合,如图 2.29 所示。在全局规划层次上,则生成面向目标定义的分层递阶式行为;在局部规划层次上,生成面向目标搜索的反应式体系的行为分解。

车辆驾驶决策技术是实现自主驾驶的核心,不良驾驶决策将影响车辆自身安全、节能和舒适性,并造成外部交通流效率降低。国内外学者在基于环境信息、车辆状态等方面的车辆智能驾驶决策方法已取得了一些成果,能够在一定程度上满足复杂、动态的实际交通场景。

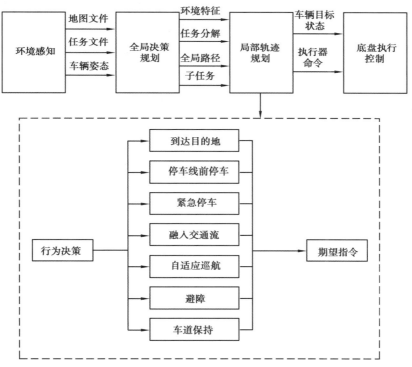

图 2.29　决策规划-基于功能和行为分解的混合体系结构

2.2.2　决策规划的分类

从轨迹决策的角度考虑,根据实现对环境信息的已知程度,可把决策规划划分为基于先验完全的全局路径规划和基于传感器信息的局部路径规划。

(1)全局路径规划

全局路径规划是智能驾驶的智能核心部分,它接收到传感器感知融合信息,通过智能算法学习外界场景信息,从全局的角度规划具体行驶任务,从而实现智能汽车拟人化控制并融入整个交通流,为智能汽车的自主驾驶提供方向性的引导,确定其依次需要通过的路段和区域序列,输出的结果严格依赖于高精度地图的绘制。全局路径规划交通流的复杂度影响行为决策,进而影响智能驾驶动作。当探测到当前道路阻塞时,要求重新规划任务,并做分解调整。

全局环境已知,按照一定的算法搜寻一条最优或者近似最优的无碰撞路径。全局路径规划主要包含两个步骤:第一是建立包含障碍区域与自由区域的环境地图。第二是在环境地图中选择合适的路径搜索算法,快速实时地搜索可行驶路径。全局路径规划对车辆起着导航作用,引导车辆从当前位置到达目标位置,如图2.30所示。

图 2.30　全局路径规划

在给定车辆当前位置与终点目标后,搜索出一条最优的路径,包括路径最短,或者到达时间最快,这一过程类似于我们生活中经常用到的"导航"功能。常见的全局路径规划算法包括 Dijkstra 和 $A*$ 算法以及改进方法。

(2)局部路径规划

局部路径规划是车辆在对周围环境完全未知或者部分未知的情况下,通过车载传感器识别车辆周围障碍物,并确定出障碍物与目标点之间的位置距离,从而规划出一条从起点到目标点的路径,如图2.3所示。

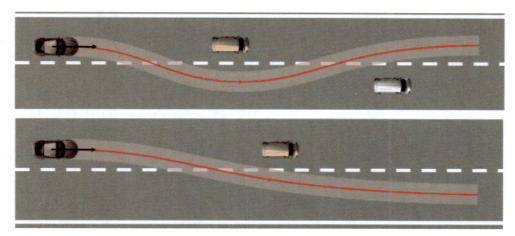

图 2.31　局部路径规划

从获取障碍物信息是静态还是动态来看,全局路径规划属于静态规划(又称为离线规划),局部路径规划属于动态规划(又称为在线规划)。全局路径规划需要掌握所有的环境信息,是高精度地图下的车道级寻径问题,解决的是从起点到终点的最佳道路行驶序列;局部路径规划只需要由传感器实时采集环境信息,了解环境地图信息,然后确定所在地图的位置机器局部的障碍物分布情况,从而可以选出从当前节点到某一子目标节点的最优路径。

根据所研究环境的信息特点,路径规划还可以分为离散域范围内的路径规划问题和连续域范围内的路径规划问题。离散域范围内的路径规划问题属于一维静态优化问题,相当于环境问题简化后的路线优化问题;而连续域范围内的路径规划问题是连续多维动态环境下的问题。

2.2.3　目标状态预测

目标状态预测是在未来短时间内对智能网联汽车周围的人、车、物等目标进行运动轨迹和行为的预测,得到的预测信息可以附加到目标感知的结果中,与环境感知的信息一并发送给下层的决策端,为汽车的安全决策规划提供信息依据。

目标状态预测主要解决两大类问题:一是目标的行为预测,包括静止、左行、右行或直行等;二是目标的轨迹预测,包括位置、时间戳、速度、角度、加速度等信息。通过辨识目标的行为和拟合运动轨迹,实现对目标的状态预测。

目标运动预测是环境感知功能的延伸,是在环境感知的基础上,对环境感知检测出的其他交通参与者,如车辆、行人、骑车人等的运动轨迹进行预测,为车辆决策模块进行决策级路径规划提供依据,在智能车辆体系中具有重要的桥梁作用,实际上就是预测障碍物在未来一段时间内的运动轨迹和相应位置。

目标运动预测要满足以下几个要求:

①实时性要求,即采用的算法延时越短越好。

②准确性要求,能让智能汽车尽可能精确地作出决策。

③预测模块也应该能学习新的行为。

目前主流目标状态预测方法主要包括下面 3 种。

①基于马尔可夫链的预测方法。马尔可夫链是指一个满足马尔可夫性质的随机过程，马尔可夫性质是指 $t+k$ 时刻的状态与 t 时刻的状态有关，而与 t 时刻以前的状态无关。该方法实现了对目标状态的高效预测。

②基于数据的神经网络方法。神经网络方法主要基于对大数据的收集和分析，根据道路采集的环境信息和跟踪目标的运动信息，预测周围人、车以及物的运动位置。与人的大脑类似，神经网络具有很强的自学性和记忆性，对于复杂的非线性系统具有很强的函数逼近能力，其特性正好可以解决目标状态预测上传统方法不能解决的问题。

③基于运动模型的卡尔曼滤波方法。基于卡尔曼滤波的目标状态预测算法，考虑了目标运动状态的不确定性变化，在恒速模型中实现了目标的运动轨迹预测。这种预测方法的优点在于计算速度快，但预测的前提是假设目标的速度与行驶方向不变，这与实际的情况并不相符，所以实际应用效果并不理想。

2.3　控制执行技术

2.3.1　控制执行整体认知

1. 控制执行的概念

控制执行是将环境感知、行为决策和路径规划的结论付诸实践的执行者。控制执行系统将来自决策系统的路径规划落实到汽车机构的动作上。控制过程的目标就是使车辆的位置、姿态、速度和加速度等重要参数符合最新决策结果。

2. 控制执行的类型

智能网联汽车的控制执行是"人-车-路"组成的智能系统最终完成自动驾驶和协同驾驶的落地部分，主要包括车辆的纵向运动控制和横向运动控制，即车辆的制动和驱动控制，即通过轮胎力的控制以及转向盘角度的调整，实现自动驾驶汽车的规划路径跟踪，这两种控制方式是单车自动驾驶所具备的。

控制执行需要借助复杂的汽车动力学完成主控系统。主控系统由软件部分的智能车载操作系统与硬件部分的高性能车载集成计算平台组成。智能车载操作系统融合了内容服务商和运营服务商的数据以及车内人机交互服务，能够为乘客提供周到的个性化服务。目前的主流操作系统包括 Windows、Linux、QNX、YunOS（阿里云系统）等；高性能车载集成计算平台融合高精度地图、传感器、V2X 的感知信息进行认知和最终的决策计算。目前主流硬件处理器包括 FPGA、ASI、CGPU 等型号。最终，决策的计算信息汇入车辆总线控制系统，完成执行动作。

3. 控制执行的方法

目前控制执行主流的控制算法主要有 PID 控制、模型预测控制和滑模控制。

（1）PID 控制

比例-积分-微分控制器（PID 控制器或三项控制器）是广泛用于工业控制系统和需要连

续调制控制的其他各种应用中的控制回路反馈机制。PID 控制器连续计算误差值作为期望的设定点(SP)和测量的过程变量(PV)之间的差值,并应用基于比例、积分和微分项的校正(表示为 P、I、D 并因此得名)。

实际上,它会自动对控制功能进行精确和及时的校正。一个常见的例子是汽车的巡航控制,在这种情况下,如果只使用恒定的发动机功率,上坡会降低速度。控制器的 PID 算法通过增加发动机的功率输出,以最小的延迟和过冲将测量的速度恢复到期望值。

第一个理论分析和实际应用是在 20 世纪 20 年代早期发展起来的船舶自动驾驶系统领域。后来它被用于制造业的自动过程控制,在那里它被广泛应用于气动控制器和电子控制器。今天,PID 概念在需要精确和优化自动控制的应用中得到普遍应用。

(2)模型预测控制

模型预测控制(Model Predictive Control,MPC)起源于工业界,用于解决 PID 控制不易解决的多变量、多约束的优化问题,具有处理线性和非线性模型,同时观察系统约束和考虑未来行为的能力,近年来广泛用于智能网联汽车路径跟踪控制。MPC 主要由模型预测、滚动优化和反馈调整三部分组成,基于 MPC 的控制器原理如图 2.32 所示。MPC 控制器结合预测模型、目标函数和约束条件进行最优求解,得到最优控制序列 $u^*(t)$,并将其输入被控平台,被控平台按照当前的控制量输出 $y(t)$ 对被控对象进行控制,然后将当前的状态量观测值 $x(t)$ 输入状态估计器,状态估计器对于无法通过传感器观测到或者观测成本过高的状态量进行估计,将估计的状态量 $\bar{x}(t)$ 输入 MPC 控制器,再次进行最优化求解,如此循环,构成闭环反馈控制系统。

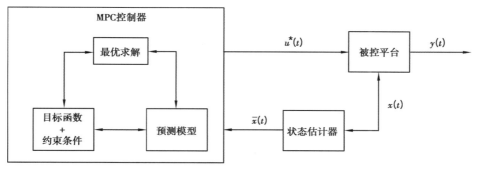

图 2.32　模型预测控制

(3)滑模控制

滑模控制(Sliding Mode Control,SMC)本质是一类特殊的非线性变结构控制,其非线性表现为控制的不连续性,控制原理为根据系统所期望的动态特性来设计系统的切板超平面,通过滑动模态控制器使系统状态从超平面之外向切换超平面收束;系统一旦到达切换超平面,控制作用将保证系统沿切换超平面到达系统原点,沿切换超平面向原点滑动的过程称为滑模控制。

滑模控制对非线性系统以及未知干扰具有较强的鲁棒性,然而单独的滑模控制往往不能满足智能汽车控制的要求。因此,改进基于滑模变结构的运动控制方法成为当前的研究重点,主要方向有融合比例微分控制、自适应模糊控制以及神经网络控制的控制方法。

2.3.2　纵向运动控制

纵向运动控制是指通过对节气门和制动的协调,实现对期望车速的精准跟随。采用节气门和制动综合控制方法实现对预定速度的跟踪,其控制原理框图如图 2.33 所示。

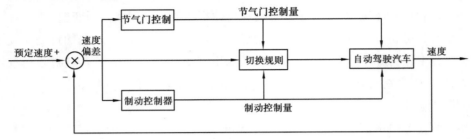

图 2.33　纵向运动控制原理框图

纵向运动控制的基本原理是根据预定速度和自动驾驶汽车实测速度的偏差,通过节气门控制器和制动控制器根据各自的算法分别得到节气门控制量和制动控制量。切换规则根据节气门控制量、速度控制量和速度偏差选择节气门控制还是制动控制。未选择的控制系统回到初始位置,如果按照切换规则选择了节气门控制,则制动控制执行机构将回到零初始位置。

按照实现方式可分为直接式结构控制和分层式结构控制,下面将对这两种纵向控制方法进行分析。

1. 基于直接结构式的纵向控制

直接式运动控制是通过纵向控制器直接控制期望制动压力和节气门开度,从而实现对汽车纵向速度的直接控制,该方法能够使汽车实际纵向速度迅速达到期望值,响应速度快,其具体结构如图 2.34 所示。

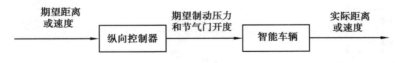

图 2.34　基于直接结构式的纵向控制

2. 基于分层式结构的纵向控制

智能车辆纵向动力学系统为一种结构复杂的多变量系统,且其易受前方动态目标及障碍物变化的干扰。为减低控制系统的开发难度,针对纵向动力学结构复杂等特性,部分学者采用分层式控制结构。分层式控制结构需通过设计上、下位控制器来实现智能车辆纵向控制的目标。上位机用来产生期望车速和期望加速度,下位机控制器根据上位控制的期望值产生期望的节气门开度和制动压力,以实现对速度和制动的分层控制。

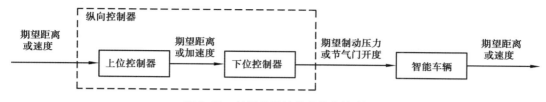

图 2.35　基于分层结构的纵向控制

直接式运动控制考虑了系统的复杂性和非线性等特点,具有集成程度高、模型准确性强的特点。但是其开发难度较高,灵活性较差。分层式运动控制通过协调节气门和制动分层控制,开发相对容易。但是由于分层式运动控制会忽略参数不确定性、模型误差以及外界干扰的影响,建模的准确性会受到一定影响。

3.纵向运动控制实现方式

纵向运动控制执行是车辆已知前方车辆的位置和速度等信息,结合自身当前运动状态对自身的纵向运动状态进行调整的控制策略、执行步骤以及相应的控制方法的总称。在控制层面分为上层控制和下层控制,上层控制就是在已知前方车辆的速度、加速度,前方车辆和本车的相对距离与本车的速度、加速度等信息的基础上判断本车所需要进入哪一种模式中。下层控制就是在上层决断进入某一种模式之后,采用相应的控制算法对自车的速度、加速度进行调整,使后车与前车保持相对安全的状态。车辆纵向运动控制的流程图如图 2.36所示。

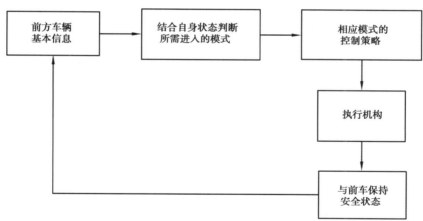

图 2.36　车辆纵向运动控制的流程图

智能网联汽车纵向运动控制策略主要包括设定速度控制、车速控制和间距控制等。设定速度控制一般适用于车流密度较小的高速公路或封闭园区。而在一般城市道路环境下,由于外部环境变化复杂,突发情况较多,需要频繁改变车速,在这种情况下,需采用车速控制或间距控制策略。典型的智能网联汽车纵向运动控制逻辑如图 2.37 所示。

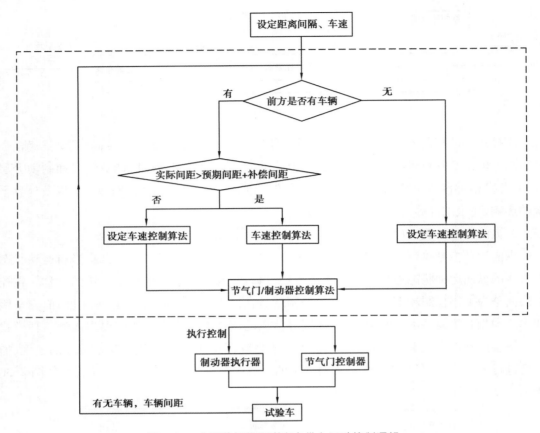

图 2.37　典型的智能网联汽车纵向运动控制逻辑

前方没有车辆,自动驾驶控制器(ECU)按照设定速度控制策略计算预期加速度对节气门制动器进行控制。

当汽车探测到前方有车辆时,控制器(ECU)根据车辆间距判定转入车速控制策略或是间距控制策略计算预期加速度,如实际间距大于过渡间距(预期间距+补偿间距),则采用车速控制策略;如实际间距小于过渡间距,则采用间距控制策略。节气门或制动器执行器的控制输入由节气门或制动器控制算法确定,从而达到车辆实际加速度与预期加速度尽可能接近的目的。

4.纵向运动控制运动应用

2008 年,卡内基梅隆大学研究团队采用直接式控制结构,分别构建了油门和制动的非线性 PID 控制策略,给出基于速度偏差的油门或制动切换逻辑,并将所构建的纵向控制系统成功用于 Boss 智能车,该智能车获得了 DARPA 挑战赛冠军。

2015 年,韩国首尔大学 Hakgo K 等建立了具有集总参数特征的车辆纵向线性模型,考虑到集总参数的时变性,提出了车辆参数时变自适应速度控制策略,并通过仿真和实验验证了所提出方法的有效性和鲁棒性。

2.3.3　横向运动控制

1.横向运动控制概述

根据环境感知传感系统的不同,智能汽车横向运动控制系统可分为非前瞻式参考系统和前瞻式参考系统。

（1）非前瞻式参考系统

非前瞻式横向动力学模型主要通过磁性传感来提取车辆在当前点处与期望行驶路径的横向位置关系。加州大学伯克利分校在 PATH 项目研究中,基于磁性传感来实现智能车辆的横向运动控制,并建立描述当前点处车辆与行驶路径相对位置关系变化特征的非前瞻式横向动力学模型,如图 2.38 所示。

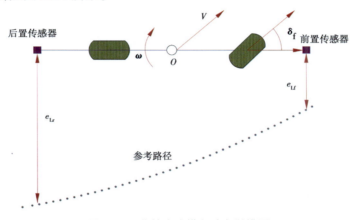

图 2.38　非前瞻式横向动力学模型

图 2.38 中, e_{Lf} 为前置传感器与路径横向距离的偏差; e_{Lr} 为后置传感器与路径横向距离的偏差; δ_f 为前轮转角; O 为车辆质心; v 为车辆速度; ω 是横摆角速度。

磁性传感对环境适应性强,但是具有成本较高、可变性差、无法检测前方障碍的缺点。

（2）前瞻式参考系统

前瞻式横向动力学模型主要通过视觉来识别环境和提取路径,相比于其他传感器,视觉系统具有检测信息量大、能够遥测等优点。视觉系统实时采集前方的道路图像,获得视觉前瞻点处车辆相对于参考路径的位置偏差信息 e_a。

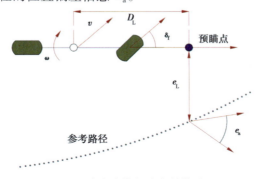

图 2.39　前瞻式横向动力学模型

图中，e_L 为横向偏差；e_a 为方位偏差；D_L 为前瞻距离；δ_f 为前轮转角；v 是车辆速度；ω 是横摆角速度。

2. 横向运动控制方法

国内外研究学者分别针对基于非预瞄及预瞄横向动力学系统的控制问题，采用线性控制及非线性控制等理论和方法来处理，现对当前横向控制方法进行分析。

（1）经典控制方法

2004 年，日产公司为实现速度连续变化工况下车辆平稳光滑地跟踪参考路径这一控制目标，采用经典比例积分微分（PID）方法构建了横向前馈及反馈控制器，解决了智能交通环境下智能车辆横向运动控制的实时性问题。

针对 DARPA 智能车挑战赛行驶区域为崎岖不平的非结构化道路，2005 年，Sebastion T，Mike M，Hendrik D 等人构建了由基于前方路径曲率的前馈控制和 PID 反馈控制器叠加组合的横向复合式控制系统。斯坦福大学 Sebastian 以 Stanley 智能车为研究对象，构建了一种非线性 PID 控制器，将前轮转角控制量表示成横向偏差的非线性函数，该非线性 PID 控制器可使偏差迅速有界收敛。

2006 年，法国 Netto 针对大曲率路径工况下车辆横向路径跟踪问题，提出了基于最优路径检测数据的状态反馈 PID 控制策略，增强了横向控制系统对路径曲率变化的鲁棒性。

（2）最优控制技术

2006 年，马莹、李克强、高峰等人根据车道保持控制系统需有较高实时性的性能要求，建立了包含预瞄时间内当前点偏差、预瞄点偏差和控制输入量等参数的性能指标函数，基于现代控制理论提出了改进的有限时间最优预瞄横向控制策略。

2012 年，郭景华、胡平、李琳辉等人采用根轨迹法分析了预瞄距离对横向闭环系统的影响，构建了基于最优跟踪控制理论的状态反馈控制律和用于补偿路径曲率扰动的前馈控制律组成的横向路径跟踪控制系统。

上述控制方法将车辆横向控制模型简化为线性定常系统，当横向控制模型在参数不确定性和干扰的工况下，可实现路径跟踪的最优控制。但是，上述方法依赖于精确的数学模型，在参数时变和外界干扰的工况下，将会影响甚至破坏智能车辆横向控制系统的鲁棒性和稳定性。

（3）自适应控制方法

美国天合汽车公司 Choi S. B. 等人提出了基于 Lyapunov 准则的智能车辆横向自适应控制律，可克服车辆横向运动过程中前方行驶路径曲率及侧向风等信息不可测量等特征，构建了用于实时测量自适应控制律中状态反馈参数的横向位移变化率观测器，试验表明该方法对轮胎侧偏刚度、车辆不确定参数具有较强的鲁棒性。

（4）模糊控制方法

2011 年，西班牙 J. Perez 等人构建了智能车辆横向控制分层构架，其中上层控制器通过模糊逻辑来产生期望控制量，模糊逻辑控制具有 4 个状态输入量和 2 个状态输出量，最后通过样车测试表明，提出的横向分层构架控制具有较好的跟踪性能。上述模糊控制参数主要靠试探法获取，无法实现控制系统的最佳性能。为了实现模糊控制隶属度函数和控制规则参数优化设计,2012 年,Guo J H,Hu P,Li L H 等人提出了基于速度分区的无人车遗传模糊横向控制策略,通过遗传算法对横向模糊控制器隶属度函数参数和控制规则进行自动优化,有效确定出横向模糊控制器的隶属度函数和控制规则,并将遗传优化模糊控制、模糊控制和二次型调节器进行了仿真对比,跟踪路径由曲率不同的曲线段组成,得出遗传优化模糊控制优于模糊控制和二次型调节器。

2015 年,Erdal K,Erkan K,Herman R 等人构建了车辆横向 Type 2 模糊逻辑控制系统,采用滑模自适应算法实时调节模糊逻辑的控制规则。

2.3.4　PID **控制**

PID 控制器的显著特点是能够使用这三种控制器(比例、积分和微分)对控制器输出的影响,以实现精确和最优的控制。图 2.40 显示了这些项是如何生成和应用的原则。它显示了一个 PID 控制器,它连续计算设定值和测量值之间的误差值,并基于比例项、积分项和微分项应用校正。控制器试图通过调整控制变量例如控制阀的打开来计算由控制项的加权所确定的新值。

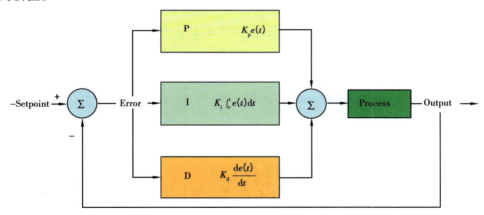

图 2.40　PID 控制器

公式:

$$u(t) = K_{\mathrm{p}}\Big[e(t) + \frac{1}{T_{\mathrm{i}}}\int_0^t e(t)\,\mathrm{d}t + T_{\mathrm{d}}\frac{\mathrm{d}e(t)}{\mathrm{d}t}\Big] \tag{2.4}$$

式中　$u(t)$ ——控制器输出的控制量;

　　　$e(t)$ ——偏差信号,它等于给定量与输出量之差;

　　　K_{p}——比例系数;

　　　T_{i}——积分时间常数;

　　　T_{d}——微分时间常数。

(1)比例部分

增大比例系数使系统反应灵敏,调节速度加快,并且可以减小稳态误差。但是比例系数过大会使超调量(超过设定值)增大,振荡次数增加,调节时间加长,动态性能变坏,比例系数太大甚至会使闭环系统不稳定,单纯的比例控制很难保证调节得恰到好处,完全消除误差。

（2）积分部分

积分控制相当于根据当时的误差值,周期性地微调电位器的角度,每次调节的角度增量值与当时的误差值成正比。以热水壶为例,温度低于设定值时误差为正,积分项增大,使加热电流逐渐增大,反之积分项减小。因此只要误差不为零,控制器的输出就会因为积分作用而不断变化。积分项有减小误差的作用。一直要到系统处于稳定状态,这时误差恒为零,比例部分和微分部分均为零,积分部分才不再变化,并且刚好等于稳态时需要的控制器的输出值,因此积分部分的作用是消除稳态误差,提高控制精度,积分作用一般是必需的。

（3）微分部分

闭环控制系统的振荡甚至不稳定的根本原因在于有较大的滞后因素。因为微分项可以预测误差变化的趋势,这种"超前"的作用可以抵消滞后因素的影响。适当的微分控制作用可以使超调量减小,增加系统的稳定性。

2.3.5 线控技术

线控技术（X by Wire）,是将驾驶员的操作动作经过传感器转变成电信号来实现传递控制,替代传统机械系统或者液压系统,并由电信号直接控制执行机构以实现控制目的,基本原理如图 2.41 所示。该技术源于美国国家航空航天局（NASA）1972 年推出的线控飞行技术（Fly by Wire）的飞机。其中,"X"就像数学方程中的未知数,代表汽车中传统上由机械或液压控制的各个部件及相关的操作。

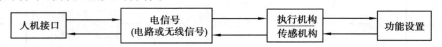

图 2.41　线控技术的基本原理

随着汽车技术的发展,高效、节能、智能的汽车线控技术应运而生。汽车线控技术包括线控转向技术、线控制动技术、线控驱动技术等,在结构上与传统的机械转向技术、机械制动技术、液压助力转向技术、液压制动技术等相比,均有根本性变革,即取消了人机操纵界面（转向盘、制动踏板等）与执行部件（转向轮、制动轮等）之间的机械或液压连接。线控技术采用传感器采集驾驶员的转向、制动等驾驶意图,由导线传递到电子控制单元,识别驾驶意图,进而发出电机控制指令,由电机驱动实现期望的汽车转向、制动等运动。人机操纵界面与执行部件之间通过导线柔性连接,优化线控系统的控制算法可大大提高汽车的操纵稳定性、制动性、主动安全性等综合性能,因而是当前汽车新技术方面的研究热点。

汽车底盘包括传动系、制动系、转向系、行驶系四大系统。传统的汽车底盘技术存在一些弊端。如:液压转向系统、液压制动系统结构和控制复杂,有泄漏隐患等。由于传统的节气门控制系统在节气门踏板和节气门之间存在机械连接,机械式驻车制动系统在驻车制动操纵杆和车轮制动器之间存在机械连接,拉杆等机械构件容易摩擦磨损,导致控制不精确。传统的转向系统在转向盘和转向轮之间存在机械连接,不能解决转向轻便和转向灵敏之间的固有矛盾。

1.线控技术特点

汽车线控技术采用导线柔性连接代替了原来的机械、液压连接,是由控制器（ECU）、传感器、执行器(主要是电机)、通信总线等组成的分布式实时系统,符合安全、节能、环保的要求,具有很多优点。

①通过优化控制算法,实现主动控制。线控系统的最大优点是驾驶员的人机操纵界面和执行机构之间的机械解耦,带来了控制性能的灵活性。线控转向系统的转向盘和转向轮之间解耦,转向传动比随车速等实时调整,提高了汽车的操纵稳定性,实现了车辆的主动转向,并通过安装在转向柱上的力反馈电机进行主动转向阻力反馈,优化转向感觉。线控制动系统灵活控制各个车轮处制动电机的力矩,实现制动防抱死、电子制动力分配等多项功能,提高其制动性。

②结构简单。线控系统摒弃了复杂的机械或液压连接,结构简化,仅包括传感器、控制器、电机等,便于模块化设计等。对于电动汽车,线控系统的轻量化可提高电动汽车的续驶里程,提高汽车的经济性。

③节能环保。线控系统没有转向液、制动液等,不存在液体泄漏的问题。采用洁净的电能由电机驱动,节能环保。

④响应快速。与有较长传递路线的机械、液压连接相比较,各个执行装置的电机驱动响应更为迅速。

线控系统的缺点:汽车线控技术采用导线柔性连接代替机械或液压连接,也带来了一些挑战。可靠性、成本和良好的驾驶体验等是线控技术普及的主要障碍。

①安全可靠性有待提高。目前,安全可靠性是汽车线控技术的最大技术瓶颈。由于线控系统取消了转向盘和转向轮之间、制动踏板和制动器之间的机械或液压连接,传感器的不稳定性、数据传输的不准确性等方面可能使系统发生故障,故必须引入故障诊断进行故障定位与隔离,保证系统的安全可靠性。线控系统必须是容错的,保证某一部件发生故障时汽车仍可实现安全转向和制动。因此,还需要大量验证线控系统的安全可靠性。

②成本有待降低。要提高线控系统的安全可靠性,需要提供足够的硬件冗余,因而提高了硬件成本。目前,在成本上线控系统与具有同等性能的汽车系统相比,还不具有优势。

③驾驶体验有待优化。由于线控系统摒弃了转向盘和转向轮之间、制动踏板和制动器之间的机械或液压连接,且是通过电机等装置人为模拟路感、制动踏板感觉等驾驶感觉,所以驾驶感觉要较好地符合驾驶员的驾驶习惯和心理期望,还有待优化。

2.线控系统的关键技术

（1）传感器技术

线控系统要求传感器成本低、可靠性好、精度高、体积小。要使众多传感器集成在一起并且达到体积小、精度高的要求,可采用集成化传感器和智能型传感器,并采用大规模集成电路将传感器、处理电路、计算机芯片等集成在同一芯片上,或通过数据融合技术实现。

（2）容错控制与故障诊断

作为一种新的电子控制系统,汽车线控系统的可靠性需要进一步提高。某个元件出现故障时,系统应该具有容错功能,并能进行快速准确地诊断故障。

（3）动力学分析

汽车线控系统的动力学建模与分析是开发控制算法的基础。

（4）控制算法

控制算法的控制目标是提高汽车的操纵稳定性、制动性、安全性等性能。这涉及线控系统驾驶感觉优化的算法，包括线控转向系统的转向力反馈优化控制和线控制动系统的制动踏板感觉控制等方面的算法。

（5）总线技术

汽车线控系统的总线技术要求数据传输速度高、可靠性高、通信时间离散度小，并且延迟固定，基于时间触发。目前，线控系统采用的总线包括 FlexRay、TTP/C 总线等。

（6）驾驶者驾驶意图与工况辨识

根据人机界面处的各传感器，包括转向盘转角转矩传感器、制动踏板位移传感器等，判断驾驶者的驾驶意图。模式识别的方法（如模糊模式识别方法等）可在驾驶者的驾驶意图辨识领域应用。

（7）汽车线控系统的集成

底盘控制功能、执行机构、传感器等增加时，子系统间的耦合、影响甚至控制动作的冲突将不可避免。即使每个控制子模块达到很好的独立控制效果，如果不做任何协调或监督管理，可能仍达不到各自的控制目标。由于轮胎地面侧向力、纵向力和法向力存在耦合，因此线控转向系统、线控制动系统等的应用并不是简单的叠加，而是要对不同的子系统进行集成控制或协调控制。通过传感器信息融合、集成优化、控制、容错、故障诊断，使线控转向系统与线控制动系统相互协调，实现轮胎地面力的最优分配而达到操纵稳定性、主动安全性、舒适性、制动性能等整车综合性能最优。

（8）网络协议技术

线控技术的全面应用将意味着汽车由机械到电子系统的转变。线控技术要求网络的实时性好、可靠性高，而且一些线控部分要求功能实现冗余，以保证在出现一定的故障时仍可实现这个装置的基本功能。这就要求用于线控的网络数据传输速度高，时间特性好（通信事件发生时间是确定的）和可靠性高。

3.线控底盘主要系统

（1）线控转向系统

汽车转向系统经历了机械转向系统、液压助力转向（HPS）系统、电液助力转向（EHPS）系统、电动助力转向（EPS）系统、线控转向（SBW）系统等几个阶段，如图 2.42 所示。线控转向系统较电动助力转向系统取消了方向盘与转向轮之间的机械连接装置。

世界各大汽车厂家、供应商等对线控转向系统做了深入研究，国际知名供应商如 TRW、Delphi、ZF 等制造了物理样机，进行试验研究；国际著名汽车生产商如奔驰、宝马、通用等展出采用线控转向系统的概念车；目前国内对线控转向系统的研究多数以高校的理论为主，并且已经取得一些进展。

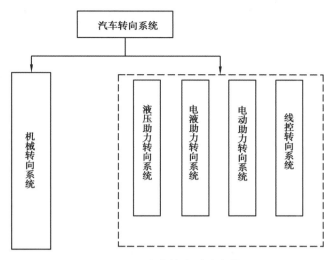

图 2.42　汽车转向系统发展

线控转向系统分为 3 个部分:转向盘模块、转向执行模块和中央控制单元(ECU)。转向盘模块包括方向盘转矩传感器、转角传感器、路感电机及其减速器等部件;转向执行模块包括直线位移传感器、转角传感器、转向电机及其减速机构等部件。另外线控转向系统还包括转向控制器和电源等部件。

20 世纪五六十年代,美国天合 TRW 等转向系统供应商和德国 Kasselmann 等就试图将转向盘与转向车轮之间用控制信号代替原有的机械连接,这就是早期的线控转向系统原型。

德国奔驰公司于 1990 年开始了前轮线控转向系统的深入研究,并将其开发的线控转向系统安装于 F400 Carving 的概念车上;2001 年第 71 届日内瓦国际汽车展览会上,意大利Berstone 汽车设计及开发公司展示了新型概念车 FILO,该车采用了 Drive by wire 技术。

2003 年日本丰田公司在纽约国际车展上展出了 Lexus HPX 概念车,该车采用了线控转向系统,在仪表盘上集成了各种控制功能;2014 年,英菲尼迪在 Q50 轿车中首次推出了线控技术(全球首款搭载线控转向技术的量产车型),搭载线控主动转向系统。

2004 年同济大学在上海国际工业博览会上展示了配备线控转向系统的四轮独立驱动微型电动车春晖三号;2009 年吉林大学汽车仿真与控制国家重点实验室在企业资助下,开发了线控转向试验车;2010 年第 25 届世界电动车展览会上,吉林大学汽车仿真与控制国家重点实验室展出基于轮毂电机的全线控电动概念车。

线控转向的优势:

①提高了整车设计自由度,便于操控系统布置。例如没有了机械连接,可以很容易把左舵驾驶换为右舵驾驶。

②转动效率高,响应时间短。控制单元接收各种数据,可以在瞬时转向条件下,立刻提供转向动力,转动车轮。

③改善驾驶特性,增强操纵性。基于车速、牵引力控制以及其他相关参数基础上的转向比率(转向盘转角和车轮转角的比值)不断变化。

④低速行驶时,转向比率低,可以减少转弯或停车时转向盘转动的角度;高速行驶时,转

向比率变大,能够获得更好的直线行驶条件。

⑤取消转向柱、转向器后,有利于提高汽车碰撞安全性和整车主动安全性。

线控转向的劣势:

①硬件上需要较高功率的路感电机和转向电机,软件上需要复杂的力反馈电机和转向执行电机的算法实现。

②线控转向系统的安全性和可靠性有待提高,这也是各大车企考虑的核心问题。

③冗余设备导致额外增加的成本和重量也是阻碍其发展的因素之一。

(2)线控制动系统

传统轮式车辆制动系统的气体或液体传输管路长,阀类元件多。对于长轴距或多轴车辆及远距离控制车辆,由于管路长、速度慢,易产生制动滞后现象,制动距离增加,安全性降低,而且制动系统的成本也较高。

线控制动用电线取代部分或全部制动管路,可省去制动系统的很多阀。在电子控制器中设计相应程序,操纵电控元件来控制制动力的大小及各轴制动力的分配,可完全实现使用传统阀类控制件所能达到的 ABS 及 ASR 等功能。

目前,线控制动系统主要分为 3 种类型:第一种是电子液压制动(EHB)系统,第二种是电子机械制动(EMB)系统,第三种是混合线控制动(HBBW)系统,EHB 系统结构示意图如图 2.43 所示。

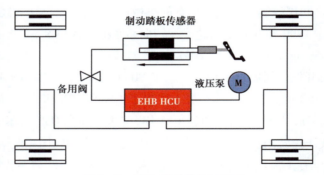

图 2.43　EHB 系统结构示意图

国内外发展情况:

在 1999 年法兰克福车展上,博世展出了电子液压制动系统(EHB);2001—2002 年,博世生产的 EHB 被奔驰的 SL 跑车和 E 级所采用,这是最早使用这种制动系统的两款汽车;2002年福特汽车公司的 Focus FCV 制动系统采用了制动踏板与制动系统非机械方式连接的线控制动;德尔福公司于 2004 年研发了一种通过电动制动钳来操控后轮制动的混合线控制动系统;2005 年,世界上第一款 EMB 汽车由澳大利亚 PBR 公司开发,而后这家公司又与美国通用汽车公司开发了 Sequel 概念汽车;日立旗下的东机特工在 2009 年首次推出电液线控制动系统 E-ACT。国内有关线控制动系统的研究起步较晚,目前对线控制动系统的研究多数以高校的理论和部分供应商为主;清华大学提出集成式电控制动系统的原理方案,具有驾驶辅助功能;万向集团研究出集成式电控制动系统,取消了真空助力器,制动主缸、蓄能器、压力调节器集成化,具备失效安全保护功能;亚太股份研究出电机助力式集成制动系统,具备驾驶员、电机及协调三种制动模式;同济大学研究出电液复合制动系统,具备液压和电机回馈协调控制、主被动助力和制动踏板感觉模拟功能。

相对传统的液压制动系统,EMB 具有以下主要优点。

①机械连接少,没有制动管路,结构简洁,体积小。

②载荷传递平稳、柔和,制动性能稳定。

③采用机械和电气连接,信号传递迅速,反应灵敏,"路感"好。

④传动效率高,节省能源。

⑤电子智能控制功能强大,可以通过修改 ECU 中的软件,配置相关的参数来改进制动性能,易于实现 ABS、TCS、ESP、ACC 等功能。

⑥模块式结构更加整体化,装配简单,维修方便。

⑦利于环保,没有液压制动管路和制动液,不存在液压油泄漏的问题,系统没有不可回收的部件,对环境几乎没有污染。

缺点:

①没有备份系统,对可靠性要求极高:由于不存在独立的主动备用制动系统,不论是ECU 元件失去效用还是传感器失灵,抑或是制动器本身或线束出现故障,都需要一个备用系统以保障制动的基本性能,在电子控制单元发生故障时,自行启动且不会影响到现有系统的完整性。

②刹车力不足:EMB 系统由于位于轮毂中,轮毂的体积决定了电机大小,进而决定了电机功率不可能太大。

③工作环境恶劣,特别是温度高:刹车片附近的温度高达数百度,而电机体积又决定只能使用永磁电机,而永磁材料在高温下会消磁。

④簧下元件震动剧烈,不确定性强:永磁体无论是烧结还是黏结都很难承受强烈震动。

(3)线控悬架系统

线控悬架系统主要由模式选择开关、传感器、悬架 ECU、可调阻尼减振器、高度控制阀、弹性元件等部件组成。

线控悬架可以克服传统悬架的不足。线控悬架除了传统悬架的功能,还可以根据不同的路面条件、不同的载质量、不同的行车速度等行驶状况来调节减振器阻尼力的大小,控制弹性元件的刚度、车身高度和姿势。

线控悬架的优点:

①刚度可调,可改善汽车转弯时出现的侧倾以及制动和加速等引起车身点头和后坐等问题。

②汽车载荷变化时,能自动维持车身高度不变。

③碰到障碍物时,能瞬时提高车轮,越过障碍,使汽车的通过性得到提高。

④可抑制制动时的点头,充分利用车轮与地面的附着条件,加速制动过程,缩短制动距离。

⑤使车轮与地面保持良好的接触,提高车轮与地面的附着力,增加汽车抵抗侧滑的

能力。

线控悬架的缺点：

①结构复杂、故障的概率和危害远高于传统悬挂系统线控悬架尤其是空气弹簧,由于没有备份,一旦出现严重泄漏事故,行车姿态会出现剧烈变化,提高安全风险。

②线控悬架相对传统悬架增加了电机、控制器、传感器、储气罐等配置,重量和能耗有所提升。

③线控悬架的智能性有待提升,恶劣天气以及不良路面均会对自动控制系统产生不良干扰。

（4）线控油门系统

线控油门系统由油门位置传感器、力反馈电动机、油门 ECU、油门作动器控制模块、油门作动器、环境传感器组成。

传统油门控制方式是驾驶员通过踩油门踏板,由油门拉索直接控制发动机油门的开合程度,从而决定加速或减速,驾驶员的动作与油门的开合是通过拉索的机械运动联系的。

线控油门将这种机械联系改为电子联系,驾驶员仍然通过踩油门踏板控制拉索,但拉索并不是直接连接到油门,而是连着一个油门踏板位置传感器,传感器将拉索的位置变化转化为电信号传送至油门 ECU,ECU 将收集到的相关传感器信号经过处理后,发送命令至油门作动器控制模块,油门作动器控制模块再发送信号给油门作动器,从而控制油门的开合程度。

线控油门示意图如图 2.44 所示。

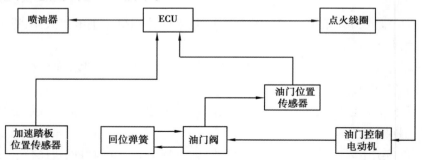

图 2.44　线控油门示意图

线控油门的优点:控制精确,发动机能够根据汽车的各种行驶信息,精确调节进入气缸的空气燃油混合比,改善发动机的燃烧状况,从而大大提高了汽车的动力性和经济性。

（5）线控离合系统

线控离合系统由离合器电子踏板、离合器执行部分、离合器 ECU 这三部分组成。电子踏板上的传感器测量离合器踏板的具体位置,并将数据输入 ECU,ECU 控制离合器执行部分,使之达到最佳安全性和可靠性。

线控离合的优点:

①提高操纵性能,使离合器能够更加平稳地接合;减少驾驶员的不当操作,如释放离合器过快等。

②可以提供全自动或半自动的离合模式。

③检测离合器磨损情况,并不断调整接合方式。

④操作舒适,减轻腿部疲劳,更加符合人机工程学。

汽车线控技术作为汽车发展的一个重要方向,将对全球汽车制造业产生重大影响。汽车线控技术给汽车设计提供了新的思路,对汽车电子技术、控制技术、网络技术等方面提出了新的课题,给汽车整体结构带来了新的变革。

习 题

一、单选题

1. 超声波雷达适用于近距离测距场景,例如泊车辅助、变道辅助、低速自动跟车等。超声波的频率为( )。

A. 小于 20 Hz   B. 20 Hz ~ 2 kHz   C. 2 kHz ~ 20 kHz   D. 20 kHz 以上

2. 毫米波雷达最大的优点是( )。

A. 隐蔽性好   B. 抗干扰能力强   C. 角分辨力高   D. 可测距离远

3. 激光雷达测距精度非常高,且能识别物体的轮廓,其最远探测距离可达( )m。

A. 100   B. 200   C. 400   D. 150

4. 智能网联汽车的行为决策方法包括基于规则的行为决策方法和基于( )的行为决策方法。

A. 强化学习   B. 控制   C. 信息   D. 环境

5. 有限状态机法的四大要素有状态、转移、事件和( )。

A. 输入   B. 动作   C. 规则   D. 有限个状态

二、多选题

1. 智能网联汽车关键技术有( )。

A. 环境感知技术   B. 决策规划技术   C. 控制执行技术   D. 信息安全技术

2. 汽车测距技术有( )。

A. 超声波测距   B. 激光测距   C. 毫米波测距   D. 摄像头测距

3. 毫米波雷达的特性有( )。

A. 频带宽   B. 大气传播衰减大   C. 大气传播衰减小   D. 波长短

4. 激光雷达主要构成要素包括( )。

A. 检测系统   B. 发射系统   C. 接收系统   D. 信号处理系统

5. 决策规划分为( )。

A. 全局路径规划   B. 区域路径规划   C. 局部路径规划   D. 单一路径规划

三、判断题

1. 状态感知通过车载传感器仅对周边环境专题信息进行采集和处理。(   )

2. 环境感知是感知设备(即硬件设备)和软件算法(即感知技术)的统一体。(   )

3. 激光雷达用于环境感知,不能进行汽车测距。(   )

4. 激光雷达是将发射信号与回波信号进行比较,得到脉冲时间、相位或频率的差值,计算出发射与接收信号的时间差,再分别根据机械波在空气中的传播速度,计算与障碍物的距离和相对速度。(　　　)

5. 人耳可以听到的声波的频率一般为 20 Hz ~ 20 kHz。(　　　)

四、填空题

1. 智能驾驶车辆获取和处理环境信息主要用于状态感知和_____网联通信。

2. 状态感知包括_____的感知和_____的感知。

3. 当前自动驾驶汽车采用的主流环境感知方案是_____。

4. 超声波雷达适用于_____场景,例如泊车辅助、变道辅助、低速自动跟车等。

5. 当在固体或者液体中传播时,超声波具有_____和_____的优点。

6. 智能网联汽车纵向运动控制策略主要包括_____、_____和_____等。

五、简答题

1. 请简要说明激光雷达、视觉传感器、超声波雷达、毫米波雷达分别怎样测算距离。

2. 请说明什么是超声波的干涉特性。

3. 什么是空化作用?

4. 如何衡量车载超声波雷达性能的指标?

5. 毫米波相较于微米波和红外波来说有什么优势?

六、问答题

1. 请描述超声波雷达、毫米波雷达、激光雷达的性能特点。

2. 说明超声波雷达在先进驾驶辅助系统中的应用。

第3章　智能网联汽车信息交互关键技术

智能网联汽车的功能实现离不开信息交互技术的支持。无论是自动驾驶的决策、行驶路径的规划，还是人机交互或者汽车内部各单元的实时交互，都依赖于信息交互技术。智能网联汽车在运行时，各类功能模块随时都会产生大量信息，信息技术必须要确保其中有用的信息能够安全、高效地被接收从而让汽车能够做出正确的判断与决策，来为汽车的安全行驶保驾护航。

教学目标

通过本章学习，可以让学生掌握智能网联汽车信息交互的关键技术，了解汽车内部的通信结构，了解智能网联汽车信息技术进一步发展的方向与安全问题，培养信息安全意识。

教学任务

知识点	学习要求
V2X 通信技术	掌握 V2X 通信技术的意义、分类，及其各类型的基本运行原理；了解目前 V2X 技术的应用情况
智能网联汽车与大数据和云平台的结合	掌握大数据的概念及其关键技术；了解云平台的定义、优缺点及其应用，了解 Apollo 云服务平台
智能网联汽车信息安全技术	了解智能网联汽车的信息安全威胁和信息安全发展现状

案例导入

当前 C-V2X 通信设备不断研发成熟，产品种类日益丰富。然而不同设备产品的互联互通是实现"人、车、路、云"全面连接的基础，中国信通院建立 C-V2X 通信设备一致性测试认证体系，提供涵盖国内网络层、消息层、安全层的标准一致性测试认证能力，旨在检验和保障各厂家产品能够依据标准协议实现互联互通。截至目前，中国信通院已经为 40 余家模组、终端和协议栈相关厂商的 50 余款 C-V2X 产品开展了互联互通和一致性验证测试。重庆车检院 C-V2X 规模测试平台如图 3.1 所示。

图 3.1 重庆车检院 C-V2X 规模测试平台

3.1 V2X 通信技术

3.1.1 车辆通信系统的组成

车辆通信系统一般由 3 部分组成:车载单元(On-Board Unit,OBU)、路侧单元(Road-Side Unit,RSU)以及专用数据链路。汽车通信主要包括 OBU 之间的通信(V2V)、OBU 与 RSU 之间的通信(V2R)、车载单元和路侧单元与基础设施之间的通信(V2I)以及车载单元和路侧单元与云端网络的通信(V2N)。

1. 车载单元

车载单元是汽车通信的车载终端,主要由通信处理器、射频发射器、GPS 接收器和处理器、车辆 CAN 总线、数据存储器、显示器等组成。其作用主要是接收、存储、定时更新汽车的相关行驶数据(车速、对方车速、相对车速、行驶方向、对方行驶方向、相对方向、车距、刹车信号等),向其他车辆或路侧单元发送汽车行驶数据,对行驶状况给出预警显示。

智能网联车载单元 OBU2.0 如图 3.2 所示,智能网联路侧单元 RSU 2.0 如图 3.3 所示。

图 3.2 智能网联车载单元 OBU 2.0

图 3.3 智能网联路侧单元 RSU 2.0

2. 路侧单元

路侧单元一般是指安装在路口交通设施旁或道路旁边的汽车通信设备，主要由通信处理器、射频收发机、数据存储器、交换处理器、通信网关（如需接入其他制式的网络）等组成，一般支持较大容量的信息处理和交换，主要用于交通设施与汽车的通信、交换交通信息（包括交通信号、路况信息等）、提示告警等。LTE-V 的路侧站还可以通过有线或无线网络与其他站进行数据交换，以及通过光纤等接入交通管理中心或者内容服务提供者（TSP）服务中心。

3. 专用数据链路

专用数据链路主要指采用 802.11P 或长期演进技术（Long Term Evolution，LTE）制式的用于汽车通信的无线链路。目前主要有 5.9 GHz 频段（5.85～5.945 GHz，共 75 MHz 频宽）。

3.1.2　V2X 的种类

V2X（Vehicle to Everything）并非一般意义上的汽车联网，而是通过车上的 GPS 定位、射频识别技术（Radio Frequency Identification，RFID）、传感器、摄像头和图像处理等电子组件，按照约定的通信协议和数据交互标准，进行无线通信和交换的大系统网络。以此使车辆与一切可能影响车辆的实体实现信息交互，其目的是减少事故发生，减缓交通拥堵，降低环境污染以及提供其他信息服务。

如图 3.4 所示，车联网（V2X）的名字很直观，就是车连接网络或者把车连成网络组，包括汽车与互联网（V2N）、汽车与汽车（V2V）、汽车与基础设施（V2I）以及汽车与行人（V2P）。

图 3.4　智能网联汽车 V2X 通信

1. V2V

V2V（车与车：Vehicle to Vehicle）是一种智能网联技术，它利用每辆车上所搭载的传输单元以每秒 10 次/s 的高速无线网络发出信号，这些信息包括车辆当时的车速、方向、地理位置、路线等，实现车与车之间的交流。V2V 通信技术是一种不受限于固定式基站的通信技术,为移动中的车辆提供直接的端到端的无线通信。即通过 V2V 通信技术,车辆终端彼此可以直接交换无线信息,无须通过基站转发。利用它可以监测道路上行驶的其他车辆的速度、位置等对其他驾驶人"隐藏"的数据,能够自动预测出在该车行驶道路前方是否会发生碰撞。

通俗地讲,它与人们所用的手机相反,手机依赖于固定的基站提供信号,以实现与其他手机互通。在高铁上,会因为频繁地更换基站的服务区而导致信号时好时坏。但智能网联汽车对此十分忌惮,若车辆在没有基站提供服务时无法接收信号,感应不到拐角处的其他车辆,则可能引发车祸。

(1)V2V 智能网联技术的工作方式

V2V 是指通过每辆车实时共享信息,系统可以全面地获取和分析信息,并非常迅速地做出反应,避免危险的发生。比如跟车行驶时,当前车因突发情况紧急制动的瞬间,该车也会同时发出紧急制动信号告知周围车辆,当后方车辆收到紧急制动信号后,会及时制动或变道,避免追尾事故发生。

(2)V2V 智能网联技术的典型应用

V2V 通信有大量的应用场景,主要涉及提高驾驶安全性和交通效率,并向驾驶人提供信息或娱乐。

①交通安全性。交通安全性应用是指车辆进入特定的工作场景时存在安全问题的情况下的应用,其包括交叉路口或离开高速公路的警告、危险位置警告、发现障碍物、报告事故、突然停止警告、前向碰撞警告、碰撞前感测或警告、变道警告、保持警告、协助特权救护车以及消防车等。

②交通效率。交通效率应用是为了通过向运输网络的所有者或网络上的驾驶人提供信息来提高运输网络的效率,加强路线指导或导航。一般应用于智能交叉口的自适应交通灯、自动交通路口控制、绿灯最优速度信息等。

③其他系统。V2V 通信系统可以支持当前可用驾驶人辅助系统。在广播车辆参数的帮助下,可以改善自适应巡航控制和停车导航功能。

除此之外,V2V 还被广泛地应用到警务和执法领域。警方在执法过程中可以利用 V2V 通信系统对相关车辆进行监视、测量速度等。

2. V2I

V2I(Vehicle to Infrastructure),即车与基础设施相连,I 在这里包含了交通信号灯、公交站、电线杆、大楼、立交桥、隧道及路障等交通设施。V2I 通信功能采用车载智能交通运输系统的 760 MHz 频段,可以在不影响车载传感器的情况下实现基础设施与车辆之间的相互通信。V2I 也称车路协同系统,是基于无线通信、传感器探测等技术进行车路信息获取,通过车与车、车与路的信息交互共享,实现车辆和基础设施智能协同配合的系统技术。车路协同系统一般由车载单元、路旁部署的路侧单元、互联网上的控制或服务中心、个人携带设备,以及专用短距离无线通信协议等部分组成。

(1)V2I 智能网联技术的工作方式

当车辆在行驶过程中,道路基础设施通过移动通信模块从云端实时获取信息,并通过车载自组织网络向其覆盖区域的车辆广播,车辆上的车载终端接收到广播信息后进行解包处理。例如,收到天气信息、交通信号信息、弯道速度提醒、超速提醒以及其他车辆的行驶状况等信息时,以声音的方式通知驾驶人减速缓行,注意道路交通安全,避免由于天气及速度等原因引起的交通安全风险。收到实时交通信息后,结合车载导航软件,动态规划行车路径,避开拥堵路段。

同时,道路基础设施收集所接入车辆的行驶方向、速度、位置等信息,并将汇集的路况数据实时传输到云端交通信息中心,由交通信息中心进行分析、加工、处理,形成实时交通信息,再返回给道路基础设施。

(2)V2I智能网联技术的典型应用

车路通信的另外一个典型应用场景为不停车收费系统(ETC),其工作原理如下。

用户先要预交通行费或设立付费账户将交费或账户信息存入车载终端,并完成车载终端的安装。道路基础设施通过网络连接到云端收费管理系统,收费管理系统根据收费标准和账户信息的变化不定期给道路基础设施推送收费标准和账户异常信息。

当车辆将进入收费站时,按规定车速进入不停车收费通道,道路基础设施通过无线通信与车载终端进行通信,道路基础设施读取车载终端中的车辆信息和车型信息,计算通行费用,如果车主的专用账户正常,则道路基础设施自动从账户中记录本次通行费用,并控制收费通道的电子栏杆,实现车辆的放行。

每次收费完成之后,道路基础设施将收费操作的相关信息通过网络传输到收费管理系统。收费管理系统对预交费车辆的费用信息汇总后生成转账清单向金融机构请求支付。

当安装有车载终端的车辆在车道上行驶时,车辆与道路基础设施之间建立车载自组织网络,此时道路基础设施获取交通信息、天气信息等。如在收费闸口,道路基础设施可识别通过的车辆,实现停车不收费。

除了上述典型功能,路侧单元还可以实现路标识别功能,为驾驶人的驾驶提供可靠保证。例如,为驾驶人提供桥梁、隧道高度或者门宽度的数据,从而达到保证驾驶人和车辆安全的要求。

3. V2P

V2P(Vehicle to Pedestrian),即车与行人互联。车辆可以实现智能网联,但人不可能瞬时移动。这就关乎人身安全、交通秩序以及社会安定等,因而 V2P 是智能网联中最重要的一个环节。

(1)V2P 智能网联技术的工作方式

V2P 系统利用行人智能手机的 GPS 导航应用,与周围车辆在 5.9 GHz 的短程通信频带进行信息交流,通过实时信息交流获取信息得知行人与车辆是否会发生碰撞。V2P 系统主要用于检测驾驶人视线无法波及的情景,例如一辆车车后或路边突然窜出的行人。

智能手机用于检测行人位置、方向、速度,并通过短波通信技术,获取周围车辆的位置、方向及速度、若系统计算后认为两者或多者保持原有状态继续运动会发生碰撞,则会在手机屏幕上弹出警告消息。

当手机一段时间不移动位置(例如放在家中)时,将进入待定模式,一旦其位置发生改变,短波通信模块将完全激活。这项功能设置的目的是节省不必要的通信带来的能量消耗。

V2P 系统是双向的。因此,在行人方的智能手机应用检测到危险时,相应的驾驶人也会在车内抬头显示器以及导航显示屏中收到视觉或听觉警报。除基本的警报以外,驾驶人还可以获取更细节的信息,例如该行人是否在听音乐、发短信或打电话。

（2）V2P 智能网联技术典型应用

通过智能手机和穿戴设备中的 V2P 技术,行人可以与汽车共享数据。除了共享位置信息,行人的设备还可以提醒驾驶人,例如他们需要更多时间过马路等。这项技术可以保证行动不便或者行走缓慢的行人的人身安全。

4. V2N

V2N（Vehicle to Network）即车辆与互联网相连接,也就是车与互联网通信,能够让车辆通过移动网络与云平台相连,进而能够实现移动支付、购物、移动办公、地图更新、环境感知等功能。

（1）V2N 智能网联技术的工作方式

车辆在行驶的过程中,除了可以利用车辆自身的雷达、摄像头等传感器检测周围环境,还可以通过路旁部署的网络接入设施,将云平台附近其他车辆检测上传的环境信息以及附近路侧单元检测的环境信息传输给车载单元,为智能网联汽车行驶路径规划以及决策规划和底层控制等提供帮助,从而保障了车辆的行驶安全性。

（2）V2N 智能网联技术的典型应用

车辆还可以通过与互联网连接,实现信息、娱乐、预约、应急、商务办公等服务。其中信息服务包括车辆的状态信息、路况信息、交通信息、导航信息、定位信息、地图更新、车载软件更新等;娱乐服务包括音乐、电影和游戏等;预约服务包括车辆保养预约、机票预约、住宿预约等;应急服务包括道路救援、消防、保险等;商务办公包括文件传输、视频会议、收发电子邮件等。

3.1.3 专用短程通信技术

1. 专用短程通信技术概述

专用短程通信（Dedicated Short Range Communication, DSRC）是专门用于道路环境的车辆与车辆、车辆与基础设施、基础设施与基础设施间,通信距离有限的无线通信方式,是智能网联汽车系统最重要的通信方式之一。

专用短程通信技术目前主要是使用 5.9 GHz 频段（5.85～5.92 GHZ,共 75 MHz 频宽）的类似 Wi-Fi Mesh 的基于 802.11p、IEEE1069、SAVE J2735、SAVE J2985 标准的 DSRC 汽车自组网专用短程通信技术。

专用短程通信是安全辅助驾驶技术的升级,主要提供更好的方位碰撞预警功能,消除了安全死角,可以为车辆提供 360°的安全保障。

专用短程通信技术让汽车可以周期性地双向发送、接收和交换、分享车辆的基本行驶信息,其中包括汽车当前的位置信息、汽车行驶方向、当前车辆行驶速度、行驶路径和车辆的其他信息,并检测行人以及其他车辆与当前车辆的距离和危险程度,在必要时（如两两汽车运行的轨迹有发生碰撞的危险)向双方驾驶员发出警告,警告则会显示在车载显示屏上,并通过语音提示或振动车椅及转向盘来提醒驾驶员。

专用短程通信技术可以让驾驶员清楚地知道其车辆的周边行驶车辆(前后左右附近)的位置和速度,并且不用担心有障碍阻挡了视线。即便有障碍物挡住也能十分清楚周边的交通状况。例如,当车辆行进时,可以清楚地了解前方交通拥堵状况;在有障碍物挡住视线的路口,各个路口的车辆情况会显示在显示屏上;当在大车后跟行时,显示屏上也可以了解大车前面的道路交通情况;在急弯的山路上,前后方车辆的情况均能实时更新。

2. 专用短程通信系统参考构架

专用短程通信系统的参考架构如图3.5所示。车辆与车辆之间以及车辆与路侧基础设施之间通过专用短程通信技术进行信息交互。

专用短程通信系统包含物理层、媒体访问控制层(MAC)、网络层和应用层。

(1)物理层

物理层是建立、保持和释放专用短程通信网络数据传输通路的物理连接的层级,位于协议栈的最底层。

(2)媒体访问控制层

媒体访问控制层是提供短程通信网络节点寻址及接入共享通信媒体的控制方式的层级,位于物理层之上。

(3)网络层

网络层是实现网络拓扑控制、数据路由以及设备的数据传送和应用的通信服务手段的层级,位于媒体访问控制层之上。

(4)应用层

应用层是向用户提供各类应用及服务手段的层级,位于网络层之上。

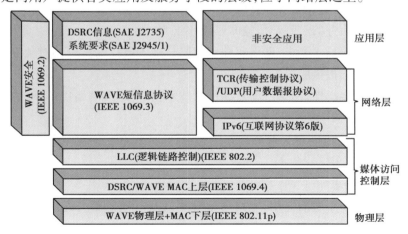

图3.5　专用短程通信系统的参考架构

车载单元的媒体访问控制层和物理层负责处理车辆与车辆之间、车辆与路侧基础设施之间的专用短程无线通信连接的建立、维护和信息传输;应用层和网络层负责把各种服务和应用信息传递到路侧基础设施及车载单元上,并通过车载子系统与用户进行交互;管理和安全功能覆盖于专用短距离通信整个框架。

3. 专用短程通信技术要求

（1）总体功能要求

专用短程通信技术总体功能包含无线通信功能和网络通信功能，其中无线通信功能要求如下：

①车路通信的路侧单元最大覆盖半径大于 1 km。

②车车通信单跳距离可达 300 m。

③支持车载单元的最大运动速度不小于 120 km/h。

网络通信功能要求如下：

①广播功能。

②多点广播功能。

③地域群播功能。

④消息优先级的功能管理。

⑤通道与连接管理功能。

⑥车载单元的移动性管理功能。

（2）媒体访问控制层技术要求

①车载单元与车载单元通信接口要求，即为满足汽车辅助驾驶中紧急安全事件消息的传播，媒体访问控制层的通信时延应小于 40 ms。

②媒体访问控制层支持的并发业务数应大于 3。

③路侧单元支持的并发终端用户容量应大于 128。

（3）网络层技术要求

①网络层可适配不同的物理层。

②支持终端的运动最大速度不小于 120 km/h；在跨路侧设备覆盖区时，可保证业务连续性。

③紧急安全事件业务的端到端传输时延应小于 50 ms。

④可支持多种接入技术要求，网络层和应用层与接入层技术具有相对独立性，可以通过多种接入技术为网络层提供服务。

⑤支持传输技术多样性，网络层与数据传输技术相对独立，网络层不受底层传输技术的影响。

⑥服务质量（QoS）保证，可为业务建立优先级，并具备 QoS 识别能力，以支持网络的 QoS 保证机制。

（4）应用层技术要求

应用层主要包括车车通信应用、车路通信应用以及其他通用交通应用。主要技术要求如下：

①业务接口统一，制定标准格式。

②业务支撑管理。

③安全性。

4. 专用短程通信技术的优势

专用短程通信技术采用分布式控制方式，支持高速车辆（可支持高于 192 km/h 的车速，一般高速公路的车速都在其支持范围内)下的动态快速自组网,自维护路由。可以随时建立网络,能在没有其他通信设施的情况下使用。无中心的点对点通信,不受固定拓扑结构的限制,不依赖于任何预设的网络基础设施,建网成本低。DSRC 通信距离短,发射的数据量较少,发射功率较低,功耗较低,能源消耗较低,工作时长较长,设备小巧,更换维护方便,可以成为汽车的内生系统,与车内总线和车内系统协同性好。

5. 专用短程通信主要支持的业务

2014 年 1 月在美国举行的国际消费电子展(CES)上,美国福特、通用等汽车大厂纷纷展示出各自最先进的基于专用短程通信的 V2V 沟通技术。除上述两家汽车厂商之外,本田、现代、梅赛德斯-奔驰、日产、丰田等众多汽车厂商均支持专用短程通信技术。

专业短程通信支持的业务包括但不限于以下业务:

①汽车辅助驾驶,包括辅助驾驶和道路基础设施状态警告。其中辅助驾驶包括碰撞风险预警、错误驾驶方式的警示、信号违规警告、慢速车辆指示、摩托车接近指示、车辆远程服务、行人监测、协作式自动车队等;道路基础设施警告包括车辆事故、道路工程警告、交通条件警告、气象状态及预警、基础设施状态异常警告等。

②交通运输安全,包括紧急救援请求及响应、紧急事件通告、紧急车辆调度与优先通行、运输车辆及驾驶员的安全监控、超载超限管理、交通弱势群体保护等。

③交通管理,包括交通法规告知、交通执法、信号优先、交通灯最佳速度指引、停车场管理等。

④导航及交通信息服务,包括路线实时指引和导航,施工区、收费、停车场、换乘、交通事件信息、流量监控、建议行程、兴趣点通知等。

⑤电子收费,包括以电子化的交易方式,向用户收取相关费用,如道路、桥梁和隧道通行费、停车费等。

⑥运输管理,包括运政稽查、特种运输监测、车队管理、场站区管理等。

⑦其他,包括车辆软件和数据配置及其更新、车辆和 RUS 的数据校准、协作感知信息更新及发送等。

3.1.4　基于蜂窝网络的无线通信技术(Cellular Vehicle-to-Everything, C-V2X)

C-V2X 通信技术本质上是一种车用无线通信技术,是基于 3G、4G、5G 等蜂窝网络通信技术发展起来的,在 C-V2X 通信技术中,C 代表了蜂窝。目前,C-V2X 通信技术包含 LTE-V2X 系统和 NR-V2X 系统两种主要形式;NR-V2X 系统的应用以 5G 网络为基础,现阶段的应用较少,而 LTE-V2X 系统以 LTE 网络为支撑,其在目前应用较多,且已经实现了 V2V、V2I、V2P、V2N 等过程的信息交互。相比于传统的车载服务系统,C-V2X 通信技术的应用具有低延迟、高可靠性的特征,其在满足带宽要求的基础上,适应了复杂应用场景的车载服务需要。

1. C-V2X 典型场景及应用

借助于人、车、路、云平台之间的全方位连接和高效信息交互。C-V2X 目前正从信息服务类应用向交通安全和效率类应用发展,并将逐步向支持实现自动驾驶的协同服务类应用演进。C-V2X 典型的应用场景举例如下。

(1)信息服务典型应用场景

信息服务是提高车主驾车体验的重要应用场景,是 C-V2X 应用场景的重要组成部分。典型的信息服务应用场景包括紧急呼叫业务等。紧急呼叫业务是指当车辆出现紧急情况时(如安全气囊引爆或侧翻等),车辆能自动或手动通过网络发起紧急救助,并对外提供基础的数据信息,包括车辆类型、交通事故时间地点等。服务提供方可以是政府紧急救助中心、运营商紧急救助中心或第三方紧急救助中心等。该场景需要车辆具备 V2X 通信的能力,能与网络建立通信联系。

(2)交通安全典型应用场景

交通安全是 C-V2X 最重要的应用场景之一,对于避免交通事故、降低事故带来的生命财产损失有十分重要的意义。典型的交通安全应用场景包括交叉路口碰撞预警等。交叉路口碰撞预警是指在交叉路口,车辆探测到与侧向行驶的车辆有碰撞风险时,通过预警声音或影像提醒驾驶员以避免碰撞。该场景下车辆需要具备广播和接收 V2X 消息的能力。

(3)交通效率典型应用场景

交通效率是 C-V2X 的重要应用场景,也是智慧交通的重要组成部分,对缓解城市交通拥堵、节能减排具有十分重要的意义。典型的交通效率应用场景包括车速引导等。车速引导是指路边单元(RSU)收集交通灯、信号灯的配时信息,并将信号灯当前所处状态及当前状态剩余时间等信息广播给周围车辆。车辆收到该信息后,结合当前车速、位置等信息,计算出建议行驶速度,并向车主进行提示,以提高车辆不停车通过交叉口的可能性。该场景需要RSU 具备收集交通信号灯信息,并向车辆广播 V2X 消息的能力。周边车辆也需具备收发V2X 消息的能力。

(4)自动驾驶典型应用场景

与现有的摄像头视频识别、毫米波雷达、激光雷达类似,V2X 是获得其他车辆、行人运动状态(车速、刹车、变道)的另一种信息交互手段,并且不容易受到天气、障碍物以及距离等因素的影响。同时,V2X 也有助于为自动驾驶的产业化发展构建一个共享分时租赁、车路人云协同的综合服务体系。目前,典型的自动驾驶应用场景包括车辆编队行驶、远程遥控驾驶等。车辆编队行驶是指头车为有人驾驶车辆或自主式自动驾驶车辆,后车通过 V2X 通信与头车保持实时信息交互,在一定的速度下实现一定车间距的多车稳定跟车,具备车道保持与跟踪、协作式自适应巡航、协作式紧急制动、协作式换道提醒、出入编队等多种应用功能。远程遥控驾驶是指驾驶员通过驾驶操控台远程操作车辆行驶。搭载在车辆上的摄像头、雷达等,通过 5G 网络大带宽将多路感知信息实时传达到远程驾驶操控台;驾驶员对车辆方向盘、油门和刹车的操控信号,通过 5G 网络的低时延高可靠实时传达到车辆上,轻松准确地对车辆进行前进、加速、刹车、转弯、后退等驾驶操作。

2. C-V2X 关键技术

C-V2X 可支持的工作场景既包括有蜂窝网络覆盖的场景,也包括没有蜂窝网络部署的场景。落实到具体的通信技术而言,C-V2X 可提供两种通信接口,如图 3.6 所示,分别称为Uu 接口(蜂窝通信接口)和 PC5 接口(直连通信接口)。

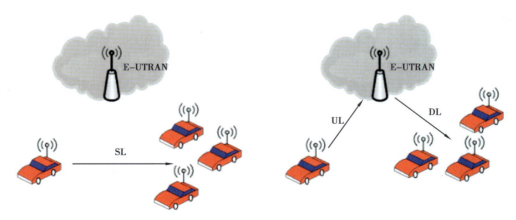

图 3.6　C-V2X 通信接口

（1）PC5 接口关键技术

C-V2X 在 PC5 接口上的机制设计以 LTE-D2D 技术为基础，为支持 V2X 消息（特别是车辆之间的消息）广播、交换快速变化的动态信息（例如位置、速度、行驶方向等），以及包括车辆编队行驶、传感器共享在内的未来更先进的自动驾驶应用，在多方面进行了增强设计，主要包括以下几个方面。

①物理层结构进行增强，以便支持更高的速度。为了在高频段下支持高达 500 km/h 的相对移动速度，解决高多普勒频率扩展以及信道快速时变的问题，C-V2X 对物理层结构进行了增强。

②支持全球卫星导航定位系统 GNSS 同步。为保证通信性能，C-V2X 的接收机和发射机需要在通信过程中保持相互同步。C-V2X 可支持包括全球卫星导航系统（GNSS）、基站和车辆在内多种同步源类型，通信终端可通过网络控制或调取预配置信息等方式获得最优同步源，以尽可能实现全网同步。C-V2X 还支持最优同源的动态维护，使得终端可及时选取到优先级更高的同步源进行时钟同步。

③更加高效的资源分配机制以及拥塞控制机制。作为 C-V2X 的核心关键技术，PC5 接口支持调度式的资源分配方式（Mode-3）和终端自主式的资源分配方式（Mode-4）。此外，C-V2X 还支持集中式和分布式相结合的拥塞控制机制，这种机制可以显著提升高密场景下接入系统的用户数。

（2）Uu 接口关键技术

为了更好地匹配 V2X 的业务特性，C-V2X 在 Uu 接口上主要对以下方面进行了功能增强：

①上下行传输增强。上行传输支持基于业务特性的多路半静态调度，在保证业务传输高可靠性的需求的前提下可大幅缩减上行调度时延。下行传输针对 V2X 业务的局部通信特性，支持小范围的广播，支持低延时的单小区点到多点传输（SC-PTM）和多播或组播单频网络（MBSFN）。此外，LTE-V2X 支持核心网元本地化部署，并且针对 V2X 业务特性定义了专用服务质量（QoS）参数来保证业务传输性能。

②多接入边缘计算研究。针对具备超低时延超高可靠性传输需求的车联网业务（如自

动驾驶、实时高清地图下载等），C-V2X 可以采用多接入边缘计算（MEC）技术。目前，欧洲电信标准化协会（European Telecommunications Standards Institute，ETSI）和第三代合作伙伴计划（3rd Generation Partnership Project，3GPP）都将其作为重点项目，针对 MEC 整体框架、用户面选择、业务分流、移动性、业务连续性以及网络能力开放等关键方面进行研究。

3. C-V2X 的发展及现状

（1）欧洲 C-V2X 推进进展

欧盟委员会建立 C-ITS 平台以在车联网的部署中发挥更加突出的作用。该平台是一个包括国家主管部门、C-ITS 利益相关方和欧盟委员会在内的合作框架，以就在欧盟范围内部署可互联互通的 C-ITS 达成共识。C-ITS 战略的目标是促进整个欧盟范围内的投资和监管框架的融合，以达到从 2019 年开始部署 C-ITS 业务的目的。欧盟相关国家和道路运营管理机构为了协调部署和测试活动，建立了 C-Roads 平台，以共同制定和分享技术规范，并进行跨站点的互操作测试验证。

（2）美国 C-V2X 推进进展

美国政府在 2015 年推出了 ITS 的五年（2015—2019）规划。规划主题为"改变社会前进方式"，技术目标是"实现网联汽车应用"和"加快自动驾驶"。五年规划定义了六个项目大类，包括加速部署、网联汽车、自动驾驶、新兴能力、互操作和企业数据。顶端的加速部署代表了所有项目的最终目标；网联汽车、自动驾驶和新兴能力是技术发展的三条路径；互操作和企业数据是 ITS 发展的基石。为了推动车车通信技术发展和美国后续的立法决策，美国交通部在密歇根州安娜堡东北部主导了基于车车、车路通信技术的"安全试点示范部署"项目。

（3）日本 C-V2X 推进进展

日本政府重视自动驾驶汽车和车联网的发展，在政策、标准等方面为其发展提供了良好的平台。日本政府于 2016 年发布高速公路自动驾驶和无人驾驶的实施路线报告书，明确期望于 2020 年在部分地区实现自动驾驶功能。另外，日本内务和通信部（MIC）积极组建研究组来推进车联网发展。日本工业界对车联网的发展积极进行产业推进，在技术评估、测试等方面已经形成跨行业合作的态势。在车联网技术评估方面，日本汽车工业协会（JAMA）定义了车联网的潜在用例。与此同时，日本跨部委战略创新促进计划（SIP）也在评估无线接入技术实现车联网用例的有效性；日本智能交通系统信息交流论坛也在组织进行 802.11p 和 LTE-V2X 的技术性能评估。在车联网测试方面，日本已经进行了多个车联网联合测试。2018 年 1 月初，汽车企业、电信企业和 ITS 公司发布官方声明称在日本进行 C-V2X 测试，大陆集团、爱立信、日产、NTTDOCOMO、OKI 和高通将携手测试 R14V2X 设备间直接通信技术的性能以及 LTE-A 网络对 V2X 通信的辅助作用，这次测试结果将反馈到 ITS 相关组织和政府部门，推进 C-V2X 的发展。

（4）韩国 C-V2X 推进进展

韩国在智能交通领域的终极发展目标是在全国范围内实现智能道路交通系统，即通过连接车、路和人，实现高度的自动化和交通资源利用最大化。目前的发展规划是在 2040 年之前实现基于连接路与一切交通功能实体（Connection of Roadto Everything，CoRE）的智能交通系统。其中短期计划是截至 2020 年,重点实现交通事故多发地段的智能交通功能,部署智能道路交通试点,实现交通事故 100% 现场处理,将交通事故伤亡降低 50%;中期计划是截至 2030 年,重点在高速公路和市区实现智能道路交通,保证 100% 动态环境检测,并确保零交通事故伤亡;而长期计划是截至 2040 年,在高速公路网实现智能道路交通,在市区实现 100% 智能交通,实现零交通事故。自 2014 年下半年起,韩国已开始在全国多个地区部署智能交通试点。到目前为止,第一阶段的试点部署主要集中在高速公路,国家级公路和大田市、世宗市的市内道路(共计 87.8 km),已完成公共安全应用和安全系统开发、安全性能测试、经济效益分析、技术标准化、设备验证及立法完善等工作。按计划第二阶段试点部署工作预计在两到三年内完成,主要集中在首尔环城公路、京釜快速路、首尔市区以及济州岛的高速公路和主干线,期望能够在高速公路上提供前向碰撞及拥塞预警、慢行和静止车辆预警、隧道内高精度定位、危险货车及超载车辆处理、施工区域及施工车辆预警、路面破损预警、道路天气预警和应急车辆预警等业务。上述试点均计划采用 WAVE 作为主要的车辆通信技术,同时以 LTE 和 5G 蜂窝通信技术作为补充。

(5)国际 C-V2X 推进总结

虽然在 V2X 技术路径选择上,欧美日韩有着不同的侧重考虑,各地区的技术研发、产业推广进展也各不相同,但是各方都已经将 V2X 技术发展看作未来技术创新、产业培育和交通运输服务变革的重要方向,纷纷从出台顶层设计规划、开展技术试验和推进应用示范等多个方面加快 V2X 技术成熟和推广,相关成功经验都是我国在探索发展 C-V2X 过程中值得借鉴的。国际社会的顶层设计规划呈现三大特点:一是将 V2X 及相关产业视为战略性新兴产业,在国家层面开展顶层设计;二是强调 V2X 等新一代信息技术与传统汽车、交通等的融合创新发展;三是强制立法对部分重点领域大力推动和强力引领。国际社会通过开展 V2X 技术试验和应用示范,拥有了大量的数据集,这些数据集一方面可以用于 V2X 技术通信性能和应用功能有效性的分析,另一方面可以进行与汽车、交通的应用融合示范和协同发展研究。然而,国际社会普遍在技术路线选择上仍处于犹豫状态。美国 NPRM 收到众多反馈信息希望将 C-V2X 作为备选技术;欧盟认为 C-ITS 需要混合通信方式的支持,因此分别基于 802.11p 和 C-V2X 技术开展互操作测试;日本也对 5 770～5 850 MHz 候选频段采取技术中立,将 LTEV2X 作为另一个备选技术。这也为我国推进 C-V2X 发展,实现技术创新和产业发展的赶超提供了契机。

(6)我国 C-V2X 发展基础及现状

近年来,我国在汽车制造、通信与信息以及道路基础设施建设等方面均取得了长足的进步。汽车产业整体规模保持世界领先,自主品牌的市场份额逐步提高,核心技术不断取得突破。信息通信领域则涌现一批世界级领军企业,通信设备制造商已进入世界第一阵营,在国际 C-V2X、5G 等新一代通信标准的制定中也发挥着越来越重要的作用。在国家基础设施建设方面,宽带网络和高速公路网快速发展、规模位居世界首位,北斗卫星导航系统可面向全国提供高精度时空服务。我国具备推动 C-V2X 产业发展的基础环境,能够进一步推动 C-V2X 技术产业化发展和应用推广。

C-V2X 应用涉及汽车、交通等多个行业领域,不同的业务应用提出了不同的业务需求和通信需求。汽车行业、交通行业、通信行业以及跨行业产业联盟纷纷开展业务应用以及需求的研究。国内以中国汽车工程学会、中国通信标准化协会、车载信息服务联盟和未来移动通信论坛为主要的研究平台,国际则以 ETSI、SAE、3GPP、5GAA 为主要的研究组织。需求研究主要集中于安全类、效率类以及信息服务类应用。

随着 5G 技术的发展,更高级自动驾驶以及更智能化交通系统的业务应用和需求研究已经开始。3GPP 针对性研究了 eV2X 应用场景,主要分为车辆编队行驶、高级驾驶、传感器信息交互、远程遥控驾驶。这四类增强的 V2X 业务对 C-V2X 演进的通信技术提出了更高的要求,即不仅是时延,还包括可靠性、吞吐量、车联网用户密度、安全等方面。5GAA 也已经启动第二阶段 C-V2X 业务应用的研究,进一步推动 5G 系统支持车联网服务。

为了开展车联网业务应用的实施部署优先级研究,针对国内车联网应用场景的优先级,在车联网产业相关的典型企业中发起了调研。根据相关单位的反馈内容,有如下一些发现:大多数单位倾向用例的应用时间为短期(2~3 年),消息发送的频率为 10 Hz,通信的时延为 100 ms,通信的距离为 150 m 或 300 m。

随着车联网技术的演进和不断发展成熟,一方面,车联网与智能网联汽车的结合能有效地提高交通系统的感知能力、信息双向交互能力;另一方面,C-V2X 能提升智能网联车辆的感知、控制能力,推进辅助或自动驾驶车辆的市场化进程。目前 C-V2X 正在从信息服务业务向安全出行和交通效率业务发展,并将逐步向支持实现自动驾驶的协同服务业务演进,而业务的推进进程取决于 RSU 的覆盖率和 T-BOX 和 OBU 渗透率。

C-V2X 的引入将丰富信息服务的类型和服务内容,特别体现在以雾节点为计算主体的局部信息处理与分享,以及以云端处理为主体的全局信息处理与分享。局部雾节点的引入将提升局部信息的有效性和实时性,有力支持自动驾驶业务的演进。随着信息源的深度融合,信息服务将进一步精细化、个性化,全面支持用户的个性需求,其演进过程与平台融合、AI 优化、计算优化密切关联,将全面影响 IT 服务提供企业的产品推出方式和发展方向。

安全出行业务是目前的关注热点,也是 C-V2X 的重点研究领域。从技术层面来看,通信的有效性与可靠性将直接影响基于 C-V2X 的安全业务质量,从市场层面来看,C-V2X 模组的市场渗透率也会影响相关业务质量。就 C-V2X 自身而言,建立坚实的通信体系是支撑未来业务演进的基础,但通信体系的完善需要一定的时间周期,目前可在假设点对点通信质量满足有效性和可靠性条件下推演安全出行业务演进过程。

①初期:稀疏或无 RSU 条件,T-BOX 和 OBU 渗透率 10%~20% 条件,支持基本辅助驾驶功能和道路安全预警功能,可小幅度提升目前已有辅助驾驶服务和安全预警服务的用户体验,该业务与整车厂、Tier1 企业、车联网服务提供企业、智能出行应用服务提供企业密切关联。

②中期:中等覆盖度 RSU 条件,OBU 渗透率 40%~60% 条件,推进 3 级自动驾驶业务演进,促进整车厂及 Tier1 企业开发深度融合 C-V2X 信息的辅助或自动驾驶服务,推进相关控制策略的演进,提升用户体验,推进 3 km 范围以内路径规划服务的精细化,提升服务的实时自适应能力,将其与智慧出行业务进行密切贴合。

③成熟期:全覆盖 RSU 条件,OBU 渗透率 80%~100% 条件,支持全自动驾驶服务,支撑

车载 AI 演进,整车厂及 Tier1 企业将通过已有的技术积累展开市场争夺战,自动驾驶服务及导航服务将更加注重用户体验,产业链涉及的相关企业将通过用户体验抢夺客户。

C-V2X 的推进将对交通效率类业务提供新的数据源,以支持交通效率的提升和节能减排,该类业务演进与数据平台融合进程密切关联,目前可在假设 C-V2X 数据源完备的条件下推演交通效率类业务的演进过程。

①初期:无跨平台融合条件,以 C-V2X 数据支持效率类业务,以局部交通效率提升和节能减排业务为主,如通过速度建议、路口通过提示等已有的应用服务类型;并支持车辆运营企业开发相关服务,如货车车队跟随、公交车错峰到站等。

②中期:局部跨平台融合条件,C-V2X 数据与其他运营数据平台(如百度云、阿里云等非官方)内嵌融合,可提升导航服务和智慧出行服务的用户体验,提升交通效率,具备驾驶行为反馈通路,优化驾驶行为(包括人类和机器),实现节能减排。

③成熟期:全面跨平台融合条件,C-V2X 与官方数据平台和企业数据平台深度融合,可实现道路行驶状态和用户选择倾向的精密评价与预测,全面支持各自交通服务类软件的用户体验升级,节能减排类业务由个体优化逐步发展为全局优化。

随着无线通信技术的不断演进,车联网也向更高级别、更复杂应用方向发展。基于 5G、增强 V2X 直连通信等技术,构建出"车路人云"高度协同的互联环境,C-V2X 业务将逐步实现车路协同控制、车车协同编队、远程操作等高级或完全自动驾驶业务,最终支撑实现完全自动驾驶。上述业务的推进难点有二,其一是 C-V2X 的渗透率问题,其二是跨平台的融合问题。目前市场接受度调研结果显示,用户更加注重安全类业务,从实现难度来看,相较于跨平台融合,推进 C-V2X 的渗透率更加具备可实现性,因此,C-V2X 类应用需要走以信息服务为依托,先以安全出行类业务为突破口,建立明确的市场和坚实的通信基础,而后以此为依托不断提升安全类应用、丰富交通效率和节能减排类应用的发展路线,最终逐步向支持自动驾驶的协同服务业务演进。

国内各行业协会和标准化组织高度重视我国 C-V2X 标准的推进工作,包括中国通信标准化协会(CCSA)、全国智能运输系统标准化技术委员会(TC/ITS)、中国智能交通产业联盟(C-ITS)、车载信息服务产业应用联盟(TIAA)、中国汽车工程学会(SAE-China)及中国智能网联汽车产业创新联盟(CAICV)等都已积极开展 C-V2X 相关研究及标准化工作。初步形成了覆盖 C-V2X 标准协议栈各层次、各层面的标准体系。国内各标准组织的相关标准化工作已支持形成我国 C-V2X 标准体系,包括应用定义及需求、总体技术要求、关键技术、信息安全等多方面。但是,大部分标准是分散在不同的团体组织或行业标准化委员会内来开展研究制定,仍然需要相互之间的统筹协同,加快推进形成体系完整的统一国家标准。

4. LTE-V2X 技术

LTE-V2X 是基于 LTE 为车车通信、车路通信、车辆与城市基础设施通信专门开发的涵信技术,是用于汽车通信的专用 LTE 技术;主要是指使用 5.9 GHz 频段的基于 LTE 技术的用于汽车通信的 LTE Direet 直连技术(蜂窝网络辅助的 LTE Direet D2D 技术)。LTE-V 技术主要采用半分布式-半集中式控制方式,通过蜂窝网络来辅助完成车载设备的发现,提供设备认证(快速发现周围具备相同功能的设备或用户)、连接建立和网络拥塞控制(管理设备通信干扰）；提供基于车辆优先级、绝对速度与相对速度，动态调整对控制信道的资源占用；通过调节单点的带宽，调节车车通信的资源配置，提高通信信道利用率和频谱效率以及网络服务质量（QoS）保障，提高车车通信的容量；提供动态预留控制信道资源，为紧急消息的快速有效分发提供支持；当紧急事件发生时，借助增强型多媒体广播业务机制（eMBMS）分发安全信息，以降低车辆节点发送频率，避免拥塞。

LTE-V2X 标准协议架构由三部分组成，包括物理层、数据链路层、应用层。物理层是 LTE-V2X 系统的底层协议，主要提供帧传输控制服务和信道的激活、失效服务，定时收发及同步功能。数据链路层负责信息的可靠传输，提供差错和流量控制，对上层提供无差错的链路链接。应用层基于数据链路层提供的服务，实现通信初始化和释放程序、广播服务、远程应用等相关操作。LTE-V2X 系统设备组成包含了 UE（User Equipment，用户终端）、RSU（Road Side Unit，路侧单元）和基站三部分，具体组成如图 3.7 所示。

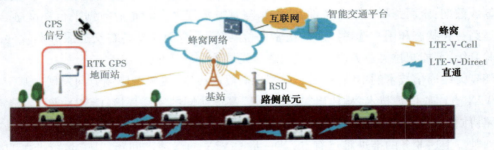

图 3.7　LTE-V2X 通信系统的组成

UE 包含了车载设备、个人用户便携设备等。RSU 处于基站和 UE 之间，承担着 V2I 的数据通信任务。基站是承担了 LTE-V2X 系统的无线接入控制功能的设备，主要完成无线接入功能，包括管理空中接口、用户资源分配、接入控制、移动性控制等无线资源管理功能。GPS 信号则通过卫星地面站与基站进行通信。

V2X 技术影响用户体验的主要系统指标有延时时间、可靠性、数据速率、通信覆盖范围移动性、用户密度、安全性等。其相关指标有安全类时延小于等于 20 ms，非安全类时延小于等于 100 ms，峰值速率上行 500 Mb/s、下行 1 Gb/s，支持车速 280 km/h，在后续演进 5G 版本中提至 500 km/h，可靠性几乎为 100%，覆盖范围与 LTE 范围相当。

LTE-V2X 系统的通信方式采用了"广域集中式蜂窝通信（LTE-V-Cell 蜂窝）"和"短程分布式直通通信（LTE-V-Direct 直通）"两种技术方案，分别对应 LTE-Uu（UTRAN-UE，接入网-用户终端）和 PC5 接口。广域集中式蜂窝通信（Uu 接口）技术是基于现有蜂窝技术的扩展，主要承载传统的车联网远程业务，满足终端与 V2X 应用服务器间大数据量传输要求。

短程分布式直通通信（PC5 接口）技术引入 LTED2D（Device-to-Device，端-端），绕过 RSU 进行 V2V、V2I 直接通信，主要承载了车辆主动安全业务，如图 3.8 所示。因此 LTE-V-Direct 具有低时延、通信容量大和无需网络设备（基站或路边设施）即可工作的优点。上述通信方式的多样性，不仅减少了网络节点，降低了系统的复杂程度，而且还提高了系统通信的低时延性和高可靠性，也降低了网络部署和维护成本。涉及交通时，其安全重要性不言而喻。由于车辆是一个高速移动的物体，LTE-V2X 系统需要提供安全机制来保障使用者的信息安全，预防非法及伪装终端设备进入网络。对车辆间的高速认证和安全数据传输也提出了极高的要求,包括身份认证管理、异常用户检测、个人隐私保护、安全机制的更新、信息加密等。目前在传统联网系统中经常采用集中式管理机制,具有的安全性较高,但对于庞大的车辆管理数量来说,也会造成时延的问题。而分布式管理机制相对较灵活,作为集中式的补充对LTE-V2X系统来说是个可行的解决方法。

图 3.8　基于 PC5 接口的终端直通的 V2V 通信

图 3.9 所示为 LTE-V2X 技术的典型工作场景。

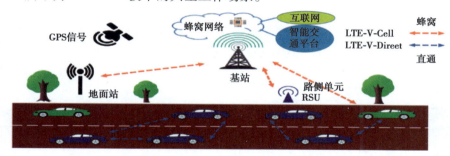

图 3.9　LTE-V2X 典型工作场景

图 3.10 所示是 LTE-V2X 技术在智能网联汽车上的应用框图。

5. 5G-V2X 技术

(1)5G-V2X 技术概要

5G 是第五代移动通信技术的简称,是最新一代蜂窝移动通信技术。5G 网络的主要优势在于,数据传输速率远远高于以前的蜂窝网络,最高可达 10 Gbit/s,比当前的有线互联要快,比先前的 4G LTE 蜂窝网络快 100 倍。另一个优点是 5G 具有较低的网络延迟(更快的响应时间),低于 1 ms,而 4G 为 30 ~ 70 ms。由于数据传输更快,5G 网络将不仅仅为手机提供服务,而且还将成为一般性的家庭和办公网络提供商。

相对于目前的车联网通信技术,5G 系统的关键能力指标都有极大提升。5G 网络传输时延可达毫秒级的特点能够满足车联网对延迟的严苛要求,保证车辆在高速行驶中的安全;5G 的高峰值数据传输速率和高连接数密度(最高 100 万个/km²),可满足未来车联网环境中车辆与人、车辆与交通基础设施之间的通信需求。

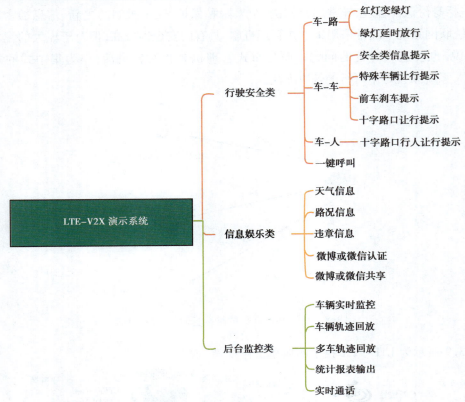

图 3.10　LTE-V2X 通信技术在智能网联汽车上的应用框图

（2）5G-V2X 技术特点

①低时延与高可靠性。5G 超高密集度组网、低的设备能量消耗大幅度减小了信令开销，解决了带宽和时延相关问题。且 5G 的时延达到了毫秒级，满足了低延时和高可靠性需求，成为车联网发展的最大突破口。

②频谱和能源高效利用。频谱和能源的高效利用是 5G 用户体验的一个重要特征，5G 通信技术在车联网的应用将解决当前车联网资源受限等问题。频谱和能源高效利用主要包含以下几个特点。

a. D2D 通信方式通过复用蜂窝资源实现终端直接通信。5G 车载单元将基于 D2D 技术实现与邻近的车载单元、5G 基站、5G 移动终端的车联网自组网通信和多渠道互联网接入。通过这种方式提高车联网通信的频谱利用率，与基于 IEEE 802.11p 标准的车联网 V2X 通信方式相比，减少了成本的支出，节约了能源。

b. 全双工通信。5G 移动终端设备使用全双工通信方式，允许不同的终端之间、终端与 5G 基站之间在相同频段的信道可同时发送并接收信息，使空口频谱效率提高一倍，从而提高了频谱使用效率。

c. 认知无线电。认知无线电技术是 5G 通信网络重要的技术之一。在车联网应用场景中，车载终端通过对无线通信环境的感知，获得当前频谱空洞信息，快速接入空闲频谱，与其他终端高效通信。这种动态频谱接入的应用满足了更多车载用户的频谱需求，提高了频谱资源的利用率。其次，车载终端利用认知无线电技术可以与其他授权用户共享频谱资源，从而解决无线频谱资源短缺的问题。

除了上述特点，最近的相关研究表明，在不影响通信性能的情况下，5G基站的大规模天线阵列的部署有潜在的节约能源作用。其次，在车辆自组网中，5G车载单元及时发现邻近的终端设备，且与之通信的能力也会减少OBU间通信的能源消耗。

③更加优越的通信质量。5G通信网络被期望拥有更高的网络容量并且可为每个用户提供每秒千兆级的数据速率，以满足QoS的要求。5G车联V2V通信的最大距离大约为1 000 m。从而可以解决IEEE 802.11p车辆自组网通信中短暂、不连续的连接问题，尤其是在通信过程中遇到大型物体遮挡的非视距（NLOS）环境下。SG车联网为V2X通信提供高速的下行和上行链路数据速率（最大传输速率为1 Gbit/s），从而使车与车、车与移动终端之间实现高质量的通信。与IEEE 802.11p标准通信相比，5G车联网支持速度更快的车辆通信，其中，支持车辆最大的行驶速度约为350 km/h。

6.DSRC与C-V2X对比

从物理层来看，DSRC与C-V2X主要有两点差异。一方面，C-V2X可使用部分带宽发送，DSRC则是使用全部带宽发送，C-V2X功率谱密度较高。另一方面，DSRC属于视距传输技术，障碍物过多的场景会影响其传输效率，C-V2X使用Turbo码，编码增益高，而且C-V2X CP长度为4.7 μs，更适合室外环境。

从MAC层来看，DSRC与C-V2X有三点差异。第一，DSRC资源调配方式为载波侦听多路访问/冲突避免，在节点数较多时竞争，增大了冲突概率。C-V2X资源调配可以将分布式与集中式相结合来提高效率，而且资源分配具有周期性，一旦选择成功，可以持续使用一段时间，连续性好、调度效率高。第二，DSRC存在隐藏节点，时延上限不确定，C-V2X可以根据地理位置选择资源池，相邻区域的LTE使用正交的资源池降低了冲突概率，解决了隐藏节点的问题。第三，DSRC在重负荷情况下不能保证节点接入信道的公平性，C-V2X采用网络控制的资源管理加QoS管理保证重负荷下的系统性能。

在基础技术指标上存在三点最根本差异。DSRC采用短距直连传输，C-V2X采用蜂窝通信（Uu）和直通通信（PC5），形成双链路互支撑和双冗余，保证业务的连续性和可靠性。

在演进性上，DSRC缺乏演进路线，C-V2X具备从LTE到5G的演进路线，可为自动驾驶提供高吞吐量、超低延迟和高可靠性的传输服务。交通道路安全借助强大的云端处理能力和边缘计算的保驾护航途径。例如C-V2X在性能改进上的体现，通过仿真比较了汽车分别采用LTE-V2X和DSRC时的最大容许刹车反应距离或时间（即汽车感知到前方危险后司机拥有的反应距离或时间）。如图3.11所示，相比DSRC，LTE-V2X技术能够让司机在更远距离的位置感知危险并开始刹车，也就是司机拥有更长的刹车反应时间。

图3.11中例子是汽车以140 km/h速度行驶的时候，采用LTE-V2X的汽车比采用DSRC技术的汽车拥有额外的5.9 s（9.2 s－3.3 s）来决定是否刹车。

在成熟度上，DSRC虽然发展较C-V2X成熟，但是国内C-V2X具备良好的研究基础，华为、爱立信、英特尔、高通和诺基亚等都在积极推动C-V2X芯片和设备产业化，车企也纷纷联合通信企业开展 C-V2X 技术测试,C-V2X 在产业化进程方面与 DSRC 的差距逐渐减少。

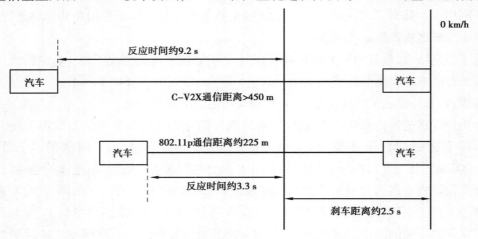

图 3.11 C-V2X 和 DSRC(IEEE802.11p)传输距离比较

相比 DSRC 技术,C-V2X 具有独有的优势和特点,见表 3.1。

表 3.1 DSRC 与 C-V2X 的特点比较

特点	DSRC	C-V2X
带宽容量	中	高
覆盖能力	中	高
移动性	中	高
非视距感知能力	低	高
安全性	高	中
技术成熟度	高	中
标准化程度	高	中
专用基础设施投入	高	中
商业应用潜力	低	高

随着国家层面强有力的指引和支持,目前来看,C-V2X 技术发展更具长期发展的潜力,并且 C-V2X 属于中国主导的车联网技术,有利于国内企业规避专利风险,同时能够借助 C-V2X 技术发挥中国影响力并扩展到其他国家。

3.1.5 V2X 通信技术的应用

1. Uu 接口技术应用

基于 Uu 接口完成车载服务业务通信时,基站往往充当着控制中心的角色,即不论是车辆与基础设施,还是车辆与车辆,其通信功能的实现均需要通过基站来完成数据传输。Uu 接口不仅支持大带宽、大覆盖通信,而且有效地满足了 Telematics 的应用需求。在一定程度上,Uu 接口技术的应用增强了上下行传输功能,并对多接入边缘计算功能产生了较大影响。

从上行传输过程来看,Uu 接口下的上行传输可实现多路半静态调度,这在保证传输可靠性的基础上,实现了上行调度时延的控制与缩减。而在下行传输中,Uu 接口在考虑通信局部性的基础上,为小范围广播、多点传输、多播或组播单频网络功能的实现创造了良好条件。在车载服务中,一些业务需要在超低时延下,完成超高可靠性的传输业务需求,如驾驶、高清地图下载等。此时基于 Uu 接口技术应用,C-V2X 技术能够较为准确地实现多接入边缘计算,提升车站服务控制效果。

2. PC5 接口技术应用

PC5 接口为车辆之间直接通信功能的实现创造了有利条件,在 PC5 接口下,车辆之间可以实现位置、速度、行驶方向等动态变化信息的有效交换,这实现了无线资源分配机制的有效优化。一方面,基于 PC5 接口实现了物理层结构增强,这在解决多普勒频率扩展问题的基础上,优化了信道快速时变问题,满足了更高速度车载服务业务数据的传输需要。另一方面,在 PC5 接口下,C-V2X 接收机和发射机能始终保持相互同步状态,这对网络控制及调取预配置信息功能的实现具有积极作用。此外,在 C-V2X 技术应用中,PC5 接口还实现了资源分配机制的优化,即其不仅可以为调度式的资源分配方式提供支撑,而且能为终端自主式的资源分配提供便利。

3. 通信频段及传输模式

通信频段和传输模式的系统管理中,3GPPTR36.785 对 PC5 接口协议进行了界定管理。即采用 PC5 接口时,专用载波频段使用 E-UTRA47 类型,该类型下的信道带宽包含两种类型,分别为 0 MHz 和 20 MHz;我国车联网频率范围为 5 905 ~ 5 925 MHz。

TM3 和 TM4 是适用于 V2V 通信的两种传输模式。其中 TM3 传输模式主要是在 eNB 基站的支撑下,利用接口 Uu 来完成业务数据的调动管理,这种数据调度方式具有一定动态性。要注意的是,在车间资源调度时,还要求进行 PC5 接口通信的灵活使用。而当使用 TM4 传输模式时,车间的分布算法不仅会对 V2V 数据调度产生较大作用,而且对接口管理具有深刻影响。在实际管理中,基于全球导航卫星系统的应用,可充分实现车与交互信息对象之间的时间同步管理。

4. 基于 V2V 的紧急车辆优先通行

(1)应用场景

当主车接收并识别出有紧急车辆从后方接近自己的时候,发出避让提醒,指示司机避让。

紧急车辆优先通行场景示意图如图 3.12 所示。

(2)算法设计思路

车载端(远车)系统支持紧急车辆在紧急和非紧急两种状态之间自由切换。当车辆切换到紧急状态时,该紧急状态信号会放入后续的所有 BSM 消息中,随 BSM 消息广播给周围车辆。

车载端(主车)智能车载终端接受并解析邻居 OBU 发送的 BSM 消息后,将所有信息更新到邻居车辆列表中。当逻辑算法模块探测到列表中的紧急车辆目标后,立刻基于自身当前运行状态和目标运行状态,判断两者的相对位置、相对运动关系。通过一系列阈值判断,如果有紧急车辆从后方接近,且自己在一定程度上挡住了该紧急车辆,则发出提示信息。

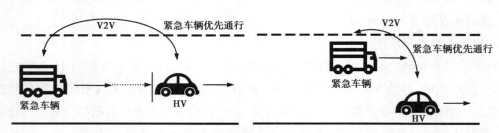

图 3.12　紧急车辆优先通行场景示意图

应用场景算法流程示意图如图 3.13 所示。

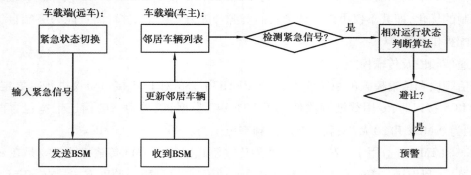

图 3.13　应用场景算法流程示意图

5. 基于 V2V 的盲区碰撞预警/基于 V2I 的盲区碰撞预警/基于 V2I 的换道碰撞预警

基于 V2V 和 V2I 的盲区碰撞预警,以及基于 V2I 的换道碰撞预警统筹考虑,制订融合的算法策略。V2V 和 V2I 的区别仅在于周围车辆信息源是车辆自主广播的 BSM 消息还是路侧系统检测到后发出来的 RSM 消息。

图 3.14 给出了上述场景示意图。车辆盲区碰撞预警,主要针对的是在路段上行驶或者匝道汇入时可能产生的盲区碰撞。因此,车辆盲区碰撞预警的核心是检测到自身盲区的目标车辆。

路侧端:当布置在路口的雷达等检测器检测到目标车辆,将其转化为结构化信息之后,路侧 RSU 设备通过 RSM 消息,广播给过往车辆。

车载端:智能车载终端通过接收到的环境中的 BSM 消息和 RSM 消息,获得了邻居车辆的实时运动状态信息列表。盲区目标识别算法,通过分析相邻车辆与自身车辆行驶方向、横向和纵向距离、速度差等一系列参数指标,判断其是否为左后、右后盲区车辆。如果认定为盲区目标车辆,则直接向驾驶员发出告警信号。如果从本车 CAN 总线获得对应盲区目标方向的转向信号,则需要发出更严重的警告,阻止司机换道。

应用场景算法流程图 1 如图 3.15 所示。

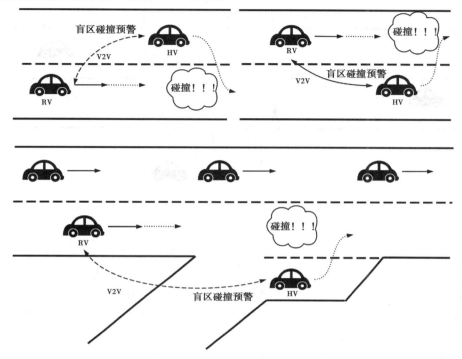

图 3.14　车辆盲区碰撞预警/换道碰撞预警场景示意图

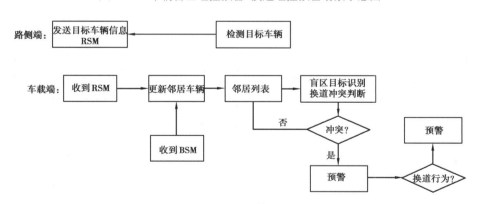

图 3.15　应用场景算法流程图 1

6. 基于 V2I 的行人预警/基于 V2P 的行人预警

(1)应用场景

基于 V2P 的行人预警。如果当前没有支持 V2X 的个人可穿戴设备,则最合理的方案即是通过路侧系统来感知行人的存在和其运动信息,以 V2I 来实现 V2P。

行人预警场景示意图如图 3.16 所示。

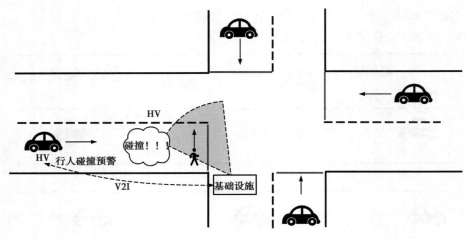

图 3.16 行人预警场景示意图

（2）算法设计思路

路侧端：当布置在路口或者路段的雷达等检测器检测到目标行人或者非机动车，将其转化为结构化信息之后，路侧 RSU 设备通过 RSM 消息，广播给过往车辆。

车载端：智能车载终端接收到 RSM 消息并解析，得到了当前时刻行人、非机动车目标的实时位置、运行方向和速度等状态信息，并更新交通参与者列表。另一方面，逻辑算法模块，基于车辆自身的定位和运动信息，结合交通参与者列表中的目标信息，执行碰撞预测算法。通过预测前进轨迹，以及计算 TTC 时间，判断是否有碰撞的风险以及紧急程度，通过阈值的设定，来选择性地给出预警提示信息。

应用场景算法流程图 2 如图 3.17 所示。

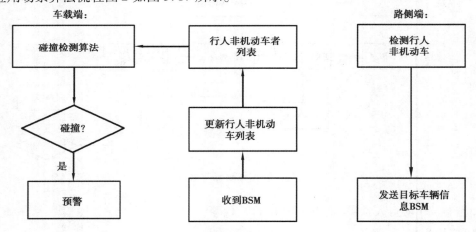

图 3.17 应用场景算法流程图 2

7. 基于 V2I 的交通信号灯状态显示/基于 V2I 的绿波车速引导/闯红灯预警

（1）应用场景

方案将基于 V2I 交通信号灯状态显示/基于 V2I 的绿波车速引导/闯红灯预警，主要用于显示交通信号灯状态对车速进行合理地引导防止闯红灯。

交通信号灯提示/绿波车速引导/闯红灯预警应用场景如图 3.18 所示。

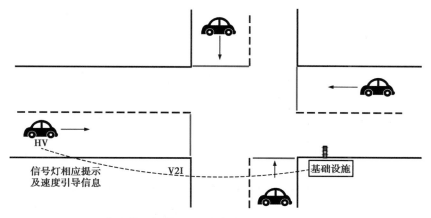

图 3.18　交通信号灯提示/绿波车速引导/闯红灯预警应用场景

（2）算法设计思路

路侧端：路侧设备通过读取预配置的路网文件，获得结构化的本地路网数据，并通过应用层标准 MAP 消息，进行广播。路侧设备通过网线对接交通灯信号机系统，基于信号机的通信协议对信号机信息进行解析，实时获取信号灯相位信息及配时信息，并通过 SPAT 消息将上述信息实时广播至周边车辆。

车载端：车路协同车载终端在收到 MAP 和 SPAT 消息后。根据自身的定位和行驶方向，通过路网位置匹配算法，将自身定位到特定的路段，同时判断行驶方向前方是否有信号灯数据。若信号灯相位信息与自车运行方向不相关，则不进行速度引导；若相关，实现下述算法。

根据自身在路口的转向，提取出特定的信号灯相位，将该相位实时状态向用户进行提示。根据自车的位置及行驶方向信息计算车辆与信号灯路口的距离，结合信号灯相位实时状态，计算可使车辆在绿相位通过信号灯路门的速度区间，并予以车速引导提示。若当前车速超过上述速度区间的上限，或并不存在符合条件的速度区间，而车速尚未减小，则对驾驶员发出闯红灯预警信号。

应用场景算法流程示意图 3 如图 3.19 所示。

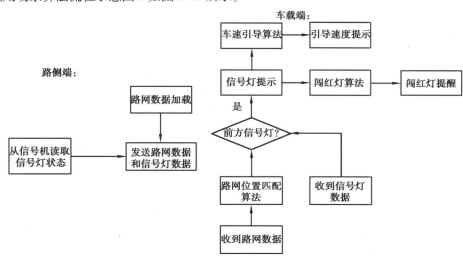

图 3.19　应用场景算法流程示意图 3

8. 基于 V2I 的交通标志标牌信息显示/基于 V2I 的道路施工 IC 预警/基于 V2I 的道路湿滑预警

（1）应用场景

3 个场景在实现的原理上，有类似之处。都是通过 V2I 的方式，来向车辆提示道路上的某种状态或者信息，以道路施工告警应用场景为例，其示意图如图 3.20 所示。

图 3.20　前方道路施工告警应用场景

（2）算法设计思路

路侧端：路侧设备通过传感器、后台或配置文件获取施工数据，并进行相应的预处理，然后实时广播到周边车辆。

车载端：车路协同车载终端在收到施工提醒消息后，根据自车的定位和行驶方向，结合本地存储的局部路网信息，通过路网位置匹配算法，将自身定位到特定的路段，同时判断行驶方向前方是否有施工。若车辆行驶前方有施工，则对驾驶员进行预警。对其他交通标志标牌或者路段上的特殊信息，也依照上述流程类似处理。

应用场景算法流程示意图 4 如图 3.21 所示。

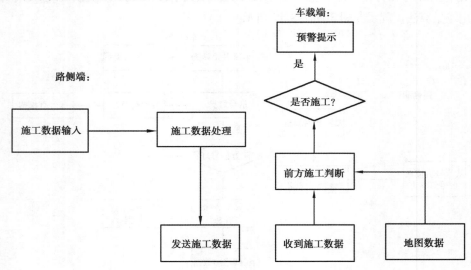

图 3.21　应用场景算法流程示意图 4

9. 基于 V2I/V2V 的前向碰撞预警

（1）应用场景

基于 V2I 或 V2V 的向前碰撞预警算法策略的区别在于远车的信息是由其自身的 BSM 传递到主车，还是由路侧系统感知，并通过 RSM 传递到主车。主要的场景为当主车前方有其他车辆，且可能会引起碰撞时，发出警示，提醒驾驶员减速避免碰撞。

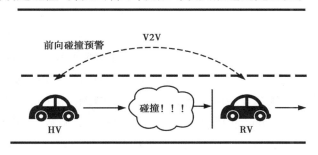

图 3.22　基于 V2I/V2V 的前向碰撞预警

（2）算法设计思路

车载端（远车）当车辆检测到周围车辆不断接近时，释放危险状态信号，并会放入后续的所有 BSM 消息中，随 BSM 消息广播给周围车辆。

车载端（主车）智能车载终端接收并解析邻居 OBU 发送的 BSM 消息后，将所有信息更新到邻居车辆列表中。当逻辑算法模块探测到列表中的车辆目标后，立刻基于自身当前运行状态和目标运行状态，判断两者的相对位置、相对运动关系。通过一系列阈值判断，如果有车辆从前方接近，则发出提示信息。

应用场景算法流程示意图 5 如图 3.23 所示。

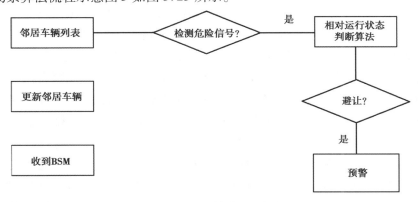

图 3.23　应用场景算法流程示意图 5

3.2　智能网联汽车与大数据和云平台

汽车已经有 100 多年历史，在这 100 多年中汽车发生了四次主要的变革：第一次是机械变革，第二次是电子变革，第三次是软件变革，未来即将到来的第四次变革就是云计算、大数据、自动驾驶。

如第 1 章所述，智能网联汽车（Intelligent and Connected Vehicle，ICV）是指搭载先进的车

载传感器、控制器和执行器等装置,并融合现代通信与网络技术,实现车与 X(人、路、车、云端等)智能信息交换、共享,具备复杂环境感知、智能决策、协同控制等功能,可实现"安全、高效、舒适、节能"行驶,并最终可实现替代人来操作的新一代汽车。根据《智能网联汽车技术路线图 2.0》,把智能网联汽车的技术架构分为"三横两纵"。"三横"指车辆关键技术、信息交互关键技术与基础支撑关键技术。"两纵"指支撑智能网联汽车发展的车载平台与基础设施。

大数据(Big Data,BD)则是指无法在一定时间内用常规软件工具对其内容进行抓取、管理和处理的数据集合。大数据的特性一般是拥有海量的数据规模(Volume)、快速的数据流转和动态的数据体系(Velocity)、多样的数据类型(Variety)、巨大的数据价值(Value),即 4 "V"特征。它是智能网联汽车发展的重要数据支撑,能帮助智能网联汽车的智能化发展。

云计算平台(Cloud Computing Platform)是指基于硬件的服务,提供计算、网络和存储能力。它能与智能网联汽车进行信息交互、提供算力,还能对大量数据进行储存和管理。

在实际道路中,周围环境与道路状况每时每刻都在发生变化,这会产生海量数据信息,对于智能网联汽车来说,需要大量计算能力去分析这些变化情况,或者从数据库中去筛选相似的实况,从而选择合适的处理方式让汽车能安全行驶在道路上,且能以最优方式到达目的地。所以,智能网联汽车的发展无法脱离大数据的支撑和云平台对数据的存储、管理和计算能力的提供。

3.2.1 智能网联汽车与大数据

1. 大数据

"大数据"其实并不是一个全新概念,早在几十年前,研究粒子物理的科学家们就已经面临着处理"大数据"的难题,只不过当时还没有提出这样的一个概念,对其不是十分清楚。在 2004 年前后,Google 发表了三篇重要论文,也就是后来俗称的"三驾马车"—— *Google File System*、*Google Bigtable* 和 *Google MapReduce*,只不过这时的大数据技术仅应用于搜索引擎。2006 年左右,大数据技术产品 Hadoop 出现。之后在 2008 年 9 月的《自然》杂志封面上,"大数据"这个词开始吸引社会的广泛关注。2009 年之后,"大数据"成了互联网技术的一个热门。2010 年,美国信息技术顾问委员会(PITAC)发布了名为《规划数字化未来》的报告,讲述了美国政府在工作中对大数据的收集和使用。2011 年 5 月,麦肯锡公司发布了,《大数据的下一个前沿:竞争、创新和生产力》的报告,这一报告对大数据及其可能造成的影响进行了一个比较详细的分析和描述,其在报告中也有提到因汽车中装有大量的传感器,所以大数据在汽车行业的应用也已经逐渐变得广泛。2012 年,在瑞士达沃斯召开的世界经济论坛上讨论了大数据相关的一系列问题,并且发布了一篇名为《大数据,大影响》的报告,正式宣布大数据时代的来临。从此大数据的应用开始飞速增长,互联网、人工智能、智能网联汽车等一系列领域都在紧密结合大数据技术。而本书主要讲述大数据在汽车行业的部分应用。

当前应用于汽车大数据技术的关键技术主要有 3 项:大数据处理架构、数据挖掘技术、特征工程技术。

（1）大数据处理架构

因为大数据技术海量的数据规模、快速的数据流转与动态的数据体系、多样的数据类型，相对传统的计算机来说，无论是其存储能力还是其计算能力都无法满足大数据的应用需求，所以需要更先进、更专业的大数据处理架构对大数据进行处理。目前主要有 5 种大数据处理架构，分别是 Apache Hadoop、Apache Storm、Apache Samza、Apache Spark、Apache Flink。应用最广泛的是 Apache Hadoop，它是仅批处理框架，能用批处理方式对大数据进行处理，但不能用流方式处理连续不断流入系统的数据。而 Apache Storm、Apache Samza 都是仅流处理框架，Apache Spark、Apache Flink 则是混合处理框架，即既可批处理又可流处理。

批处理通常用于处理有限数据集合，且数据量十分庞大。庞大的数据处理也意味着需要大量的时间。批处理通常不会应用于时间要求较短暂的任务中。下面介绍应用最广泛的 Apache Hadoop。

仅批处理架构 Apache Hadoop：Apache Hadoop 是 Apache 基金会旗下的一个开源分布式计算平台，因其底层开发语言为 Java 语言，所以具有很好的跨平台特性，且用户无须了解分布式底层细节，就可以开发分布式程序，充分利用集群的威力进行高速运算和存储。狭义上的 Apache Hadoop 主要有三大板块，分别是：

Hadoop Common——Common 为 Hadoop 的其他项目提供了一些常用工具，主要包括系统配置工具 Configuration、远程过程调用 RPC、序列化机制和 Hadoop 抽象文件系统 FileSystem 等。

Hadoop HDFS——HDFS 是 Hadoop 体系中数据存储管理的基础。

Hadoop MapReduce——MapReduce 是一种计算模型，用以进行大数据量的计算。

基于 Hadoop 的功能模块，其可结合车辆信息、图像数据、行驶数据等，通过建模和数据分析得到智能网联汽车在不同地区、不同时段的行驶状况，从而为在该路段、该时段内更好做出智能化驾驶决策提供有力帮助。

（2）数据挖掘技术

数据挖掘是指从大量的数据中通过算法搜索隐藏于其中的信息的过程。信息挖掘通常与计算机科学有关，并通过统计、在线分析处理、情报检索、机器学习、专家系统（依靠经验法则）和模式识别等诸多方法来实现上述目标。数据挖掘流程如图 3.24 所示。

图 3.24　数据挖掘流程图

数据挖掘技术在智能网联汽车行业中的应用大多是在销售方面，在销售数据中发掘顾客的消费习惯，并可从交易记录中找出顾客偏好的产品组合，其他包括找出流失顾客的特征与推出新产品的时机点等都是汽车销售业的应用实例；利用数据挖掘分析顾客群的消费行为与交易记录，结合基本数据，并依其对品牌价值等级的高低来区隔顾客，进而达到差异化营销的目的；而对于智能网联汽车在生产制造上，数据挖掘技术多运用在品质控管方面，从制造过程中找出影响汽车品质最重要的因素，以期提高作业流程的效率。

总结起来，数据挖掘技术的基本任务主要体现在分类与回归、聚类、关联规则、时序模式、偏差检测5个方面。

数据挖掘技术的5个方面示意图如图3.25所示。

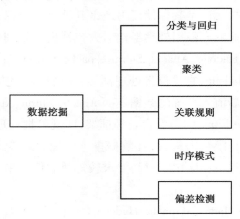

图3.25　数据挖掘的5个方面示意图

①分类与回归。分类即是将数据库中的数据按照各自类别的特点将具有相同特点的数据映射到该类别中。该过程一般分为两个步骤。第一步,通过对已有相同类型数据集的共同特征进行分类模型建立。第二步则是用建立好的分类模型对新的数据进行分类。回归则是通过对历史数据的拟合来预测未来数据的发展趋势。

②聚类。聚类是在没有特定的类别时,根据现有的数据,通过其不同的数据特征将其划分成不同类别。它与分类有所区分,分类是在定义了类别属性后对数据进行类别划分,聚类则是没有定义类别属性,直接根据现有数据属性,将具有相同属性特征的数据划分到一类。

③关联规则。关联规则是对数据库中大量数据进行分析,挖掘其潜在的数据关联性。如在对智能网联汽车的故障分析时,就可以通过关联分析来挖掘该故障是否是因为某个零部件或者某段智能化程序与汽车不匹配而引起的,从而达到快速找到故障引发原因的目的。

④时序模式。时序模式是描述基于时间或其他序列的经常发生的规律或趋势,并对其进行建模分析。它所建立的模型能够按事物的发展规律和趋势去进行一定程度的预测。时序模式包含时间序列分析和序列发现。

时间序列分析:用已有的数据序列预测未来。在时间序列分析中,数据的属性值是随着时间不断变化的。回归不强调数据间的先后顺序,而时间序列要考虑时间特性,尤其要考虑时间周期的层次,如天、周、月、年等,有时还要考虑日历的影响,如节假日等。

序列发现:用于确定数据之间与时间相关的序列模式。这些模式与在数据(或者事件)中发现的相关的关联规则很相似,只是这些序列是与时间相关的。

⑤偏差检测。偏差检测是通过对异常数据的检测,再进一步进行分析,判定该异常数据是正常演变而来还是因故障等原因得到。但因为检测环境的影响,检测时噪声与所需数据融合在一起,所以很容易引起误判,将异常数据直接归类为噪声,从而降低检测的精准度。

（3）特征工程技术

特征工程技术即是将数据进行特征变换处理,让其能更好地表示所研究问题的特征,方便我们根据问题特征找到解决办法。

特征工程技术首先需要去了解所研究的问题需要的数据特征是什么,只有先明确了需要的数据特征,我们才能进一步对大数据进行特征化处理,从而筛选出想要的能反映问题特征的有用数据。下面就简单介绍特征工程技术中的部分应用方法:

特征统一化:通过一些数学工具将某些数据的值进行缩放。简单理解就相当于单位转换,将具有不同单位的数值转换成统一单位,这样便于观察分析数据,避免有些数据量级很大而有些数据量级又很小,产生很大的悬殊差异。

特征选择:简单说就是去除数据集中的有害属性,这里的有害不仅是指对数据特征模型有害的数据属性,还包括对其无用或者多余的数据属性,也可以根据所需数据特征对数据集中的数据属性进行相关性排序,这样有助于自主选择需要保留哪些特征。

构建新特征:可以选择创建一个新的特征来表示事物,有时候新特征对结果更有利。创建新特征可以选择现有的特征去构建新特征,比如用特征交叉方法,将两个或多个属性组合在一起,从而生成一个新的特征。也可以从外部系统引入新的数据去构建新特征,只是这样可能会带来新问题,比如数据量更大、处理时间更长等,是否构建新特征,怎样去构建新特征还需要根据实际情况来衡量。

另外就是特征降维,就好比将原有的特征比作一个 m 维度的集合,现在我们可以通过创建一个 n 维度的子集来完全取代或者近似取代之前的集合,这样可能就会降低难度或者提升大数据运算速度。

2. 大数据在智能网联汽车中的应用

大数据与无人驾驶:无人驾驶的难点就在于无法根据当前的驾驶情况做出像人一样精准的判断。汽车的外部环境是在不断变化的,并且随时都有突发情况发生,要想实现无人驾驶,就需要大数据的支撑。依靠庞大的数据分析来判别目前的驾驶状况,从而判断是否该减速、刹车甚至急停,并可以提前向车内人员做出预警提示,提高无人驾驶的安全性。

大数据与智能交通:随着智能网联汽车的普及,大数据技术就可以应用到满足现代化城市的智能交通上。可以通过检测到的实时交通数据,根据不同时间、不同路段来采取更智能的交通方式,例如缩短或延长红绿灯时间,与其他车辆进行数据交互,实时更新甚至预测交通拥堵状况,从而帮助车主选择更流畅的道路通行,可以让城市交通更智能化,避免如今越来越严重的城市道路拥挤的状况。

大数据与销售:汽车始终是一种商品,不断研发新的更好的汽车也是为了更好地销售,而智能网联汽车也是如此。而每年车辆的销售数量都十分庞大,这时候大数据就可以在其中发挥作用。依靠大数据,我们可以去分析顾客的消费行为模式,从而给顾客群体分类,更精准地找到其购买需求。这是提高销量的强大武器,还可以根据消费者的需求情况及时调整智能网联汽车的研发战略与方向,使之更符合消费者的需求,这样就能提升整个智能网联汽车的市场活力。

大数据与智能网联汽车故障分析:智能网联汽车还处于起步阶段,各方面都需要不断去完善。智能网联汽车因为智能化程度极高,所以对减少故障的要求势必更加严格。而大数据对研究智能网联汽车的故障发生情况及对故障进行分析有很大的帮助。它可以根据每一次发生的故障数据进行一个全面的分析,当数据量足够多后,几乎可以分析出所有的故障发生条件,从而给研发人员提供解决思路,能大大减少解决故障的时间成本。

3. 智能网联汽车与大数据的安全性

大数据对智能网联汽车来说是一件利器,但与之同时,它也会存在一定的安全隐患,比如最常见的数据泄露。当我们真正进入智能网联汽车时代,汽车的行驶都依赖于它本身的智能化运行,这就依靠大数据的支撑。可一旦有不法分子能够依靠技术掌控一部分的数据信息,这就会给我们的生活带来巨大隐患,智能网联汽车的发展还必须提高大数据的安全性,要保障数据信息仅在合法的条件下使用。数据安全方面的法律法规,我国也正在逐步进行完善。对于智能网联汽车来说,每秒钟处理的数据量都十分庞大,如何在大量数据交互的同时又能保证其安全性,这是需要解决的问题。

3.2.2 智能网联汽车与云平台

1. 云计算

随着互联网技术的不断发展,对硬件的要求也在逐步提高,而摩尔定律对如今的时代也已经失效,硬件产品的更新换代逐渐跟不上人们的需求,因此仅靠更换硬件来提升计算机能力的方法已经行不通了。那么,如何才能满足我们对于硬件资源的需求呢?云计算应运而生,它可以通过连接多台计算机设备,把庞大的任务合理分配给分布式计算机,来缩短运算时间并节约成本。简单理解就比如将一份工作分配给一个人,他需要10 h来完成,但将他分给10个人就只需要1 h就能完成。

"云"是一种概念,实际上相当于一种资源池,把大量的资源汇聚起来,随取随用,并且像天空中的云一样,没有明确的界限,可以任意扩张。同时不用确定"云"的具体位置就可以直接应用,这就是"云"的能力。

最初云计算有很多种定义,目前正逐步达成共识,以国际标准化组织(International Organization for Standardization,ISO)/国际电工委员会(International Electrotechnical Commission,IEC)第一联合技术委员会(Joint Technical Committee 1,JTC1)和国际电信联盟电信标准化部门(International Telecommunication Union-Telecommunication Standardization Sector,ITU-T)组成的联合工作组制定的国际标准 ISO/IEC 17788:2014《信息技术 云计算 概述和词汇》国际标准草案(Draft International Standards,DIS)的定义为主,即云计算是一种将可伸缩、弹性、共享的物理和虚拟资源池以按需自服务的方式供应和管理,并提供网络访问的模式。

云计算的核心是资源池。云计算能根据用户需要,向用户提供算力、存储、信息等服务,在这个过程中,用户不用与第三方有太多交互就可直接满足自己的需求。它可以大大降低成本、提高效率,极大方便人们的生活与工作。未来的云计算覆盖范围将会越来越大,甚至会形成一朵覆盖全球的超级"云"。

云计算共有四大服务模式:软件即服务(Software as a Service,SaaS)、平台即服务(Platform as a Service,PaaS)、基础设施即服务(Infrastructure as a Service,IaaS)、数据即服务(Data as a Service,DaaS)。

云计算服务模式如图3.26所示。

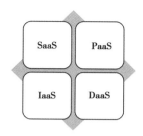

图 3.26   云计算服务模式

2.云计算的部署模型

根据面对的对象和其部署方式的不同,云计算总共分为 4 种部署模式,分别是公有云、私有云、社区云和混合云。

①公有云:这种模式一般是面向所有想要使用或购买的客户,通常通过互联网进行访问,供应商向客户提供包括计算力、存储等多项服务。它既包含了免费使用部分,也可根据需要和使用量进行收费使用。

②私有云:这种设施专门为企业提供服务,一般作为企业的数据库中心,为企业需求单独构建的资源平台,通常不会连接公共网络。所以,除了能为企业提供云服务的便利,还具有更高的安全性。但同时支撑私有云运转的一切设备都需要企业自己购买或者租赁,对于日常的安全检查等需要企业自主负责,出现的问题也都需要自行解决。

③社区云:社区云就是面向多个用户群体之间的云服务,通常由多家企业共同搭建,并且共同维护,共享一套基础设施。因此这种云的成本由大家共同承担,相较私有云来说,可以看成多家企业共同的私有云。

④混合云:顾名思义,混合云就是两种或以上的云混合,如公有云和私有云融合,通过VPN 等方式将两者连通,它们相互独立,但是通过联系又相互结合,可以发挥多种云的各自优势,是近些年云计算的主要模式和发展方向。

3.云平台

在有庞大计算能力的支持下,计算方面已经节省了很多时间,那么为了快速开发应用程序,并减少运行、管理等成本,云平台的出现就是一种必然情况。

云平台是整个云计算中的一部分,是一种资源环境平台,为开发者提供开发平台服务。它本身自带基础架构,开发者在使用时不需要重新创建基础架构,为开发者节省了很多时间,从而达到加快开发速度的目标。云平台向开发者提供了大量的开发工具,这还可以降低对开发者知识体系的要求,开发者只需要了解如何使用该工具,而不需要开发者搭建这样一个工具。

云平台的优势:

①降低企业运维成本。云平台可以让资源充分利用,用共享的方式降低了资源使用成本。

②使用方便,终端设备要求低。因为云平台并非在个人计算机上运行的,所以对个人计算机的硬件要求没有传统模式高。

③维护简单。因为所有的数据都在云平台上,维护人员可以统一进行整个企业数据的

管理、维护的工作流程。

④近乎无限的计算能力与存储能力。开发者无须担心因为算力或者存储能力不够而产生的问题，因为云平台本身就是一种无限资源的集合体，可以随时调取应用资源。

云平台的劣势：

①云平台的安全性不足。云平台既然是一种共享平台，那么在安全方面就有很高的要求，而到目前为止，这个问题还没有得到很好的解决，很多公司并不会将一些具有商业竞争性或者敏感信息放在云平台上。

②云平台的使用成本较高。对于访问量高的企业来说，使用云平台的服务费用可能会比购买存储的费用更高。

③云平台还不够成熟。云平台的发展时间较短，各方面标准都还不够完善，在功能上也有待进一步优化，但就目前为止，云平台的强大能力还是有目共睹，是未来发展的趋势。

④应用程序的自主权降低了。在传统模式中，企业需要自己搭建基础架构，可以进行自定义设置和管理，但在云平台中，你只需要按照它的基础架构来进行开发就可以，这就导致开发者并不能完全掌控应用程序的所有自主权。

4. 云平台在智能网联汽车中的应用

（1）云平台与自动驾驶

智能网联汽车的智能化其中一个体现就是汽车能自动驾驶，而自动驾驶除了需要大数据的支撑，还需要有一个能整合所有资源并且提供庞大计算能力的服务平台，云平台就具备这样的能力。云平台能提供庞大的数据存储能力及数据备份，能有效减轻智能网联汽车在定期检测及故障诊断等方面带来的数据存储压力。同时，在自动驾驶过程中，还需要云平台实时处理智能网联汽车传回来的环境数据，根据不同的道路状况进行驾驶决策。

（2）云平台与智能网联汽车的开发

云平台是一个很好的开发者平台，一个完善的智能网联汽车云平台能够给开发者提供大量的开发工具，并且无须开发者再进行底层基础的开发，省去开发者花费在构建智能网联汽车设计底层架构中的时间，并且能提供庞大的运行处理能力，降低对开发智能网联汽车的硬件要求。对于智能网联汽车来说，汽车的功能开发环境及测试环境的维护是十分耗费资源的，但是使用时的效率却并不高，往往从一个想法到开发出成熟的功能，这是一个不断试错的过程，要通过多次修改完善才可能达到预期的功能目标，当然也有很大概率开发失败。使用云平台来进行智能网联汽车的开发就能很大程度地降低成本，可以快速通过云平台构建虚拟开发测试环境，并且只有在使用时才对相关资源进行调配，减少平时的维护成本，在开发测试完成后，也可以直接通过云端将其推送给客户，既简单又高效。

（3）云平台与智能网联汽车数据处理

智能网联汽车的数据采集是指通过布置在车辆上的传感器获取车辆的动态信息，主要是车载终端通过无线方式上传到云平台，云平台再根据车辆上传的信息进行分布存储、分布计算和分布管理，最终将处理结果以图形或其他方式呈现出来供相关人员参考使用。主要的数据有汽车行驶状态数据、汽车动力系统数据、汽车能源系统数据和汽车安全系统数据。

①汽车行驶状态数据：汽车云平台通过传感器获得驱动电机（或者发动机）转速、冷却液

温度、燃油压力、车速等数据。云平台可以根据这些数据分析驾驶人的驾驶习惯和汽车行驶状况,其结果可以作为开发者对智能网联汽车进行改良和产品销售等的数据支撑。

②汽车动力状态数据:云平台可通过传感器获得驱动电机(或者发动机)输出转矩、变速器挡位、驱动电机温度、驱动电机转速等数据。云平台可根据这些数据对驱动电机的工作性能、变速器工作性能等进行分析。其结果可作为智能网联汽车故障诊断、新产品设计等的参考依据。

③汽车能源系统数据:云平台可通过传感器获得燃油箱燃油量数据、燃油泵转速、高压电池包输出电压数据、单体电池额定电压、温度、电流数据、充电电压数据、充电电流数据等。云平台可根据这些数据分析电池使用寿命、充电电流对电池的容量及寿命的影响等。其结果可以作为研发电池的重要参考依据。

④汽车安全系统数据:云平台通过传感器获得防抱死系统蓄压泵转速数据、防抱死系统制动压力数据、制动液液位数据、碰撞传感器数据、安全气囊相关数据等。可根据碰撞传感器数据分析事故严重程度和碰撞部位等,再对其进行深度挖掘,可分析哪些部位是相对容易碰撞的部位,可以有针对性地提出改进方案。

3.3　信息安全技术

3.3.1　智能网联汽车信息安全研究的背景与意义

2015 年,克莱斯勒召回 140 万辆 Jeep Cherokee 型号汽车,原因是具有连接因特网功能的车载软件 Uconnect 存在漏洞,黑客可通过它渗透到汽车内部的控制网络,并控制刹车转向等安全攸关的汽车驾驶功能。最新统计报告显示,目前智能网联汽车中存在很多信息安全漏洞。黑客一旦通过漏洞攻击,将会对用户造成巨大的人身、财产损失。目前,已经被发现的漏洞涉及 TSP(内容服务提供商)平台、App 应用、Telematics Box(T-BOX)上网系统、车机 IVI 系统 CAN-BUS 车内总线等各个领域和环节。这些漏洞有的可以远程控制汽车,有的甚至可以直接对驾驶员和车内乘客造成人身伤害。报告最后建议,汽车厂商应该配备信息安全团队,持续监测漏洞。同时,中国的汽车信息安全标准也亟待建立。

智能车联网是智能驾驶的重要一环。通过车联网,信息安全从传统的 IT 范畴延伸至汽车内部。汽车信息安全关乎的不只是车辆被盗,更攸关驾乘人员与路人的性命。在传统的汽车产业,一辆汽车从设计开发到上市,一般会经历三到五年的时间。汽车的各个部分会经过反复精细的推敲与测试之后,才能上市销售。而与汽车产业不同,IT 产业具有快速迭代的特点。对于惯用各类软件的读者而言,大都对软件的先行发布和补丁纷至沓来并不陌生。目前,虽然一些汽车制造商使用了无线更新系统(OTA),但用户无法仅凭自己就对车载软件进行修补,因此如果用户的车辆需要重新进行系统维修,那么除了等待几乎无能为力。一旦车载软件存在漏洞,则用户可能在相当长的时间内暴露在潜在的攻击之下。因此,从这个意义上讲,智能驾驶的信息安全与驾乘安全紧密相联。如何将 IT 产品的快速迭代与汽车相对稳定漫长的开发周期以及更高的安全需求相结合,对 IT 与汽车工业都是新的挑战。

智能网联汽车的信息安全主要包括了网络安全和数据安全。

1. 网络安全与数据安全的定义

网络安全是指网络系统的硬件、软件及其系统中的数据受到保护,不因偶然的或者恶意的原因而遭受到破坏、更改、泄露,系统连续可靠正常地运行,网络服务不中断。网络安全伴随着计算系统和网络系统的诞生而产生,并且将是信息时代长期面临的问题。

1971 年,鲍勃·托马斯意识到计算机程序有可能在网络中移动,设计命名为 Creeper 程序在 ARPANET(最早的互联网)的终端之间运行,自我复制并显示消息,该程序被公认为第一个计算机蠕虫。一系列的安全解决方案在 20 世纪 80 年代末开始出现,直到今天,网络安全攻击和防护一直相辅相成地发展和更新。

根据《中华人民共和国数据安全法》,数据安全是指通过采取必要措施,确保数据处于有效保护和合法利用的状态,以及具备保障持续安全状态的能力。

数据安全,最常见的表现就是数据泄露。2018 年。Facebook 全年 3 次被曝发生数据泄露事件,涉及用户约 1 亿个。同年,美国运动品牌安德玛旗下健身应用 MyFitnessPal 遭到黑客攻击,导致 1.5 亿条用户数据被泄露。数据泄露已经是数据安全极具代表性的一面。

而数据安全又往往与网络安全相伴,两者的联系十分紧密。

2. 网络安全的基本属性

网络安全的属性和攻击维度(电子商务示例)见表 3.20。

表 3.2　网络安全的属性和攻击维度(电子商务示例)

安全属性	安全威胁	描述	示例
真实性	欺骗攻击	冒充某物或某人	销售方希望订单来源于真正的购买方而不是攻击者;车联网环境下,自车希望接收到的环境信息是真实的
完整性	篡改攻击	修改数据或代码	购买方希望订单在传输过程中没有被篡改(购买数量);车辆希望 ECU 代码和网络通信数据没有被篡改
不可否认性	抵赖攻击	声称未执行任何操作	销售方希望购买方无法否认其发送的订单
机密性	信息披露	向未经授权的人公开信息	销售方和买方希望交易细节(如信用卡号)能够保密;在车联网领域,车主希望隐私数据能够保密传输
可用性	拒绝服务攻击	拒绝或降级用户服务	销售方希望电子商务系统可用;车辆希望各个功能可用;几毫秒的拒绝服务可能造成汽车事故
新鲜性	重放攻击	对有效消息进行再利用	购买方希望订单只传输一次,不会被多次传送
授权	提升权限	未经授权获得访问能力	销售方希望验证购买的商品及购买次数是被公司允许的

3. 汽车智能化、网联化、电动化及共享化环境下的信息安全形势

"记住要锁车"已不再是保护车辆的充分建议——汽车智能化、网联化、电动化以及共享

化的不断推进,衍生了一系列新的网络安全隐患。每出现一种新的联网接口和服务,都会产生新的攻击途径,范围覆盖整个生态系统。汽车智能、网联、电动及共享化的推进速度快于汽车网络安全防护理念、方法、技术、政策、标准的发展,现阶段汽车正面临巨大的网络安全风险,对功能安全的影响不断加剧。

部分汽车网络安全研究与事件:

2013 年:Charlie Miller & Chris Valasek 通过 OBD 接口破解了丰田普锐斯。

2014 年:360 公司破解了 TESLA 汽车远程控制功能。

2015 年:宝马汽车针对 ConnectedDiver 功能漏洞,进行大规模远程修复,召回 220 万辆汽车;Samy Kamkar 破解了通用安吉星 OnStar 系统;360 公司破解比亚迪汽车云服务和遥控驾驶功能关键技术;Charlie Miller & Chris Valasek 远程破解 JEEP 汽车,导致其召回 140 万辆汽车。

2016 年:安全研究员 Troy Hunt 发现日产聆风手机 App 存在漏洞,全球停止 NissanConnect 服务;腾讯科恩实验室远程无接触式破解 Tesla,在驻车状态和行驶状态下进行远程控制。

2018 年:腾讯安全团队分析宝马多款车型的电子控制单元,发现 14 个安全漏洞,涉及车载信息娱乐系统、车载通信模块以及车载网关等。

2019 年:丰田汽车服务器遭到入侵,涉及 310 万丰田客户的个人隐私;360 公司发现奔驰车载通信模块联网功能漏洞涉及批量远程开启车门、启动引擎等控制;共享出行公司 Car2GoAPP 存在安全漏洞,造成 100 辆车辆被盗;科恩实验室爆出特斯拉 Model S 的自动雨刮器,车道识别系统存在漏洞,研究人员静态逆向和动态调试分析视觉识别系统,并尝试实施攻击。

2020 年:6 月 8 日,日本汽车制造商本田表示,其服务器受到 Ekans 勒索软件攻击后,正在应对网络攻击。该事件正在影响公司在全球的业务,包括生产。本田随后在一份声明中说:"本田可以确认本田网络发生了攻击。该问题正在影响其访问计算机服务器,使用电子邮件以及使用其内部系统的能力。此外对日本以外的生产系统也有影响。目前正在开展工作以最大限度地减少影响并恢复生产、销售和开发活动全部功能。"

4. 汽车信息安全风险总结

攻击的可见性无论是对整车厂、供应商还是消费者都是至关重要的,攻击和防御向来都是互相促进的。对于智能网联汽车而言,实际上发生了多少次攻击?是否明晰了所有攻击?实际的攻击媒介以及造成的破坏是什么?

UpStream Security 公司在 2019 和 2020 年发布的两个报告对攻击事件、途径进行了详细归纳,从成本投入上,IT 界在网络安全上花费了大量资源,并且每年成千上万的公司看到的风险在增加,可能会破坏他们的业务、损害公众形象或声誉,并造成金钱或客户数据的损失。汽车行业规模大大减小了,几十个 OEM、几千个服务提供商,而网络安全带来的影响却是非常大的。网络安全问题已经成为影响传统汽车向智能网联汽车发展过渡的关键。

(1)攻击事件与日俱增

据 Upstream 报告统计,针对智能网联汽车的攻击事件由 2018 年的 80 起激增至 2020 年的 155 起。

（2）攻击手段层出不穷

攻击类型呈现出多样化的发展趋势,涉及 PKES 车钥匙、TSP 服务器、手机 App、ODB 接口以及 ADAS 控制器等。

（3）攻击影响范围扩大

攻击影响范围从单个车辆扩大至同一车型甚至与云端互联的全部车辆,如图 3.27所示。

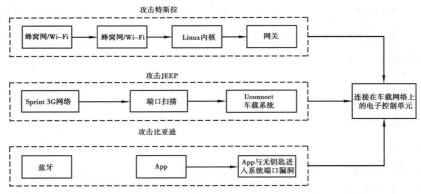

图 3.27　攻击范围扩大示例

3.3.2　信息安全面临的挑战

1. 网络安全

（1）网络安全与功能安全之间的权衡博弈

网络安全与功能安全均是智能汽车设计时考虑的主要方面,汽车电子系统的计算和网络资源限制以及时间和安全性能需求所决定了网络安全与功能安全之间的耦合与博弈关系:网络安全任务所增加的资源和时间开销影响着功能任务的实时性与时间确定性,从而会影响系统功能安全;功能安全施加的实时性和可靠性约束,影响着信息安全协议的可行参数设计,包括与可用资源匹配的密码学原语选择以及密码学原语参数选择,从而会影响网络安全。

目前关于智能汽车安全防护机制的研究已经开始起步,但仍需进一步取得安全性能和资源开销方面获得平衡,才能在车辆中实际应用和高效部署,未来如何设计网络安全防护措施,能够令功能安全不受到阻碍,并能够达到理想的网络安全性能是充满挑战性的。

（2）人工智能组件引发的网络安全风险

人工智能在智能汽车中发挥着重要作用,其用于道路检测、车道线检测、智能体检测、交通标志识别、语音识别、行为预测和轨迹规划等。AI 正在推动着自动驾驶的快速发展。同时,人工智能也开辟新的攻击途径,以及带来新的隐私和数据保护挑战。据统计,AI 攻击的案例已超过 1 000 件。对抗样本攻击是目前常见的人工智能攻击手段。在分界线附近随便找一个点,略微修改它的参数,让它移动到函数图上分界线的另一侧。该类攻击具有迁移性。这也就意味着未来这种攻击方式会在人工智能领域变得很普遍。例如,利用 AI 对抗机器学习技术让白色卡车"消失"(百度安全);修改图标欺骗人工智能等。

近年来,研究机构和研究人员逐步开展可信任 AI 的研究,包括可解释性、公平性、可靠性或透明性等。未来人工智能的快速发展与普及将使汽车信息安全面临全新的挑战。

2. 数据安全面临的挑战

数据安全所面临的挑战主要从技术架构维度与数据属性维度两方面来说。

(1)技术架构维度面临的挑战

①感知层安全风险挑战。车联网通过感知层收集、处理各类数据。感知层的数据安全风险主要来源于网联汽车终端的网络安全威胁,车辆终端装载的传感器、电子控制单元、信息娱乐系统,承载了用户身份信息、汽车运行状态、地理位置信息、用户驾驶习惯等敏感内容。感知层的网络安全漏洞轻则可能导致车辆终端数据的篡改、损毁、泄露,进而引起传感器失灵、数据采集失败、算法识别错误等问题,重则可能产生越权打开车门、自动点火、控制部分驾驶权限等危害情形。为此,车辆终端网络安全检测应常态化开展,及时发现服务和产品漏洞,做好网络边界安全防护,防范车联网感知层的安全风险。

②通信层安全风险挑战。车联网通过通信层与车、路、人进行数据交互。车联网通信的潜在攻击包括消息伪造攻击、消息重放攻击、消息篡改攻击、身份伪造攻击、占用/仿冒 RSU 攻击、拒绝服务攻击等。若车联网传输过程中缺乏有效认证机制,攻击者可以通过伪造身份对传输数据进行窃取、重写、篡改,使车辆终端作出错误决策。为此,应有效建立车联网身份认证和安全信任机制,强化车与车、车与路、车与云、车与设备等场景安全通信能力建设,加强商用密码应用,确保车联网通信层数据安全。

③平台层安全风险挑战。车联网通过平台层完成对数据的管理控制。车联网中的多元数据会在云平台汇聚、处理、流转,其运用的云计算技术将可能引发包括操作系统漏洞威胁、SQL 注入漏洞、越权访问等问题。由于云平台蕴含的数据价值较大,其往往可能成为窃取车辆数据、突破车辆控制的第一道防线。为此,应加强车联网平台接入安全和主机、数据存储系统的设施安全,提升数据调用的安全防护能力,防范网络侵入、数据窃取、远程控制等安全风险,保障车联网平台层安全。

④应用层安全风险挑战。车联网通过应用层完成对应用服务的数据响应。当从云端向车端下发决策指令时,攻击者通过传输信道截取指令数据,对数据进行重写、篡改,使车端接收到错误的决策和控制指令,引发安全事故。为此,应面向车联网应用系统实施运行安全监测、流量与行为检测分析,及时发现安全状态异常并预警,同时加强对车联网移动应用程序的安全检测,确保车联网应用层数据安全。

(2)数据属性维度面临的挑战

①个人数据安全风险挑战。车联网数据主要源于对车辆终端和用户的信息采集。驾驶人的身份信息、车辆信息、驾驶行为信息、位置定位信息以及其他个人参数数据可能会被车辆的摄像头、雷达等传感器采集并上传至云端。由于缺乏控制和信息不对称,车辆可能会在个人没有知悉的情况下进行了数据采集,并对采集获得的个人数据进行深度处理。现实中,车辆终端和云平台对个人数据的过度采集、系统采集、长期采集,加之数据分析、用户画像等技术手段,对个人隐私产生严重侵害,并由于复杂多变的网络安全环境,极易造成个人信息

的泄露。

②企业数据安全风险挑战。企业数据安全风险不仅涉及个人信息保护问题,更可能造成社会层面的安全隐患。截至 2021 年 3 月,全国汽车保有量 2.87 亿辆,新能源汽车保有量为 551 万辆,蕴藏着巨大的数据价值,而汽车数据的控制者和处理者主要为企业。当下,企业数据存储使用不规范、敏感数据泄露、数据违规操作访问、数据违规开放共享、数据异常流转等数据安全问题异常突出,造成严重的数据安全风险。车联网企业掌握的数据既可能包含需要保障消费者基本权利的个人数据,也可能包含需要促进开放共享的公共数据。化解企业数据安全风险需要明确数据属性边界,确立在数据流转过程中各方应当承担的权利、义务、责任,促使车联网企业加强个人信息与重要数据保护。

③国家数据安全风险挑战。随着全球智能网联汽车产业链的不断完善,上下游协同逐渐加深,数据的跨境共享与使用成为产业发展的关键需求。然而,由于车联网数据通常涉及敏感程度较高的基础设施数据、地理信息数据、交通数据以及大量车主的身份和行为数据,其数据安全问题可能会直接关乎国家安全和公共利益。目前,世界各国纷纷强化数据跨境安全立法保护,美国在确保数据保护自主权的情况下,最大程度推进跨境数据自由流动;而欧盟对内消除非个人数据在储存和处理方面的地域限制,推动欧盟范围的数据资源自由流动,对外要求以提供充分保护为前提开展数据跨境流动。我国在《中华人民共和国网络安全法》中明确了数据本地化存储的总思路,但主要面向关键信息基础设施这一特定对象,要求相关运营者应当将个人信息和重要数据存储于境内。近年来,我国车联网领域的数据出境安全管理机制正在逐步完善,2021 年先后出台的《汽车数据安全管理若干规定(试行)》《关于加强车联网(智能网联汽车)网络安全工作的通知》(征求意见稿)、《信息安全技术—网联汽车—采集数据的安全要求(草案)》等政策文件和国家标准均对车联网数据的跨境流动问题予以了回应,以此防范化解国家数据安全风险。

习 题

一、单选题

1. V2V 中的"V"指的是( )。

A. 车   B. 路侧传感设备   C. 互联网   D. 道路

2. 专用短程通信系统包含物理层、媒体访问控制层(MAC)、网络层和( )。

A. 传输层   B. 存储层   C. 应用层   D. 软件层

3. 无线通信能力支持车载单元的最大运动速度不小于( )。

A. 80 km/h   B. 120 km/h   C. 160 km/h   D. 180 km/h

4. 与 C-V2X 相比,DSRC 采用的传输技术是( )。

A. 蜂窝通信   B. 直通通信   C. 非可视距通信   D. 短距直连传输

5. 传感器属于在 Apollo 中的( )。

A. 云服务平台   B. 软件平台   C. 硬件平台   D. 开放车辆认证平台

二、多选题

1. 汽车通信主要包括(　　　)。

A. V2V　　　　　　　　B. V2R　　　　　　　C. V2I　　　　　　　D. V2N

2. 专用短程通信(DSRC)是专门用于道路环境的(　　　)。

A. 车辆与车辆　　　　　　　　　　　　B. 车辆与基础设施

C. 基础设施与基础设施　　　　　　　　D. 车辆与网络

3. LTE-V2X 系统设备组成包含了(　　　)。

A. 路侧单元　　　　B. 基站　　　　　　C. 网络　　　　　　D. 用户终端

4. 大数据的 4"V"特征有(　　　)。

A. 海量的数据规模　　　　　　　　　　B. 快速的数据流转和动态的数据体系

C. 多样的数据类型　　　　　　　　　　D. 巨大的数据价值

5. 云计算的服务模式有(　　　)。

A. SaaS　　　　　　B. PaaS　　　　　　C. IaaS　　　　　　D. DaaS

三、判断题

1. 车载单元作用主要是接收、存储、定时更新汽车的相关行驶数据,向其他车辆或路侧单元发送汽车行驶数据,对行驶状况给出预警显示。(　　　)

2. 路侧单元一般是指安装在路口交通设施旁或道路旁边的汽车通信设备。(　　　)

3. V2V、V2I、V2P、V2N 不属于 V2X。(　　　)

4. V2I 也称车路协同系统。(　　　)

5. 路标识别功能是通过车载雷达实现的,路侧单元不具备此功能。(　　　)

四、填空题

1. 车辆通信系统一般由三部分组成,即_____、_____以及_____。

2. V2I 是指_____。

3. 专用短程通信技术总体功能包含_____和_____。

4. 目前,C-V2X 通信技术包含_____和_____两种主要形式。

5. C-V2X 可提供的通信接口主要有两种,分别是_____、_____。

五、问答题

1. 简述 V2V 的概念及 V2V 智能网联技术的原理与工作方式。

2. 试比较 DSRC 与 C-V2X 有何差异。

3. 简述大数据与云平台技术在智能网联汽车中的应用与优势。

第4章 智能网联汽车基础支撑技术

　　智能网联汽车的各大功能都离不开基础的技术支持,这类技术是保障汽车能够安全无误在道路上运行的关键。对智能网联汽车来说,因其高度智能化而拥有自主决策的权利,所以在各方面的要求十分严格,并且要时刻清楚自身的具体位置并对将来可能会发生的情况进行一定程度的预测,从而帮助汽车做出正确决策。而基础支撑技术就为智能网联汽车实现种种功能和决策提供基础数据的支持。

教学目标

　　通过本章学习,让学生了解智能网联汽车高精度地图与定位技术、智能网联汽车相关法律法规和智能网联汽车测试评价技术。

教学任务

知识点	学习要求
高精度地图与高精度定位	了解高精度地图的概念、特点及作用;了解定位的分类及高精度定位的实现方法
智能网联汽车法律法规	了解智能网联汽车目前的法律法规及其不足之处;了解智能网联汽车的功能安全与信息安全标准
智能网联汽车测试评价技术	了解智能网联汽车测试的目的、意义及方法

案例导入

　　在高精度地图方面,Apollo 高精度地图专为智能网联汽车设计,其包含道路定义、交叉路口、交通信号、车道规则以及用于汽车导航的其他元素。在我国,百度的 Apollo 拥有丰富的高精度地图数据。Apollo 已绘制了我国每条高速公路的地图,且涵盖我国的所有国道以及许多其他高等级公路。在构建和更新地图的过程中,Apollo 使用了众包方式,任何人都可以通过百度发布的工具参与制作高精度地图的任务,Apollo 高精度地图众包可以通过智能手机、智能信息娱乐系统甚至是其他自动驾驶车来实现,如图 4.1 所示。

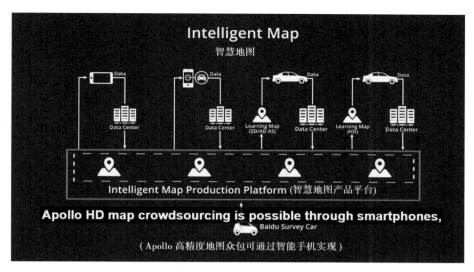

图4.1　百度 Apollo 高精度地图众包制作

4.1　高精度地图与定位技术

4.1.1　高精度地图

1. 高精度地图的概念

高精度地图也称为高分辨率地图(High Definition Map，HDMap)或高度自动驾驶地图(Highly Automated Driving Map，HAD Map)。高精度地图与普通导航地图不同，主要面向自动驾驶汽车，通过一套特有的定位导航体系，协助自动驾驶系统解决性能限制问题，拓展传感器检测范围。

通俗来讲，高精度地图是比普通导航地图精度更高、数据维度更广的地图，其精度更高体现在地图精度精确到厘米级，数据维度更广体现在地图数据除道路信息之外还包括与交通相关的周围静态信息。

高精度地图主要由静态数据和动态数据构成，其中静态数据包括道路层、车道层、交通设施层等图层信息；动态数据包括实时路况层、交通事件层等图层信息。

高精度地图作为普通导航地图的延伸，在精度、使用对象、时效性及数据维度等方面与普通导航地图有如下不同。

精度：普通导航地图精度一般达到米级；高精度地图精度达到厘米级。

使用对象：普通导航地图面向人类驾驶员；高精度地图面向机器。

时效性：普通导航地图要求静态数据的更新为月度和季度级别，动态数据不作要求；高精度地图要求静态数据为周级或天级更新，动态数据则要求实时更新。

数据维度：普通导航地图记录道路级别数据，高精度地图则更为详细，需要达到车道级别，比如记录车道、车道线类型、宽度等。

（1）高精度地图的特点

与传统地图相比，高精度地图信息的丰富性和准确性都有显著提升，如图4.2所示。高精度地图包含的信息有以下内容和特点。

①为了实现车道级导航、路径规划功能，需要在原始地图数据中抽象道路结构，形成由顶点组成的拓扑图形结构，同时为了优化数据的存储，需要将道路用连续的曲线段来表示。

②除道路参考线外，高精度地图还应描述道路的连通性。比如路口中没有车道线的部分，需要将所有可能的行驶路径抽象成道路参考线，在高精度地图数据库中体现。

③除了记录道路参考线、车道边缘（标线）和停车线，高精度地图数据库还需要记录无车道道路的拓扑结构，且除车道的几何特性外，道路模型还包括车道数、道路坡度、功能属性等。

④对象模型记录道路和车道行驶空间范围边界区域的元素，模型属性包括对象的位置、形状和属性值。这些地图元素包括路牙、护栏、互通式立交桥、隧道、龙门架、交通标志、可变信息标志、轮廓标志、收费站、电线杆、交通灯、墙壁、箭头、文字、符号、警告区、分流区等。

图4.2　传统地图与高精地图对比

（2）高精度地图在智能网联汽车中的作用

对于自动驾驶系统，导航系统需要提供更高精度的路径，引导车辆到达目的地，需要将环境中尽可能丰富的信息提供给自动驾驶系统。

作为存储静态、准静态交通信息的数据库，为了满足自动驾驶系统的导航、路径规划要求，高精度地图需要提供更精细、精确的交通信息，在自动驾驶中，不仅可以用于导航、路径规划，还可以为环境感知和理解提供先验知识，辅助车载传感器实现高精度定位。高精度地图被普遍认为是L3级及以上自动驾驶不可缺少的关键技术。

动态交通信息的更新需要实时反映在地图上，以确保智能网联汽车驾驶的安全。实现实时高精度地图在技术上存在诸多难点，如大量信息安全、信息完整、数据更新、高速传输等问题需要解决。但是随着智能网联汽车的广泛应用、车联网技术的发展，更丰富的动态交通信息分享可以使汽车更智能。

高精度地图实际应用如图4.3所示,动态交通信息如图4.4所示。

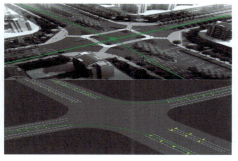

图4.3　高精度地图实际应用

图4.4　动态交通信息

高精度地图作为自动驾驶的稀缺资源和必备构件,能够满足自动驾驶汽车在行驶过程中地图精确计算匹配、实时路径规划导航、辅助环境感知、驾驶决策辅助和智能汽车辅助控制的需要,并在每个环节都发挥着至关重要的作用。

①辅助环境感知。传感器作为自动驾驶的"眼睛",有其局限性,如易受恶劣天气的影响等。高精度地图可以对传感器无法探测或探测精度不够的部分进行补充,实现实时状况的监测及外部信息的反馈,进而获取当前位置精准的交通状况。

对高精度地图模型的提取,可以将汽车周边的道路、交通设施、基础设施等元素和元素之间的拓扑结构提取出来。如果自动驾驶汽车在行驶过程中检测到高精度地图中有不存在的元素,则一定程度上可将这些元素视为障碍物,这一方式可帮助感知系统识别周围环境,提高检测精确度和检测速度,并节约计算资源。

②辅助定位。由于存在各种定位误差,地图上的移动汽车并不能与周围环境始终保持正确的位置关系。在汽车行驶过程中,利用地图匹配可精确定位汽车在车道上的具体位置,从而提高汽车定位的精度。相较于更多地依赖 GNSS 提供定位信息的普通导航地图,高精度地图更多地依靠其准确且丰富的先验信息(如车道形状、曲率和标志牌等),结合高维度的数据与高效率的匹配算法,能够实现更高精度的匹配与定位。

③辅助路径规划。普通导航地图仅能给出道路级的路径规划,而高精度地图的路径规划导航能力则提高到了车道级,例如高精度地图可以确定车道的中心线,可以保证汽车尽可

能地靠近车道中心行驶。在人行横道、低速限制或减速带等区域,高精度地图可使汽车能够提前查看并预先减速。对于汽车行驶附近的障碍物,高精度地图可帮助自动驾驶汽车缩小路径选择范围,以便选择最佳避障方案。

④辅助控制。高精度地图是对物理环境道路信息的精准还原,可为汽车加减速、并道和转弯等驾驶决策控制提供关键道路信息。而且,高精度地图能给汽车提供超视距的信息,并与其他传感器形成互补,辅助系统对汽车进行控制。

高精度地图为汽车提供了精准的预判信息,具有提前辅助其控制系统选择合适的行驶策略等功能,有利于减少车载计算压力和突破计算性能瓶颈,使控制系统更多关注突发状况,为自动驾驶提供辅助控制能力。因此,在提升汽车安全性的同时,有效降低了车载传感器和控制系统的成本。

(3)高精度地图的行业现状

近年来,汽车工业伴随着智能化、网联化的新技术浪潮进入了全新的发展阶段,充满机遇也充满挑战。自动驾驶技术研究逐渐受到各个科技强国的重视,美、日、德等传统汽车工业强国甚至将发展自动驾驶汽车提升为国家战略。为了抓住这一技术革新的机会,我国政府也提出了"中国制造 2025"及"互联网+"的发展战略,大力推动产业转型升级和结构优化调整。汽车产业作为国民经济的支柱产业,其自身规模大、带动效应强、国际化程度高、技术密集,必将成为新一轮科技革命以及中国制造业转型升级的重要产业。

高精度地图作为自动驾驶不可或缺的资源,随着自动驾驶的快速发展而受到国内外科研机构和各大公司的青睐。在国内,对于高精度地图采集平台与标准的研究集中在百度、高德和四维图新等公司以及武汉大学、清华大学和上海交通大学等高校。在国外,德国三大车企(宝马、戴姆勒、奥迪)收购 Here 公司共同构建高精度地图,并在美、法、德、日等多国进行高精度地图的采集;美国谷歌公司从事自动驾驶车研发,进行了大量的高精度地图采集工作;丰田北美研究院则参考原有低精度地图的信息,将先验的低精度地图信息和传感器采集的高精信息进行融合。下面简要介绍各地图供应商(简称图商)的高精度地图情况。

①百度。百度作为国内唯一拥有从采集设备到数据制作全流程自主技术研发能力的高精度地图供应商,其采集车包括全景和高精两类,其中全景采集车可满足先进驾驶辅助系统(Advanced Driving Assistant System, ADAS)级别(50 cm)的采集需求,车顶搭载 3 台尼康 D810 单反相机,搭配鱼眼镜头,单台可达 3 638 万像素,车上配备 GPS 和 IMU;高精采集车在全景基础上增加了 45°倾斜的 Velodyne 激光雷达,利用激光雷达的激光点云数据采集车道线、地面喷漆、立面路牌和城市立交等信息,通过激光点云数据和图片数据融合可进行信息提取,精度可达厘米级。

②高德。高德地图采集车包括 ADAS 和高度自动驾驶(Highly Automated Driving, HAD)两类,其中 ADAS 采集车安装了 6 个 CCD 摄像头(5 个圆形环绕摄像头+1 个独立摄像头),每个摄像头均为 500 万像素;HAD 采集车车顶配置两个 RIEGL 三维激光雷达(一前一后倾斜安装)和 4 个摄像头(两前两后),相机主要负责采集标志牌等道路元素,激光雷达主要采集边缘线和车道线等道路信息。

③四维图新。四维图新采集车搭载了 32 线激光雷达、全景摄像头、GNSS 及 IMU 等设

备,并通过专有支架进行连接,以便地图采集员方便快捷地将一辆普通车辆装配成具有地图采集能力的专业采集车。

④Tom Tom。Tom Tom 是一家荷兰的地图厂商,积极参与研发自动驾驶相关技术,其中包括将 GPS 导航嵌入自动驾驶汽车。通过驾驶配备有一台 Velodyne 激光雷达、一台 360°全景相机、两台 SICK 雷达且兼容 GPS 和 GLONASS(俄罗斯的全球卫星导航系统)的高精度天线的福特翼虎,可以独自完成采集任务,实现高度属性化的道路表示,包括车道模型和交通标志等属性,精度可达厘米级。

⑤Here。Here 地图从 2015 年开始致力于高精度地图数据采集,是世界上实现高精度地图覆盖里程最多的企业之一。Here 地图的采集车主要配备了 4 个广角 24 兆像素摄像头,旋转式激光雷达(扫描周围 300 ft 范围内每个目标上的 700 000 个点,1 ft = 0.3 048 m)、INS 和 GPS。其中,激光雷达主要获取坡度、车道线和路标等路面信息,地图精度可达到厘米级。2017 年初,Here 与 Mobileye 建立技术合作关系,使得 Here 地图将获得更多实时道路信息。

⑥DMP。2016 年 9 月,日本的动态地图规划(Dynamie Map Planning,DMP)企业正式开发高精度地图,其地图测量汽车装备移动地图系统 MMSG220,配置使用 2 台激光雷达、大量摄像机、GPS 和其他传感器,以 40 km/h 的巡航速度测绘地图,并以 10 cm 的绝对精度捕捉 7 m 外的物体,每秒能收集 100 万个数据点。

⑦谷歌 Waymo。谷歌作为自动驾驶行业的领军企业之一,利用无人车搭载的 360°高速转动 Velodyne 激光雷达绘制高精度地图,其中包括车道线、路面基础设施、交通信号灯等信息,并上传至谷歌数据库,精度在 10 cm 以内。同时,谷歌在采集街景地图时结合摄像机和激光雷达,最新汽车已配备 15 个镜头和 Velodyne 激光雷达,利用这部分图像信息,有望进一步提高地图精度。

⑧MobilEye。MobilEye 号称能为全球 25 家知名车厂合作商提供更安全的技术解决方案,有 2 500 万辆汽车在使用它们的技术,13 家车厂正在使用 MobilEye 的技术攻关自动驾驶。相比于 Here,MobilEye 更侧重于使用摄像头,利用视觉信息来进行辅助驾驶,在图像处理方面也做得很好,是一种基于众包的视觉制图模式。MobilEye 把采集、发送云端、处理、传回车端的过程称为"路书(RoadBook)"。

⑨Uber。2016 年 2 月,Uber 正式布局自动驾驶汽车业务,5 月,在匹兹堡公路上进行测试。测试车配备激光雷达和高清摄像头等传感器,也是以实现自动驾驶为主要目的,并非纯粹的采集车,但能在驾驶过程中收集地图和位置数据。

⑩苹果。苹果于 2012 年推出苹果地图和街景地图,其最新一代街景车已升级到搭载 15 个 500 万像素的 CMOS 摄像头。苹果与谷歌类似,其地图数据采集方案也应用了大量的摄像头,同时采用一前一后两个激光雷达倾斜安装的方式,可完整地获取车道线等道路信息。

(4)高精度地图的生产过程

高精度地图与传统地图相比,具有不同的采集原理和数据存储结构。传统地图依赖于拓扑结构和传统的数据库,将各种元素作为对象堆放在地图上,将道路存储为路径。高精度地图中,为了提高存储效率和机器可读性,地图在存储时分为矢量层和对象层。

在高精度地图生产过程中,如图 4.5 所示,通过提取车辆上传感器采集的原始数据,获取高精度地图特征值,构成特征地图;在此基础上进一步提取、处理和标注矢量图形,包括道路网络信息、道路属性信息、道路几何信息和道路上主要标志的抽象信息。高精度地图信息提取过程如图4.6所示。

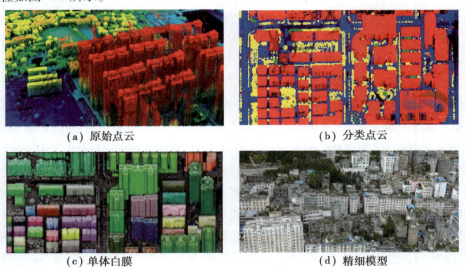

(a) 原始点云　　　　　　　　　　　(b) 分类点云

(c) 单体白膜　　　　　　　　　　　(d) 精细模型

图4.5　高精度地图生产过程

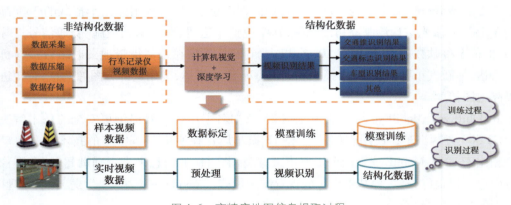

图4.6　高精度地图信息提取过程

(5)高精度地图的采集方法

目前,高精度地图主流的采集设备是激光雷达、摄像头、IMU、GNSS和轮测距仪的组合。其中,激光雷达和摄像头用于获取采集车周围环境数据,IMU、GNSS和轮测距仪用于获取采集车的绝对位置。

①激光雷达。激光雷达首先通过向目标物体发射一束激光,根据发射到接收的时间间隔来确定目标物体的实际距离。在测量过程中激光雷达要产生汽车周围的环境激光点云,这一过程要通过采样完成。一种典型的采样方式是在单个发射器和接收器上在短时间内发射较多的激光脉冲,如在1 s内发射万级到十万级的激光脉冲。脉冲发射后,接触到需要被检测的物体并反射回接收器上,每次发射和接收都可以获得一个点的具体坐标。当发射和接收这一行为进行得足够多时,便可以形成环境激光点云,从而将汽车周围的环境量化。接

下来,根据距离及激光发射的角度,通过简单的几何变化可以推导出物体的位置信息。LiDAR 系统一般分为 3 个部分:一是激光发射器,发出波长为 600～1 000 nm 的激光射线;二是扫描与光学部件,主要用于收集激光反射点,获取该反射点发射到接收的时间差和水平角度信息;三是感光部件,主要检测返回光的强度。因此检测到的每一个点都包括了空间坐标信息以及光强度信息。

②摄像头。车载摄像头是高精度地图信息采集的关键设备,以图像的形式捕捉汽车周围环境信息。对这些图像进行处理以提取道路关键信息,进而完成地图的初步绘制。

③IMU(惯性测量单元)。一般使用 6 轴运动处理组件,包含了 3 轴加速度计和 3 轴陀螺仪。加速度计是力传感器,可根据各方向受力(包括重力)情况来计算每个轴上的加速度。陀螺仪是角速度检测仪,可根据每个轴上的角加速度得到各轴上的角度变化。在对加速度进行两次积分得到运动距离的过程中,容易产生累计误差,所以单靠陀螺仪并不能精准地预测采集车的位置。

④GNSS。GNSS 接收机由储存的星历确定每颗卫星在各个时刻的位置,再结合由接收机与卫星之间的信号传输时间计算得到的二者之间的距离,即可根据三球定位原理推算出接收机的位置。由于复杂的动态环境(尤其是城市环境)中存在各种高大建筑物的遮挡,GNSS 多径反射的问题严重。这样得到的 GNSS 定位信息很容易就有几米甚至十几米的误差,所以单靠 GNSS 无法制作高精度地图。

高精度地图采集车的装配较为复杂,根据不同图商的使用需求,所采用的配置方案可能不同。为了获得更高精度的地图数据,通常使用多种传感器的组合来进行静态交通环境数据的采集。如通过图像信息和激光点云数据结合的方式,能在确保获得大量可靠数据的同时,简化数据处理过程,提高处理效率;GNSS 和 IMU 组合定位的方式可以提高采集车的定位精度。

信息采集设备如图 4.7 所示。

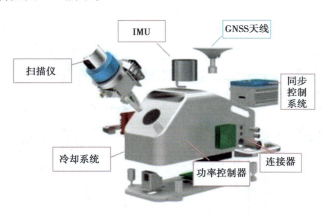

图 4.7　信息采集设备

高精度地图要素的数据模型主要分为四大类,分别是道路模型、车道模型、道路标记模型和基本对象模型。这四大类模型覆盖了地面道路、行驶车道信息、沿路标志信息等整个自动驾驶地图的基础先验数据库。

①道路模型。道路模型是指数据制作时,形状点连接成的道路的几何形状。通过形状点描述道路的几何形状时,形状点以坐标形式进行描述,如道路中心线与道路拓扑等。曲率表示道路的弯曲程度,弯曲程度越大曲率值越大,弯曲程度越小曲率值越小。计算时,采取曲线拟合的方法,得到各个形状点所在的曲率半径的倒数,根据道路的几何形状,进行曲线拟合后计算出离散点的曲率值。坡度指道路纵向的起伏程度,道路起伏程度越大则坡度值越大,道路起伏程度越小则坡度值越小,对形状点高程差与水平距离取反正切计算可得到坡度。

②车道模型。车道模型指地面道路上该车道的模型,主要包括普通车道、入口车道、出口车道、进入匝道、退出匝道、应急车道、连接匝道等。车道类型会赋值在该车道上。普通车道指无特殊属性的车道,一般为主行车道。普通车道普遍指高速中的主路,按照实际的车道形态进行制作表达,并在右侧车道线上赋值主路属性。

③道路标记模型。道路标记模型主要指车道线的样式,包括无属性、单实线、长虚线、双实线、左实右虚线、右实左虚线、双虚线、路沿线、护栏线。道路标线会赋值在对应的车道线上。

④基本对象模型。高精度地图中对象的类型包括杆、龙门架、地面标线等。其中杆类型包括灯杆、基站杆、摄像头杆、交通标志牌依附的杆等。而地面标线可细分为多个子类型,如地面箭头、地面文字、导流区、地面限速等。对象表达为一个能够容纳整个对象的包围盒,该包围盒按照对象的外切线将对象完全包围,一个对象对应一个包围盒,且包围盒属性与对象的属性对应。制作范围为道路两侧和上方,两侧制作范围一般为道路横向外 20 m,仅制作隶属于道路的对象。

加工的过程包括人工处理、深度学习的感知算法(图像识别)等。采集的设备越精密,采集的数据越完整,就可以降低算法的不确定性。收集到的数据越不完整,就需要更多的算法来补偿数据缺陷,也可能会产生更大的误差。

道路的整改工作会经常发生,包括突发性路况,因此,后续地图更新也可以采取众包方式或与政府实时交通处理部门合作来解决,如图 4.8 所示。

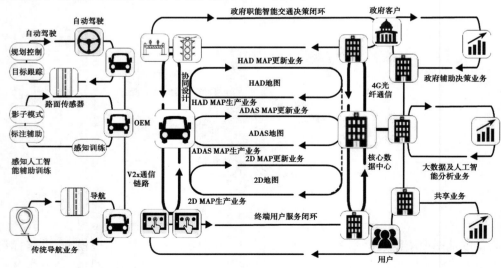

图 4.8　地图更新

①众包数据构建高精度地图。使用安装了成本相对低廉的车载传感器的智能网联汽车收集路况与道路特征，然后通过深度学习和图像识别算法将其转换为结构化数据，生成高精度地图众包信息。数据来源于用户，而且服务于用户，不仅可以向此类车辆提供高精度地图，还可以提供高精度定位服务。通用、日产、丰田、上汽等汽车厂商也积极采用众包采集方式为各自品牌的汽车提供相关服务。

众包数据场景如图4.9所示。

省级高速　　　　　　　　　火车站　　　　　　　　　路口

夜间　　　　　　　　　雨天　　　　　　　　　隧道

图4.9　众包数据场景

②实时定位与地图构建。实时定位与地图构建（SLAM）是一种在机器人领域广泛使用的地图构建与定位技术，如图4.10所示，可以使用激光、视觉、红外等传感器，在机器人移动过程中获取传感器检测的环境特征，进一步识别行驶过程不同时刻环境特征中类似的部分，将检测到的环境信息进行拼接，对行驶过的环境进行基于当前传感器信息的完整描述，即高精度地图构建。在汽车领域，可以用于SLAM构建高精度地图的传感器主要有视觉传感器和激光雷达，这些传感器的共同特点是能够获取足够丰富的环境信息，尤其是环境中物体的轮廓点云，可以满足运动过程中两个连续时刻采集的环境信息，有足够丰富的特征去匹配和拼接，如图4.11所示。

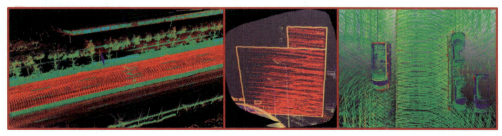

图4.10　实时定位与地图构建

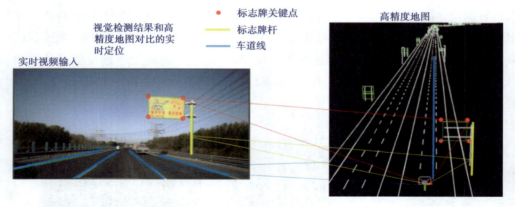

图 4.11　特征匹配

③地图引擎与发布。高精度地图具有数据量大等特点,如果直接将全国的高精度地图数据导入自动驾驶汽车中,将会占用大量资源且费时。为了灵活调度高精度地图的资源,高精度地图供应商通常会提供一个叫"地图引擎"的软件。"地图引擎"提供读写高精度地图数据的应用程序编程接口(Application Programming Interface,API)。从应用层来看,"地图引擎"就是一套提供了驱动和管理的地理数据,实现渲染、查询等功能的一套函数库,所有的应用层软件只需要调用"地图引擎"提供的 API 就能实现读取、增添、删除及修改高精度地图,从而保持车端地图的鲜度,为自动驾驶汽车提供高精度地图服务。同时,"地图引擎"基于车端数据互传机制,采集车端状态和道路数据,通过地图更新、数据回传形成云端到车端的数据闭环,持续优化高精度地图。实际使用时,"地图引擎"接收来自自动驾驶汽车的地图数据需求信号,将所需的高精度地图数据传回至自动驾驶汽车中。

4.1.2　定位技术

汽车定位技术是让汽车知道自身确切位置的技术,这是一项有趣且具有挑战的任务,对于智能网联汽车来说非常重要。准确可靠的汽车位置和姿态(简称位姿)等定位信息是实现智能网联汽车导航功能的前提和基础。智能网联汽车要求定位系统能够准确实时感知自身在全局环境中的相对位置且定位精度达到厘米级,同时对定位技术的可靠性和安全性提出了非常高的要求,而采用普通导航地图、卫星定位及基站定位等现有的定位方案显然不能满足自动驾驶汽车对于高精度定位的需求。因此,多种感知技术与定位技术的融合定位成为智能网联汽车定位技术的发展趋势。

当前可用于汽车定位技术的方案越来越多,由不同类型传感器组成的定位系统也变得多样化。其中,按技术原理的不同,可将现有的汽车定位技术分为以下三类。

第一类是基于信号的定位,其采用飞行时间测距法(Time Of Flight,TOF)获取汽车与卫星间的距离,然后使用三球定位原理得到汽车的空间绝对位置。其典型代表是全球导航卫星系统(Global Navigation Satellite System,GNSS),常用的全球定位系统(Global Positioning System,GPS)即为 GNSS 的一种。

第二类是航迹递推(Dead Reckoning,DR),依靠加速度计(Accelerometer)、陀螺仪(Gyro-scopes)、里程计(Odometry)等,根据上一时刻汽车的航向和位置递推出当前时刻汽车的航向和位置。

第三类是地图匹配(Map Matching, MM),用激光雷达(LIDAR)或摄像头(Camera)采集得到的数据特征和高精度地图数据库中存储的特征进行匹配,得到实时的汽车位姿。

在自动驾驶定位系统的实践中,通常采用多种技术融合定位的方案。

1. 卫星定位技术

卫星导航定位系统是星基无线电导航系统,以人造地球卫星作为导航台,为全球海陆空的各类军民载体提供位置、速度和时间信息,这些信息都具有全天候且高精度等特征,因而又被称作天基定位、导航和授时系统。卫星导航定位系统包括全球4大导航卫星系统,还有区域系统和增强系统。

卫星导航定位系统是泛指所有的卫星导航系统,包括全球的、区域的和增强的,如美国的 GPS、俄罗斯的 GLONASS、欧洲的 GALILEO、中国的北斗卫星导航系统,以及相关的增强系统。

(1) GPS

GPS 即全球定位系统,又称为全球卫星定位系统。其是一个中距离圆形轨道卫星导航系统,结合卫星及通信发展的技术,利用导航卫星进行测时和测距。GPS 是美国从 20 世纪 70 年代开始研制,历时 20 余年,耗资 200 亿美元,1994 年全面建成,具有在海、陆、空进行全方位实施三维导航与定位能力的新一代卫星导航与定位系统。

GPS 是最早实际运用的全球卫星导航系统,其主要目的是为陆、海、空三大领域提供实时、全天候和全球性的导航服务,并用于情报收集、核爆监测和应急通信等一些军事目的。其次,也为民用、商用提供导航、定位、测速和授时等服务。

GPS 由三部分组成,即地面监控部分、空间卫星部分和用户设备部分。

①地面监控部分由主控站、地面天线、监测站和通信辅助系统组成。

主控站——采集各监测站的数据。

地面天线——接收 GPS 卫星信号。

监测站——监测和采集数据。

通信辅助系统——实现两个或两个以上地点之间的通信。

②空间卫星部分的 24 颗工作卫星组成一个 GPS 卫星组,其中 21 颗是导航卫星,3 颗是活动卫星。24 颗卫星以 55°的轨道倾角绕地球运行。卫星的运行周期约为 12 h。每个工作卫星发射导航和定位信号,用户可以使用这些信号来实现导航。

③用户设备部分包括卫星导航接收器和卫星天线。它的主要功能是根据一定的卫星截止角捕获被测卫星,并跟踪这些卫星的运行情况。当接收机捕获被跟踪的卫星信号时,可以测量接收天线对卫星伪距和距离的变化率,并解调卫星轨道参数等数据,基于这些数据,接收器中的微处理器可以根据定位解算方法进行定位计算,并计算用户地理位置的纬度、经度、高度、速度、时间等信息。

GPS 定位导航系统的组成如图 4.12 所示。

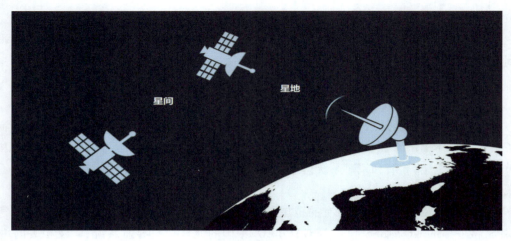

图 4.12　GPS 定位导航系统的组成

GPS 实施的是"到达时间差"（时延）的概念：利用每一颗 GPS 卫星的精确位置和连续发送的星上原子钟生成的导航信息获得从卫星至接收机的到达时间差。

GPS 卫星在空中连续发送带有时间和位置信息的无线电信号，供 GPS 接收机接收。由于传输的距离因素，接收机接收到信号的时刻要比卫星发送信号的时刻延迟，通常称为时延。因此，也可以通过时延来确定距离。卫星和接收机同时产生同样的伪随机码，一旦两个码实现时间同步，接收机便能测定时延，将时延乘上光速，便能得到距离。

GPS 系统的时间到达差原理如图 4.13 所示。

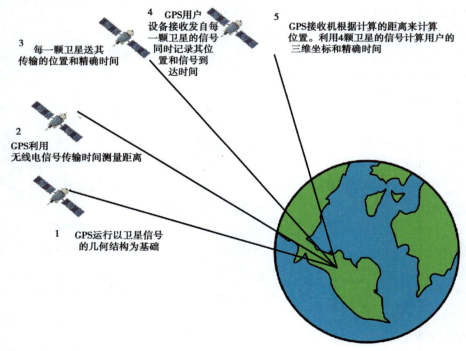

图 4.13　GPS 系统的时间到达差原理

每颗 GPS 卫星上的计算机和导航信息发生器非常精确地了解其轨道位置和系统时间，而全球监测站网保持连续跟踪卫星的轨道位置和系统时间。位于科罗拉多州施里弗空军基地内的主控站与其运控端一起，至少每天一次对每颗 GPS 卫星注入校正数据。注入数据包括：星座中每颗卫星的轨道位置测定和星上时钟的校正。这些校正数据是在复杂模型的基础上算出的，可在几个星期内保持有效。

GPS 系统时间是由每颗卫星上原子钟的铯和铷原子频标保持的。这些星钟一般来讲精确到世界协调时（UTC）的几纳秒以内，UTC 是由海军观象台的"主钟"保持的，每台主钟的稳定性为若干个 $10 \sim 13 \mathrm{~s}$。GPS 卫星早期采用两部铯频标和两部铷频标，后来逐步改变为更多地采用铷频标。通常，在任一指定时间内，每颗卫星上只有一台频标在工作。

卫星导航原理：卫星至用户间的距离测量是基于卫星信号的发射时间与到达接收机的时间之差，称为伪距。为了计算用户的三维位置和接收机时钟偏差，伪距测量要求至少接收来自 4 颗卫星的信号。

（2）北斗卫星导航系统（BDS）

北斗卫星导航系统（BeiDou Navigation Satellite System，BDS），是中国自主发展、独立运行的全球卫星导航系统。于 2012 年 12 月 27 日启动区域性导航与授时服务。其间，由中国独立开发的北斗二号系统已向我国及周边地区在内的亚太大部分地区提供服务。除了上述导航系统提供的导航、定位、授时功能等相同的服务，BDS 还具有特殊的短报文通信功能。从组成结构来看，同样分为空间段、地面段和用户段。空间段由 5 颗地球静止轨道（Geostationary Orbit，GEO）卫星和 30 颗非地球静止轨道（Nongeostationary Orbit，NON-GEO）卫星组成。其中，由 5 颗 GEO 卫星、3 颗倾斜地球同步轨道（Inclined Geosynchronous Orbit，IGSO）卫星和 4 颗中地球轨道（Medium Earth Orbit，MEO）导航卫星组成的星座方案被北斗二号区域导航系统采用。

"北斗三号"全球导航系统建设，由 5 颗 GEO 卫星和 30 颗 NON-GEO 卫星组成全部 35 颗卫星。GEO+MEO+IGSO 的星座构型是北斗卫星导航系统的完整布局，最大的优点则同样是保证了在地球上任意地点、任意时刻均能接收来自 4 颗及以上导航卫星发射的信号，观测条件良好的地区甚至可以接收到 10 余颗卫星的信号。地面段包括检测站、上行注入站、主控站。用户段包括北斗及兼容其他卫星导航系统的芯片、模块、天线等基础产品、终端设备、应用系统及应用服务等。

北斗卫星导航系统的组成如图 4.14 所示。

北斗卫星导航系统空间段由 35 颗卫星组成，其中地球静止轨道卫星 5 颗、中地轨道卫星 27 颗、倾斜同步轨道卫星 3 颗。5 颗地球静止轨道卫星的固定位置为东经 58.75°、80°、110.5°、140°和 160°。中地轨道卫星运行在 3 个轨道面上，轨道面均匀分布 120°。

北斗卫星定位系统地面段由主控站、注入站和监测站组成。主控站用于系统运行管理和控制，接收来自监测站的数据，并对其进行处理，生成卫星导航信息和差分完整性信息，然后将信息传送到注入站进行发送。注入站用于向卫星发送信号、控制和管理卫星，在接收到主站调度后，向卫星发送卫星导航信息和差分完整性信息。监测站用于接收卫星信号并将其发送到主站进行卫星监测，以确定卫星轨道，并为时间同步提供观测。

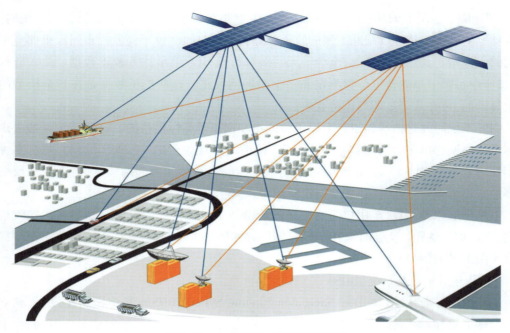

图 4.14　北斗卫星导航系统的组成

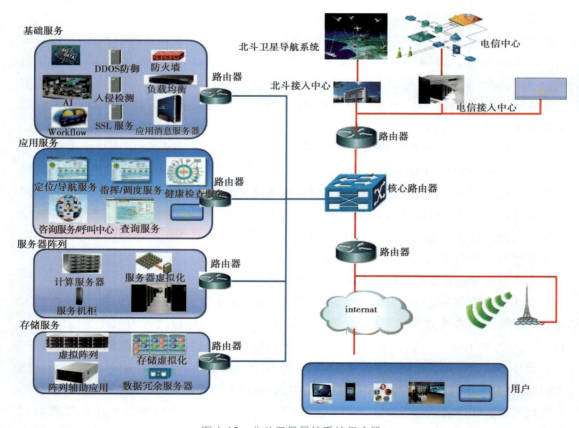

图 4.15　北斗卫星导航系统用户段

用户段包括北斗用户终端和与其他卫星导航系统兼容的终端,如图 4.15 所示。接收器需要捕捉和跟踪卫星的信号,并根据数据以一定的方式进行定位计算,最终获得用户的纬度、经度、海拔、速度、时间等信息。北斗卫星定位系统可以为全世界各种用户提供全天候、高精度、高可靠性的定位、导航和定时服务,具有短消息通信能力,最初提供了区域导航、定位和定时功能,定位精度为 10 m,测速精度为 0.2 m/s,定时精度为 10 ns。

北斗卫星导航系统用户终端系统最多可容纳 54 万/h 的用户,具有双向消息通信功能,用户可一次发送 40～60 个汉字的短消息信息。一次可以传输多达 120 个汉字的信息。

北斗卫星导航系统具有精确的定时功能,为用户提供 20～100 ns 的时间同步精度,标准站的水平精度为 100 m(1σ),20 m(类似于差分状态),北斗系统工作频率为 2 491.75 MHz。

（3）GLONASS

GLONASS 是苏联国防部从 20 世纪 80 年代初开始建设的与美国 GPS 相抗衡的全球卫星导航系统,与 GPS 功能、原理基本类似,成为世界上第二个独立的军民两用全球卫星导航系统。GLONASS 属于军民合用系统,可提供高精度的三维空间和速度信息,也可提供授时服务,精度在 10 m 左右,有更强的抗干扰能力,采用两种频率信号,由于发射技术和电子设计水平有限,其工作不稳定并且卫星寿命不是很长。俄罗斯在 2000 年提出要对 GLONASS 进行换代,GLONASS 的标准星座由 24 颗卫星组成,为了逐步提升 GLONASS 系统性能,俄罗斯制订了一系列的空间卫星性能改进和补网计划。改进方案包括地面段支持设备、增加系统服务量、优化太空段设备、改进 GLONASS 差分设备等。

（4）GALILEO

GALILEO 是欧洲设计的第二代卫星导航系统,从区域性渐进地扩展成全球系统。GALILEO 是由欧盟委员会和欧洲空间局共同发起并组织实施的欧洲民用卫星导航计划,是为了打破美国 GPS 在卫星导航定位领域垄断而启动的迄今为止欧洲将要开发的最重要的航天计划。旨在建立欧洲独立自主的民用全球卫星导航定位系统,它与国际上现有的 GNSS 相比,具有更佳的覆盖率、更高的精度和可靠性。

GALILEO 系统可以分发实时的米级定位精度信息,这是现有的卫星导航系统所没有的。与美国的 GPS 相比,GALILEO 系统更先进,也更可靠。GALILEO 提供的公开服务定位精度通常为 15～20 m 和 5～10 m 两种档次。公开特许服务有局域增强时能达到 1 m,商用服务有局域增强时为 10～1 m。

（5）区域卫星导航系统

除了上文 4 个全球卫星导航系统,还有一些其他已完成或正在建设的区域卫星导航系统,如日本的准天顶卫星系统（Quasi+Zenith Satellite System,QZSS）、印度的区域导航卫星系统（Indian Regional Navigation Satellite System,IRNSS）等。其中日本的 QZSS 的主要目标是作为 GPS 的补充、作为 GNSS 的增强和提供信息服务,范围覆盖了亚太地区,提升了灾害管理和有效维护国家安全的能力。随着系统卫星数量和密度的不断增加,QZSS 从技术上可能升级为独立的卫星导航系统,可提供完整的卫星导航功能。

（6）星基增强系统

星基增强系统（Satellite-Based Augmentation System,SBAS）是由美国实施选择可用性

(Selective Availability,SA)政策而发展起来的。SBAS 也主要由空间段、地面段和用户段构成。为了提升 GPS 的性能,满足不同用户对高精度、高完好性的需求,产生了相应的增强系统。例如美国的 WAAS(Wide Area Augmentation System)、俄罗斯的 SDCM(System for Differential Corrections and Monitoring)、日本的 MSAS(Multi-functional Sstellite Augmentation System)、欧洲的 EGNOS(European Geostationary Navigation Overlay Service)和印度的 GAGAN(GPS Aided Geo Augmented Navigation)。这 5 个典型区域性星基增强系统被纳入 GNSS 中,可以提高单点卫星定位的稳定性和精度,从而实现 1~3 m 甚至小于 1 m 的定位精度。

(7)地基增强系统

地基增强系统(Ground-Based Augmentation Systems,GBAS)是卫星导航系统建设中的一项重要内容,可以大大提升系统服务性能。GBAS 综合使用了各种不同效果的导航增强技术,主要包括精度增强技术、完好性增强技术、连续性和可用性增强技术,最终实现了其增强卫星导航服务性能的功能。

我国的地基增强系统主要是北斗地基增强系统,属于国家重大信息基础设施,用于增强北斗卫星导航系统的定位精度和完好性。该系统由框架网基准站和加强密度网基准站、通信网络、数据处理系统、运营平台、数据播发系统和用户终端组成,具备在全国范围内为用户提供广域实时米级、分米级、厘米级和后处理毫米级定位精度的能力,具有作用范围广、精度高、野外单机作业等优点。

(8)GNSS 定位原理

根据后方交会定位原理,要实现 GNSS 定位,需要解决两个问题:一是观测瞬间卫星的空间位置;二是观测站点和卫星之间的距离,即卫星在某坐标系中的坐标。为此首先要建立适当的坐标系来表征卫星的参考位置,而坐标又往往与时间联系在一起,因此 GNSS 定位是基于坐标系统和时间系统进行的。

①坐标系统与时间系统。卫星导航系统中,坐标系用于描述研究卫星在其轨道上的运动、表达地面观测站的位置以及处理定位观测数据。根据应用场合不同,选用的坐标系也不同。坐标系统分为以下几类:地理坐标系、地球坐标系、地心坐标系和参心坐标系。国内常用的坐标系统有:1954 年北京 54 坐标系统(Beijing 54 Coordinate System,P54)、1980 年国家大地坐标系统(National Geodetic System 1980,C80)、1984 年世界大地坐标系统(World Geodetic System-1984 Coordinate System,WGS-84)、2000 国家大地坐标系统(China Geodetic Coordinate System 2000,CGCS2000)。

时间系统在卫星导航中是最重要、最基本的物理量之一。首先,高精度的原子钟控制卫星发送的所有信号。其次,在大多数卫星导航系统中距离的测量都是通过精确测定信号传播的时间来实现的。时间系统主要包括世界时、历书时、力学时、原子时、协调世界时、儒略日、卫星导航时间系统。其中 GNSS 采用了一个独立的时间系统作为导航定位计算的依据,称为 GNSS 时间系统,简称 GNSST 。GNSST 属于原子时系统,其秒长与原子时秒长相同。

②定位原理。GNSS 的设计思想是将空间的人造卫星作为参照点,确定一个物体的空间位置。根据几何学理论可以证明,通过精确测量地球上某个点到三颗人造卫星之间的距离,能对此点的位置进行三角形的测定,这就是 GNSS 最基本的设计思路及定位功能。

假设地面测得某点 P 到卫星 S_1 的距离为 r_1，那么从几何学可知，P 点所在的空间可能位置集缩到这样一个球面上，此球面的球心为卫星 S_1，半径为 r_1。再假设测得 P 点到第二卫星 S_2 的距离为 r_2，同样意味着 P 点处于以第二卫星 S_2 为球心、半径为 r_2 的球面上。如果同时测得 P 点到第三顺卫星 S_3 的距离为 r_3，意味着 P 点也处于以第三卫星 S_3 为球心、半径为 r_3 的球面上，这样就可以确定 P 点的位置，也就是三个球面的交汇处，如图 4.16 所示。

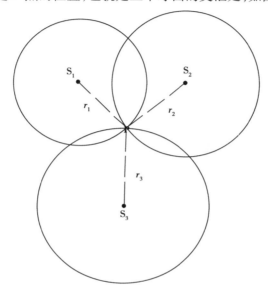

图 4.16　三球定位原理图

从 GNSS 进行定位的基本原理可以看出，GNSS 定位方法的实质，即测量学的空间后方交会。由于 GNSS 采用单程测距，且以保证卫星钟与用户接收机钟的严格同步，因此观测站和卫星之间的距离均受两种时钟不同步的影响。卫星钟差可用导航电文中所给的有关钟差参数进行修正，而接收机的钟差大多以精准确定，通常采用的优化做法是将其作为一个未知参数，与观测站的坐标一并求解，即一般在一个观测站上需求解 4 个未知参数（3 个点位坐标分量和一个钟差参数），因此至少需要 4 个同步伪距观测值，即需要同时观测 4 颗卫星。

根据用户站的运动状态可将 GNSS 分为静态定位和动态定位。静态定位是将待定点固定不变，将接收机安置在待定点上进行大量的重复观测。动态定位是指待定点处于运动状态，测定待定点在各观测时刻运动中的点位坐标，以及运动载体的状态参数，如速度、时间和方位等。此外，还可以根据定位模式分为绝对定位和相对定位。绝对定位只用一台接收机来进行定位，又称作单点定位，它所确定的是接收机天线在坐标系中的绝对位置。相对定位是指将两台接收机安置于两个固定不变的待定点上或将一个点固定于已知点上，另一个点作为流动待定点，经过一段时间的同步观测，可以确定两个点之间的相对位置从而获得高精度的位置坐标。

2. 惯性导航系统

惯性导航系统是 20 世纪中期发展起来的完全自主式的导航技术，涉及近代数学、物理学、力学、光学、材料学、微电子和计算机等诸多领域，内容较为丰富。通过惯性测量单元（IMU）测量载体相对惯性空间的角速率和加速度信息，利用牛顿运动定律自动推算载体的瞬时速度和位置信息,具有不依赖外界信息、不向外界辐射能量、不受干扰、隐蔽性好的特点,且惯性导航系统能连续地提供载体的全部导航、制导参数(位置、线速度、角速度、姿态角等)。

惯性导航系统在智能网联汽车中的应用属于起步阶段,短期内其竞争力主要体现在算法上。其算法包括了 MEMS 惯性传感器的标定等硬件信息处理,速度、加速度、航向及姿态的确定,以及与其他传感器信息、车身信息的融合等主要模块。算法的优劣决定传感器能否发挥其最佳性能,也决定了惯性导航系统的稳定性和可靠性。

从长远来看,惯性导航系统的竞争力在于惯性传感器芯片的性能。随着智能网联汽车技术的提升,对 MEMS 惯性传感器芯片的性能要求将持续提高,同时随着惯性导航系统算法的不断成熟,通过算法优化来提升系统性能的空间越来越小,而对惯性传感器芯片硬件性能的依赖程度则会相应提高。MEMS 惯性传感器芯片的设计、制造、封测及标定将成为惯性导航系统中比较关键的环节。智能网联汽车对惯性传感器芯片的基本要求见表 4.1。

表 4.1　智能网联汽车对惯性传感器芯片的基本要求

指标要求	L2 级智能驾驶	L3 级及以上级别智能网联
MEMS 陀螺不稳定性/$[(°) \cdot h^{-1}]$	10	1~5
MEMS 加速度计精度/mg	10	2
组合定位精度/cm	500	10
惯性系统形式	惯性测量单元	惯性组合导航系统

高精度行车定位技术以及高精度地图技术是智能网联汽车的两项核心技术,也是智能网联汽车破局的关键点。在定位系统中,所有需要用到 GPS 的地方都需要使用惯性导航系统,如车辆定位、激光雷达的 GPS 接口等。在 GPS 信号丢失时,惯性导航能够将定位信号模拟出来。但惯性导航系统成本昂贵,如何攻克惯性导航技术难关,生产大批量车规级惯性导航系统装置一直是业界难题。近些年随着各种利好出现,相信惯性导航行业的前景是一片光明。

(1)惯性导航系统的结构

惯性导航系统是一种不依赖于外部信息,也不向外部辐射能量的自主式导航系统。其主要是由惯性测量单元、信号预处理和机械力学编排 3 个模块组成,如图 4.17 所示。

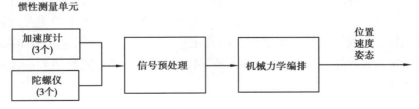

图 4.17　惯性导航系统的主要模块

一个惯性测量单元包括 3 个相互正交的单轴加速度计和 3 个相互正交的单轴陀螺仪,如图 4.18 所示。加速度计可以测量载体的瞬时加速度信息,根据计算获得载体的瞬时速度和位置;陀螺仪可以测量瞬时角速率或角位置信息,提供各轴(及其加速度计)在各时刻的方向。

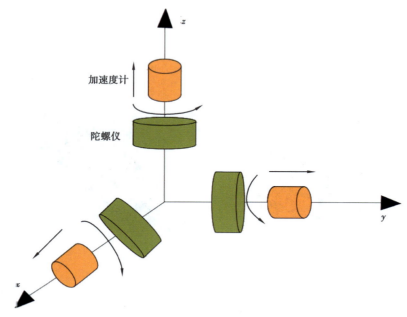

图 4.18　惯性导航测量单元

基于上述过程,空间载体的瞬时运动参数,包括直线运动和角运动参数,可以由 IMU 测量得到。

惯性导航可以利用这些测量值来计算载体的空间位置和速度,并且通过 IMU 提供的三轴角速度数据,估计车辆姿态,如侧倾、俯仰和航向等。IMU 原理如图 4.19 所示。

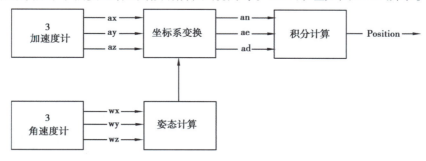

图 4.19　IMU 原理

①陀螺仪。陀螺仪是惯性系统的主要元件。陀螺仪通常是指安装在万向支架中高速旋转的转子,转子同时可绕垂直于自转轴的一根轴或两根轴进动,前者称单自由度陀螺仪,后者称二自由度陀螺仪。陀螺仪具有定轴性和进动性,利用这些特性制成了敏感角速度的速率陀螺和敏感角偏差的位置陀螺。由于光学、MEMS 等技术被引入陀螺仪的研制,现在习惯上把能够完成陀螺功能的装置统称为陀螺。

陀螺仪种类多种多样,按陀螺转子主轴所具有的进动自由度数目可分为二自由度陀螺仪和单自由度陀螺仪;按支承系统可分为滚珠轴承支承陀螺,液浮、气浮与磁浮陀螺,挠性陀螺(动力调谐式挠性陀螺仪),静电陀螺;按物理原理分为利用高速旋转体物理特性工作的转子式陀螺,和利用其他物理原理工作的半球谐振陀螺、微机械陀螺、环形激光陀螺和光纤陀螺等。

为了将角速度和角位移转换成惯性系统中可用的信号,陀螺仪需安装信号传感器。为了能控制陀螺仪按一定的规律进动,需安装力矩器。

陀螺仪位置如图4.20所示。

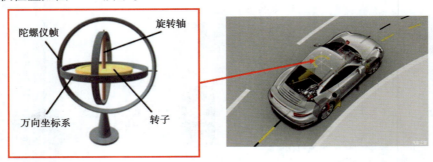

图 4.20　陀螺仪位置

②加速度计。加速度计是惯性导航系统的核心元件之一。依靠它对比力的测量,完成惯性导航系统确定载体的位置、速度以及产生跟踪信号的任务。载体加速度的测量必须十分准确地进行,而且是在由陀螺稳定的参考坐标系中进行。在不需要进行高度控制的惯性导航系统中,只要两个加速度计就可以完成以上任务,否则应该有3个加速度计。

加速度计的分类:按照输入与输出的关系可分为普通型、积分型和二次积分型;按物理原理可分为摆式和非摆式,摆式加速度计包括摆式积分加速度计、液浮摆式加速度计和挠性摆式加速度计,非摆式加速度计包括振梁加速度计和静电加速度计;按测量的自由度可分为单轴、双轴、三轴;按测量精度可分为高精度(优于 $10 \sim 4$ m/s^2)、中精度($10 \sim 2$ m/s^2— $10 \sim 3$ m/s^2)和低精度(低于 0.1 m/s^2)。

(2)惯性导航系统的分类

①平台式惯性导航系统。根据建立的坐标系不同,平台式惯性导航系统又分为空间稳定和本地水平两种工作方式。空间稳定平台式惯性导航系统的台体相对惯性空间稳定,用以建立惯性坐标系。地球自转、重力加速度等影响由计算机加以补偿。这种系统多用于运载火箭的主动段和一些航天器上。本地水平平台式惯性导航系统的特点是台体上的两个加速度计输入轴所构成的基准平面能够始终跟踪飞行器所在点的水平面(利用加速度计与陀螺仪组成舒拉回路来保证),因此加速度计不受重力加速度的影响。这种系统多用于沿地球表面作等速运动的飞行器(如飞机、巡航导弹等)。在平台式惯性导航系统中,框架能隔离飞行器的角振动,仪表工作条件较好。平台能直接建立导航坐标系,计算量小,容易补偿和修正仪表的输出,但结构复杂,尺寸大。

平台式惯性导航系统如图4.21所示。

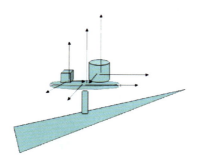

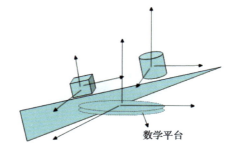

数学平台

图 4.21　平台式惯性导航系统　　图 4.22　捷联式惯性导航系统

②捷联式惯性导航系统。根据所用陀螺仪的不同,捷联式惯性导航系统可分为速率型捷联式惯性导航系统和位置型捷联式惯性导航系统。前者用速率陀螺仪,输出瞬时平均角速度矢量信号;后者用自由陀螺仪,输出角位移信号。捷联式惯性导航系统省去了平台,所以结构简单、体积小、维护方便,但陀螺仪和加速度计直接装在飞行器上,工作条件不佳,会降低仪表的精度。这种系统的加速度计输出的是机体坐标系的加速度分量,需要经计算机转换成导航坐标系的加速度分量,计算量较大。捷联式惯性导航系统如图 4.21 所示。

为了得到飞行器的位置数据,须对惯性导航系统每个测量通道的输出积分。陀螺仪的漂移将使测角误差随时间成正比地增大,而加速度计的常值误差又将引起与时间平方成正比的位置误差。这是一种发散的误差(随时间不断增大),可通过组成舒拉回路、陀螺罗盘回路和傅科回路三个负反馈回路的方法来修正这种误差,以获得准确的位置数据。

舒拉回路、陀螺罗盘回路和傅科回路都具有无阻尼周期振荡的特性。所以惯性导航系统常与无线电、多普勒和天文等导航系统组合,构成高精度的组合导航系统,使系统既有阻尼又能修正误差。

惯性导航系统的导航精度与地球参数的精度密切相关。高精度的惯性导航系统须用参考椭球来提供地球形状和重力的参数。由于地壳密度不均匀、地形变化等因素,地球各点的参数实际值与参考椭球求得的计算值之间往往有差异,并且这种差异还带有随机性,这种现象称为重力异常。正在研制的重力梯度仪能够对重力场进行实时测量,提供地球参数,解决重力异常问题。

(3)惯性导航系统的应用

①GNSS 和 INS 的组合应用。如图 4.23 所示,INS 利用安装在载体上的惯性器件敏感载体的运动,输出载体的姿态和位置信息。具有很强的自主性、保密性、灵活性;机动性强,具备多功能参数输出,但是导航精度随时变化,它不能长时间单独工作,必须连续校准。GNSS 需要接受足够数量的卫星才能够实现定位,受各种物理、电磁信号等遮挡影响比较大。从 GNSS 和 INS 的优缺点来看,两者具有很强的互补性。在短时间内 INS 的误差比 GNSS 小,但长时间使用时,必须通过 GNSS 离散测量值进行修正,通过抓取系统漂移量,达到快速估计状态参数与收敛的目的。

当卫星定位导航信号受到高强度干扰或卫星系统接收机故障时,惯性导航系统可独立进行导航定位;另外,惯性导航系统具有定位精度高、数据采样率高等特点,能在短时间内为卫星定位导航提供辅助信息,利用这些辅助信息,接收机可以保持较低的跟踪带宽,从而提高系统获取卫星信号的能力。当卫星定位导航信号条件显著改善以允许跟踪时,惯性导航系统向卫星定位导航接收器提供有关初始位置、速度等信息,以便快速重新获取导航代码和载波。GNSS 是一种相对准确的定位传感器,但更新频率较低,不能满足实时计算的要求。INS 的定位误差会随着运行时间的增加而增大,但由于它是一种高频传感器,因此可以在短时间内提供稳定的实时位置更新。

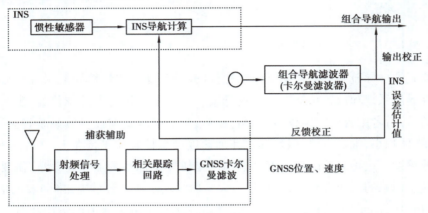

图 4.23　GNSS 和 INS 的组合应用

在 GNSS 和 INS 组合系统中,可以通过卡尔曼滤波器处理传感器测量值,从而给出更加准确、稳定的载体高精度定位信息。

卡尔曼滤波器主要分为两个阶段:预测阶段根据最后一个时间点的位置信息预测当前的位置信息;更新阶段通过对目标位置的当前观测修正位置预测,从而更新目标的位置。

卡尔曼滤波器是一个最优化自回归数据处理算法,应用广泛。使用卡尔曼滤波器可以组合 GNSS 和 INS 的测试结果,根据含有噪声的物体传感器测量值,预测出物体的位置坐标和速度。它具有很强的鲁棒性,即使观察到物体的位置有误差,也可以根据物体的运动规律预测一个位置,再结合当前的获取的位置信息,减少传感器误差,增强位置测量的连续性和稳定性,更加准确地输出载体的位置。

GNSS 与 IMU 的传感器融合定位如图 4.24 所示。

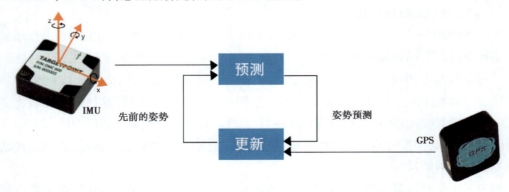

图 4.24　GNSS 与 IMU 的传感器融合定位

②惯性寻航系统的其他应用。惯性导航系统的另一功能是辅助激光雷达、摄像头等车载局部环境感知系统,获取车辆与环境的高精度位置关系,如图4.25所示。在车辆行驶过程的侧倾、俯仰、横摆等运动情况下,惯性导航系统为车载传感器提供车辆的空间位置和姿态,用于修正传感器对环境的检测,建立更加准确的环境感知。

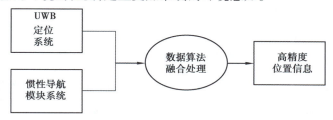

图4.25　惯性导航系统的应用

3. 地图匹配定位

地图匹配定位是利用实时道路物理信息与预制高精度地图进行匹配来实现汽车定位的技术。在卫星定位、惯性导航系统出现明显误差时,即可利用地图匹配定位技术为智能网联汽车提供定立修正信息。

无论是GNSS定位还是惯性导航定位,智能网联汽车定位系统的误差都是不可避免的,定位结果通常偏离实际位置。引入地图匹配可以有效消除系统随机误差,校正传感器参数,弥补在城市高楼区、林荫道、立交桥、隧道中长时间GNSS定位失效而惯性导航系统误差急剧增大时的定位真空期。地图匹配定位技术是指将自动驾驶汽车行驶轨迹的经纬度采样序列与高精度地图路网匹配的过程。地图匹配定位技术将汽车定位信息与高精度地图提供的道路位置信息进行比较,并采用适当的算法确定汽车当前的行驶路段以及在路段中的准确位置,校正定位误差,并为自动驾驶实现路径规划提供可靠的依据。

如图4.26所示,出于各种原因,自动驾驶汽车定位信息存在误差,尽管汽车行驶在中间车道上,但定位结果与实际情况存在偏差,利用地图匹配定位技术可将汽车定位信息纠正回到正确车道 提高定位精度。

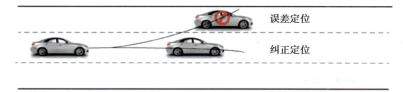

误差定位

纠正定位

图4.26　地图匹配定位流程图

(1)地图匹配定位技术原理

地图匹配定位是在已知汽车的位姿信息的条件下进行高精度地图局部搜索的过程。首先,利用汽车装载的GNSS和INS作出初始位置判断,确定高精度地图局部搜索范围。然后将激光雷达实时数据与预先制作好的高精度地图数据变换到同一个坐标系内进行匹配,匹配成功后即可确认汽车定位信息。地图匹配定位流程如图4.27所示。

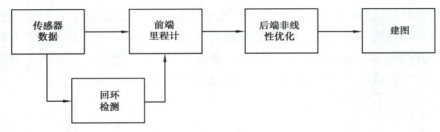

图 4.27　地图匹配定位流程图

高精度地图的预制是地图匹配的基础,需包含特征明显的结构化语义特征和具有统计意义的信息。高精度地图中常用于地图匹配的特征主要包含车道线、停止线、导流线、路灯、电线杆等特征明显的物体,还包括平均反射值、方差及平均高度值等具有统计意义的信息。

在自动驾驶过程中位姿信息可能存在较大误差,不能满足自动驾驶定位精度的要求,仅能确定其在道路上的大致位置,如图 4.28 所示。

图 4.28　自动驾驶过程中位姿信息存在误差

图 4.28 中带有"不执行"符号的汽车表示不可用的、带有误差的 GNSS 或惯性导航系统定位位姿。根据实时感知数据进行环境特征的检测,主要检测对象是地面上的车道线与杆状物,并从高精度地图对应位置范围内提取对应的元素。实际匹配过程中,系统将检测出的车道线、护栏等道路特征与高精度地图提供的道路特征进行对比,修正汽车的横纵向定位,如图 4.29 和图 4.30 所示。图中带有"不执行"符号的汽车为修正后的汽车定位位姿。

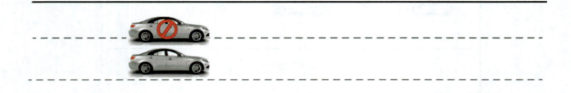

图 4.29　修正横向位姿示意图

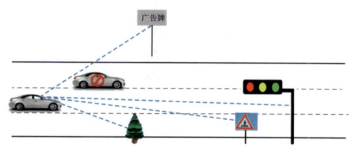

图 4.30　修正纵向位姿示意图

如图 4.29 所示,GNSS 将汽车定位在前进方向的左侧车道,智能网联汽车利用传感器检测到的车道线信息与高精度地图数据进行匹配过后,确定汽车位于前进方向的中间车道,与 GNSS 的定位结果存在差异,进而修正横向的位姿误差。如图 4.30 所示,纵向上修正主要提取传感器所检测到的广告牌、交通标志灯、红绿灯等道路元素与高精度地图进行匹配,可以修正汽车的纵向误差。

（2）误差分析

地图匹配的误差主要由局部搜索范围正确性引起。局部搜索范围正确性即道路选择的正确性,是地图匹配中极大的影响因素之一,在选择道路正确的情况下,才能继续之后的地图匹配过程。造成道路选择错误的原因主要包括路况引起的误差、传感器误差、算法误差及高精度地图误差等。

①路况引起的误差。真实道路的情况复杂而多变,无法保证汽车在各种复杂路况上都能够正确地提取特征并实现正确定位。车速变化将会影响传感器采集数据的质量,车速越快,质量越低,甚至出现运动模糊、失真等情况。在没有 INS 的定位系统中,各种路况下造成的汽车轮胎漂移及地面颠簸等情况都可能使激光点云数据存在畸变、抖动和运动模糊等问题。与此同时,实际行驶情况中汽车有时会离开道路,这将导致道路匹配错误并引起误差。

②传感器误差。进行地图匹配需要利用传感器的测量信息（如激光雷达、摄像头等）,这些数据存在误差将直接影响定位速度与成功率。

③算法误差。在地图匹配过程中不可避免地因算法存在的缺点导致发生错误匹配,发生错误匹配会对之后的地图匹配定位结果产生恶劣的影响。

④高精度地图误差。在实际使用中,一般默认高精度地图的精度比传感器获得的数据精度更高,但实际上,高精度地图同样有可能存在较大误差。在地图数据本身存在误差时,即使在正确选择道路的情况下也会引入误差。

（3）常用方法

任何一种地图匹配算法都涉及两个根本的问题:

①当前汽车在哪一条道路上。

②当前汽车在对应道路的哪一个位置。

因此,地图匹配算法几乎都可以用下式进行形式化描述:

$$X_n = f((X_0, X_1, X_2, \cdots, X_n)^n, G(R, N))$$

上式中,X_n 表示 n 时刻汽车的原始状态信息,如定位数据、速度、行驶方向等;G 表示道路网络,由道路路段集 R 以及道路节点 N 构成。根据不同的地图匹配特点,将地图匹配算法分为几何匹配算法、概率统计算法和其他高级算法。

几何匹配算法包括点到点、点到弧和弧到弧的地图匹配算法。

①点到点的地图匹配算法。点到点的地图匹配算法的原理即搜索汽车定位点与高精度地图中位置点之间几何距离最近的点作为匹配结果。该算法匹配精度取决于位置点集的数量,数量越大,匹配精度越高,但占用的硬件资源也更多。点到点的地图匹配算法得到的匹配结果很可能与实际情况不符,如在一条笔直道路上,待匹配 GNSS 点都会错误地匹配到道路两端的节点上,这样得到的匹配精度显然不符合实际使用要求。

②点到弧的地图匹配算法。通过寻找汽车定位点几何距离最近的路段作为匹配路段,将汽车定位点投影到该线段上作为匹配结果。对于曲线则做线性化处理后进行投影,该算法只利用了部分数据,当两条曲线距离较小或相同时极易造成误匹配,在路网密度大时匹配结果的精度就会锐减,此时的算法缺乏稳定性。

③弧到弧的地图匹配算法。将连续的汽车定位点组成一条轨迹曲线,寻找与这条曲线最近的匹配弧线作为匹配线段。由于最近路段的寻找方法是基于匹配路段与定位点的最小距离,因此,若某定位点与非正确匹配线段非常近,将导致严重误差。

概率统计算法通过在汽车导航定位系统中获得的历史轨迹,建立置信区域来与高精度地图进行匹配。置信区域参考 GNSS 误差、汽车航迹、汽车速度以及道路信息等进行选取,与高精度地图匹配后采取最近距离原则来确定匹配线段。

一个完整的基于概率统计的地图匹配算法包括 3 个主要的处理过程,即确定误差区域、选取候选路段和计算匹配位置。基于概率统计算法地图匹配的一般过程如图 4.31 所示。

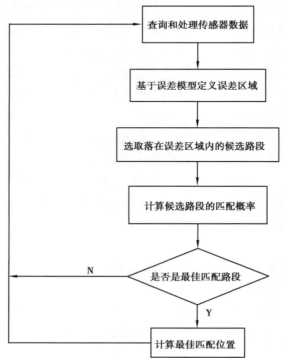

图 4.31　基于概率统计算法地图匹配的一般过程

误差区域是指可能包含汽车真实位置的区域范围,应根据传感器定位结果和误差情况确定。在误差区域内的道路称为候选路段,地图匹配算法认为其中包含了汽车的真实位置。匹配路段的选取方法是从候选路段中挑选最有可能是汽车行驶的路段,挑选原则依据具体的算法设计不同而不同。通常,挑选参考量是高精度地图中的道路形状与汽车轨迹的相似程度。确定匹配路段之后,计算汽车在该路段中最可能的位置,并用匹配结果修正原有的定位信息并输出。

除了上述两种地图匹配算法,还有非参数滤波算法和参数滤波算法等。非参数滤波算法包括了直方图滤波(Histogram Filter,HF)和粒子滤波(Particle Filter,PF)等。参数滤波算法包括卡尔曼滤波、扩展卡尔曼滤波(Extended Kalman Filter,EKF)、信息滤波(Information Filter,IF)、扩展信息滤波(Extended Information Filter,EIF)等。这些算法在固定场景下有很高的匹配准确率,但需要大量的数据进行参数的前期学习和总结,对系统的要求较高。

4. 定位融合

自动驾驶的三大工作内容分别是感知、决策和执行。其中,感知中一个很重要的部分是定位,如果没有精确的定位结果,后续的决策和执行就无从谈起。而单一定位技术难以满足现实复杂环境中高精度定位的要求,无法保证车辆定位的稳定性。因此,实际应用中一般不采用单一的定位技术,而是将各种定位技术组合起来使用,取长补短,达到高精度定位需求,这就是定位融合。

定位融合系统使用了多种探测设备,它们具有不同的工作方式,对环境的探测能力也不同,因此需要对各种传感器探测的信息进行融合,把来自具有互补性质的不同信号源的信号合并成一种表达方式,以实现车辆的导航控制,如图 4.32 所示。

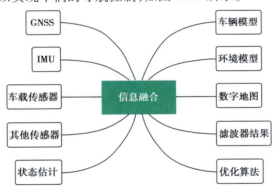

图 4.32　多传感器信息融合

在高架下、高楼旁、隧道、地下车库,以及有大量树荫的场景下,GNSS 的信号受到很大的限制,这时汽车的高精度定位结果主要基于定位融合技术产生。常用的车载定位传感器包括 GNSS、惯性导航、毫米波雷达、激光雷达、超声波雷达、摄像头、高精度地图、转速器等。除传统的惯性导航外,雷达定位和视觉定位是能够与 GNSS 进行定位融合的,是最具应用前景的技术方案。

自动驾驶中的汽车定位要达到安全可靠,需要满足以下四大性能指标:

①精度,即测量值和真实值之间的重合度;

②完好性,即服务不可靠时提出警告的能力;

③连续性,即告知客户系统正常工作的持续能力;

④可用性,即提供符合指标定位服务的百分比;

1)定位融合的分类

信息融合分类如图4.33所示。

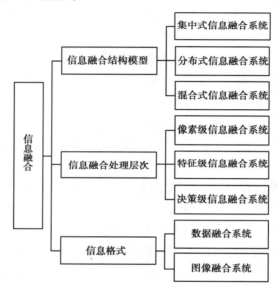

图4.33 信息融合的分类

（1）集中式信息融合系统

在集中式信息融合系统下,每个定位传感器(例如激光雷达、摄像头、GNSS 接收机等)获得的观测数据都不加分析地传送给信息融合中心,在信息融合中心进行数据对准、点迹相关、数据互联、航迹滤波、预测与综合跟踪,一次性地提供信息融合结论输出。这种结构特点是信息损失小,但对通信要求较高,融合中心计算负担重,系统生存能力也较差。

（2）分布式信息融合系统

在分布式信息融合系统下,每个定位传感器(例如雷达、摄像头、GNSS 接收机等)都对原始观测数据进行初步分析处理,做出本地判决结论,然后把这种本地判决、可能存在但又不完全可靠的结论及相关信息,向信息融合中心呈报;然后由信息融合中心在更高层次上集中多方面数据做进一步相关合成处理,获取最终判决结论。相对于集中式融合,分布式融合系统具有造价低、可靠性高、通信量小等特点。

（3）混合式信息融合系统

混合式信息融合系统同时传输检测报告和经过局部节点处理后的航迹信息,它保留了上述两种融合方法的优点,在实际场合往往采用此类结构,但在通信和计算上要付出昂贵的代价。

（4）像素级信息融合系统

像素级信息融合也称为像元级融合或数据集融合,是直接在采集到的原始数据层上进行的融合,是在各种定位传感器(雷达、摄像头、GNSS 接收机等)的原始测报未经预处理之前就进行数据的综合和分析。这是最低层次的融合,如成像传感器中通过对包含若干像素的模糊图像进行图像处理和模式识别来确认目标属性的过程就属于像素级融合系统。

像素级信息融合系统的主要优点是能保持尽可能多的现场数据,提供其他融合层次所不能提供的细微信息。这种融合是在信息的最底层进行的,定位传感器的原始信息的不确定性、不完全性和不稳定性要求在融合时有较高的纠错处理能力。要求各定位传感器信息之间具有精确到一个像素的校准精度,故要求各定位传感器信息来自同质传感器。像素级融合通常用于多源图像复合、图像分析和理解、同类(同质)雷达波形的直接合成、多传感器遥感信息融合等。

(5)特征级信息融合系统

特征级信息融合系统属于中间层次,它先从来自定位传感器的原始数据中提取特征信息,一般来说,提取的特征信息应是像素信息的充分表示量或充分统计量,比如特征信息可以使目标的边缘、方向、速度、区域和距离等,然后按特征信息对定位传感器进行分类、汇集和综合。特征级融合可以划分为两大类:目标状态数据融合和目标特性融合。

特征级信息融合系统的优点在于可实现客观地信息压缩,有利于实时处理,并且由于所提取的特征直接与决策分析有关,因此融合结果能最大限度地给出决策分析所需要的特征信息。

目标状态数据融合主要用于多传感器目标的跟踪领域,融合系统首先对定位传感器的数据进行预处理以完成数据配准,数据配准之后,融合处理主要实现参数相关和状态矢量估计。

特征级目标特性融合就是特征层联合识别,具体的融合方法仍是模式识别的相应技术,只是在融合前必须先对特征进行相关处理,把特征矢量分成有意义的组合。

(6)决策级信息融合系统

决策级信息融合是一种高层次融合,融合之前,每种传感器的信号处理装置已完成决策或分类任务。信息融入只是根据一定的准则和决策的可信度做最优决策,以便具有良好的实时性和容错性,在一种或几种传感器失效时也能工作。决策级融合的结果是为控制决策提供依据。因此,决策级融合必须从具体决策问题的需求出发,充分利用特征级融合所提取的测量对象的各类特征信息,采用适当的融合技术来实现。

决策级融合是直接针对具体决策目标的,融合结果直接影响决策水平。决策级融合的主要优点:具有很高的灵活性;系统对信息传送的带宽要求较低;能有效地反映环境或目标各个侧面的不同类型信息;当一个或几个传感器出现错误时,通过适当的融合,系统还能获得正确的结果,容错性较好;通信量较小,抗干扰能力强;对传感器的依赖性小,传感器可以是同质的,也可以是异质的;融合中心处理代价低;决策级融合首先要对原传感器信息进行预处理以获得各自的判定结果,预处理代价高。

(7)数据融合系统

数据融合是利用计算机技术对时序获得的若干感知数据,在一定准则下加以分析、综合,以完成所需决策和评估任务而进行的数据处理过程。数据融合的实质是针对多维数据进行关联或综合分析,进而选取适当的融合模式和处理算法,用以提高数据的质量。

（8）图像融合系统

图像融合是将两张或两张以上的图像信息融合到一张图像上，使融合的图像含有更多的信息，更方便观察或者计算机处理。图像融合的信息形式是包含明暗、色彩、温度、距离以及其他的景物特征的图像。这些图像可以以一幅或者一列的形式给出。图像融合的目标是在实际应用目标下将相关信息最大合并，减少输出的不确定度和冗余度。图像融合的优点很明显，它能扩大图像所含有的时间空间信息，减少不确定性，增加可靠性，改进系统的鲁棒性能。

2）定位融合的算法

多个定位传感器的使用会使系统需要处理的信息量大增，这其中甚至有相互矛盾的信息。如何保证系统快速处理数据，过滤无用、错误的信息，从而保证系统最终做出及时、正确的决策十分关键。这就需要定位融合的算法，定位融合的算法是定位融合的核心。常用的定位融合算法有贝叶斯估计法、卡尔曼滤波法、证据理论法、模糊逻辑法、神经网络法等。

4.1.3　SLAM 技术

同步定位与地图构建（Simultanecous Localization and Mapping，SLAM），是指搭载特定传感器的主体，提取并组合未知环境信息，在移动的同时完成环境地图的构建并不断对自身的位姿进行修正的过程。如果传感器为激光雷达，则为"激光 SLAM"；如果传感器是相机，则为"视觉 SLAM"。其中激光 SLAM 根据使用的激光雷达不同又分为二维激光 SLAM 和三维激光 SLAM；视觉 SLAM 根据摄像头的类型和数目不同可以分为单目视觉 SLAM、双目视觉 SLAM、和 RGB-D SLAM；融合类 SLAM 主要包括视觉、激光雷达、IMU 等不同组合构成的 SLAM 系统。SLAM 的核心问题是要求机器人在一个陌生环境中探索环境从而了解环境并构建地图，同步运用地图追踪主体在该环境中的位置完成定位。

SLAM 问题的解决方法主要可分为两大类。

一类是基于概率论的方法，这种方法在过去 30 年中的研究成果很多。其中卡尔曼滤波算法、粒子波算法和极大期望算法等是机器人 SLAM 问题的基本解决方法。基于概率论的方法研究非常广泛，并产生了各种各样的世界地图类型和传感器类型。该领域的研究主要集中在实际环境中或者对机器人最终目标的仿真中，以及对移动机器人的导航功能和地图构建系统中。该领域的研究产生了许多 SLAM 方法，它们能够满足大环境中各种假设条件下的功能需求。典型的假设条件是机器人所处的环境是静止不变的，并且机器人装备了足够精确的传感器。因此，这些方法大多需要配备满足工程实用性的传感器装置，以及高性能的计算能力。近几年来，距离信息主要通过立体图像传感器计算出来，并且已经成功地应用在 SLAM 问题中，但是这种方法需要极其复杂的尺度不变性转换（SIFT）管理。

另一类是利用生物神经激励系统的方法。该研究领域则侧重于模拟动物的地图构建和导航系统。研究最多的动物是啮类动物，通过研究啮类动物的海马神经来解决三维空间的导航问题。虽然这个领域还存在很多质疑，但是就鼠类导航活动中海马神经活动的特点已经达成一致观点。这个领域现在的研究方向主要是验证和改进大脑功能模型，而不是关注实际机器人的导航系统。目前,只有很少一部分模型应用于实际机器人系统中,并且限于小型人工环境中。尽管如此,在不采用昂贵传感器和复杂概率算法的条件下,这种利用生物神经激励系统的方法提供了解决 SLAM 问题的新思路。

1. SLAM 的发展历史和现状

SLAM 最早在机器人领域提出,它指的是机器人从未知环境的未知地点出发,在运动过程中通过重复观测到的环境特征定位自身位置和姿态,再根据自身位置构建周围环境的增量式地图,从而达到同时定位和地图构建的目的。由于 SLAM 的重要学术价值和应用价值,一直以来都被认为是实现全自主移动机器人的关键技术。

通俗来讲,SLAM 回答两个问题:"我在哪儿?""我周围是什么?"就如同人到了一个陌生环境一样,SLAM 试图要解决的就是恢复观察者自身和周围环境的相对空间关系。"我在哪儿?"对应的就是定位问题,而"我周围是什么?"对应的就是构建地图问题,给出周围环境的一个描述。回答了这两个问题,其实就完成了对自身和周边环境的空间认知。有了这个基础,就可以进行路径规划去到要去的目的地,在此过程中还需要及时地检测躲避遇到的障碍物,保证运行安全。

定位、定向、测速、授时是人们惆怅千年都未能完全解决的问题。最早的时候,古人只能靠夜观天象和司南来做简单的定向,直至元代,出于对定位的需求,中国人发明了令人叹为观止的牵星术,用牵星板测量星星实现纬度估计。1964 年美国投入使用 GPS,突然就打破了大家的游戏规则。军用的 P 码可以达到 $1\sim2$ m 级精度,开放给大众使用的 CA 码也能够实现 $5\sim10$ m 级的精度。后来大家一方面为了突破 P 码封锁,另一方面为了追求更高的定位定姿精度,想出了很多十分具有创意的想法来提升 GPS 的精度。利用 RTK 的实时相位差分技术,甚至能实现厘米级的定位精度,基本上解决了室外的定位和定姿问题。但室内这个问题就难办多了,为了实现室内的定位定姿,一大批技术不断涌现,其中,SLAM 技术逐渐脱颖而出。

从 20 世纪 80 年代 SLAM 概念提出到现在,SLAM 技术已经走过了 30 多年的历史。SLAM 系统使用的传感器在不断拓展,从早期的声呐,到后来的 2D/3D 激光雷达,再到单目、双目、RGBD、ToF 等各种相机,以及与惯性测量单元 IMU 等传感器的融合;SLAM 的算法也从开始的基于滤波器的方法(EKF、PF 等)向基于优化的方法转变,技术框架也从开始的单一线程向多线程演进。

目前 SLAM 技术已进入了多个行业,包括机器人、无人驾驶、AR/VR 以及 AGV 等多领域。

随着 SLAM 技术重要性的凸显,国内越来越多企业纷纷投入 SLAM 技术的研发中,除了一些移动机器人厂商作为自用研发,也不乏一些企业专门提供定位导航模块。思岚科技就是其中一家,作为机器人定位导航技术的领先企业,思岚科技主要以激光 SLAM 取胜。它是我国最早将激光 SLAM 应用于服务机器人的企业,为了帮助机器人实现自主行走,思岚科技推出了模块化自主定位导航解决方案 SLAMWARE,这套定位导航方案以激光雷达作为核心传感器,搭配定位导航控制核心 SLAMWARE Core,可使机器人实现自主定位导航、自动建图、路径规划与自动避障等功能。据了解,该开发套装具有 12 m 家用版及 25 m 商用版之分,主要区别在于传感器测距范围的不同,思岚科技商用版除了 25 m 测距外,还推出了首款 TOF 激光雷达,测距半径可达到 40 m,能满足更多更大场景的应用,且抗光干扰能力更胜一筹。在室外 60 Klx 的强光下依旧能实现稳定测距及高精度地图构建。无论是室内还是室外场景,都能轻松完成任务。

除了思岚科技,国内速感科技、布科思、米克力美、高仙、斯坦德等企业也涌入其中,且大多企业以激光 SLAM 为主,毕竟激光 SLAM 是当下最稳定、可靠的定位导航方案,而视觉 SLAM 将是未来主流研究方向,不过未来两者融合也将成为一种趋势,采用多传感器融合能做到取长补短,为市场打造出更好用的定位导航解决方案,进一步推动机器人的智能化进程。

总体来说,目前国内 SLAM 技术无论是在技术层面还是应用层面仍处于发展阶段,未来,随着消费刺激及产业链不断发展,SLAM 技术将会有一片更为广阔的前景。

2. SLAM 的系统架构

SLAM 发展到今天,结构框架已经基本固定,主要包括传感器信息读取、前端里程计、后端非线性优化、回环检测和建图,如图 4.34 所示。

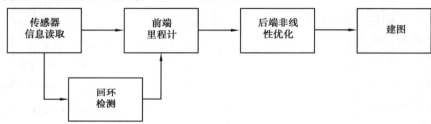

图 4.34　SLAM 系统架构

①传感器信息读取。在激光 SLAM 中,主要为激光点云信息的读取和预处理;在视觉 SLAM 中,主要为摄像头图像信息的读取和预处理。在智能网联汽车的实际运用中,还可能包含车速里程计、惯性传感器等信息的读取和同步。

②前端里程计。实际使用过程中分为激光雷达里程计和视觉里程计,其任务是估算位姿以及建立局部地图等,又称为前端检测。里程计一般包括两方面的信息,即位姿(包括位置和转角)和速度(前进速度和转向速度)。

③后端非线性优化。后端接收不同时刻里程计测量的位姿,以及回环检测的信息,对它们进行优化,得到全局一致的轨迹和地图。由于接在视觉里程计之后,故又称为后端。

④回环检测。回环检测判断车辆是否到达先前的位置。如果检测到回环,就会把信息提供给后端进行处理。

⑤建图。根据估计的轨迹,建立与任务要求对应的地图。

3. SLAM 的地图种类

按照地图的特性,SLAM 地图可以分为栅格地图、拓扑地图、特征地图、点云地图 4 类,如图 4.35 所示。

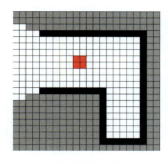

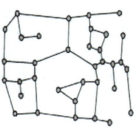

（a）栅格地图　　　　　　　　　　　　　　　（b）拓扑地图

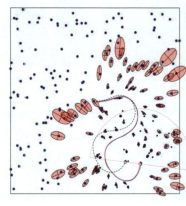
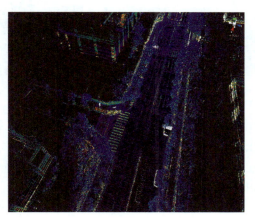

（c）特征地图　　　　　　　　　　　　　　　（d）点云地图

图 4.35　SLAM 地图的种类

①栅格地图。把周围环境分割成大小相等的正方形栅格结构，每个栅格赋予一个表示的属性值，表示栅格被占用的概率和没被占用的概率之间的属性。

②拓扑地图。拓扑地图是一种基于拓扑结构的地图表示方法，节点代表环境的地点或者状态信息，用节点之间的连线表示他们之间的关系。

③特征地图。特征地图是从传感器的感知信息中提取的几何特征，如点、线和面等，并把很多环境特征的集合定义为地图。

④点云地图。点云地图是将密集的点云形成地图，能够反映丰富的环境信息。

4. 激光 SLAM

如图 4.35 所示，激光 SLAM 根据一帧帧连续运动的点云数据，可以从中推断出激光雷达自身的运动以及周围的环境情况。激光 SLAM 根据其所用的激光雷达线束不同可分为2D-激光 SLAM 和 3D-激光 SLAM。通常激光 SLAM 系统通过对不同时刻点云的匹配与对比，计算激光雷达相对运动的距离和姿态的改变，同时也就完成了对智能网联汽车自身的定位。

图 4.36　激光 SLAM

　　激光 SLAM 通常采用二维(2D)激光雷达或三维(3D)激光雷达(也叫作单线激光雷达或多线激光雷达)来进行,因此激光 SLAM 系统可以分为二维激光 SLAM 系统(例如 Gmapping、Hector SLAM、Karto SLAM)和三维激光 SLAM 系统(例如 LOAM、Lego-LOAM、cartographer),以及采用深度学习的激光 SLAM 的系统。

　　激光 SLAM 具有能够准确测量环境中目标点的角度与距离、无预先布置场景、可融合传感器、能在光线较差环境中工作、能够生成便于导航的环境地图等特点,成为目前定位方案中不可或缺的新技术。

　　在 SLAM 过程中,无人驾驶汽车通过激光雷达感知周围环境,并对周围环境进行重建,然后通过观测数据计算无人驾驶汽车当前的位姿,并融合无人驾驶汽车内部里程计、加速度等传感器推算得到的位姿改变,以此对无人驾驶汽车进行精准的定位。与此同时,SLAM 通过无人驾驶汽车的定位信息以及外部传感器在当前时刻的观测信息,对地图进行增量式更新,再通过建好的地图作为先验信息进行下一步的定位与建图,周而复始。

　　激光 SLAM 主要分为定位与建图两个部分,主要解决三个基本问题:第一,环境中信息量如此之大,不可能全部使用,那么该如何从周围环境中提取出有用的信息,也就是特征提取问题;第二,不同时刻观测到的环境信息之间有什么联系,即数据关联问题;第三,如何来描述周围环境,即地图表示问题。

　　图 4.37 为用单线激光雷达建立的二维激光点云地图。在二维激光 SLAM 中,Hector SLAM 采用基于扫描匹配的方法,对传感器要求高,在传感器精度高的情况下定位建图效果较好;Gmapping 采用 RBPF 粒子滤波的方法,是二维激光雷达 SLAM 中使用最广泛的方法;Karto SLAM 采用图优化的方法计算更新雷达的位姿;Cartographer 以子地图为单位,构建全局地图以消除构图过程中产生的累计误差。

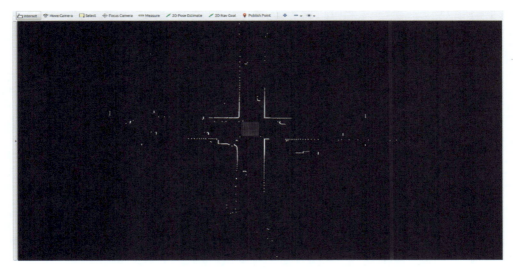

图 4.37　用单线激光雷达建立的二维激光点云图

图 4.38 为用多线激光雷达建立的三维激光点云地图。LOAM 的整体思想就是将复杂的 SLAM 问题分为高频的运动估计和低频(低一个数量级)的环境建图。LOAM 的定位和建图过程是异步进行的,采用一个高频(如 10 Hz)的用于定位的里程计,加上一个低频(如 1 Hz)的建图过程来实现三维激光雷达 SLAM。

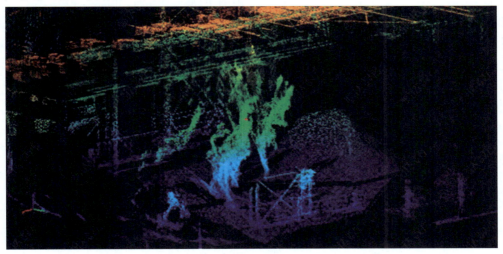

图 4.38　用多线激光雷达建立的三维激光点云图

图 4.39 为 SLAM 系统的控制架构。SLAM 得到一帧激光雷达数据之后,通过前端计算它与前帧数据之间的位姿变换关系,就可以知道车辆的运动里程和当前的位置,因此前端也称为激光里程计。但是在前端这一步中求解位姿会有误差,如果只依靠前端,当车辆绕了一圈回到起点时由于误差累积,前端无法知道车辆已经回到起点,这时候就要通过回环检测来检测当前场景是否已经重复,后端优化的作用是结合前端和回环检测提供的信息校正车辆位姿,最后把优化后的车辆位姿结果和环境信息建立成地图。

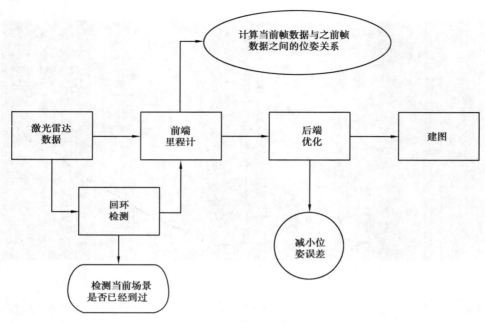

图 4.39 SLAM 系统控制架构

（1）前端

前端的主要任务包括特征提取、数据关联、地图更新三个方面，如图 4.40 所示。要想厘清相邻两帧数据之间的位姿变换关系，就必须根据两帧点云中对环境同一物体的测量差异来计算，因此前端首先需要判断出相邻两帧激光雷达数据中哪些是来自同一物体，并且求解出它们之间的位姿变换关系，这对应了前端算法的第一步特征提取和第二步数据关联，之后就可以完成关联两帧激光雷达数据和它们之间的位姿变换关系更新地图了。

图 4.40 前端架构

特征提取是计算机视觉和图像处理中的一个概念。它是指使用计算机提取图像信息，决定每个图像的点是否属于一个图像特征。特征提取的结果是把图像上的点分为不同子集，这些子集往往属于孤立的点、连续的曲线或连续的区域，如图 4.41 所示。特征提取主要分为两个步骤：区域分割和特征提取。

所谓区域分割，主要是完成特征模式的分类及识别确定，即确定特征属于哪类模式，如直线、圆弧等，并确定属于该特征模式的区域及区域内的激光数据点集。对于每一帧距离数据，首先把激光扫描点分割成不同的区块；如果连续两个扫描点的距离小于一个阈值，这两个扫描点就可以判断属于同一个区块；如果连续两个扫描点的距离大于一个阈值，数据帧就可以从这个地方分开；最后把一帧距离数据分割成若干个区块。分割区块表示为 $R_i(i=1,\cdots,$ Q，其中 Q 是分割的区块数），每一个区块包含 N 个点。扫描点的分布并不是均匀的，通常情况下,离传感器近的扫描点密度大一些,而远离传感器的扫描点密度小一些。进行数据分割时,应采用自适应变阈值分割方法。

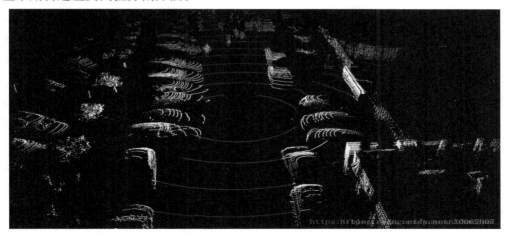

图 4.41　激光雷达区域分割效果(红色为地面,白色为非地面)

　　特征提取,主要是完成各类特征模式参数的确定以及特征点的提取,常见的环境特征有点特征、线特征、弧特征、面特征。激光雷达扫描的数据中,包括以下几个重要特征:撕裂点、角点、直线、曲线、断点等,如图 4.42 所示。

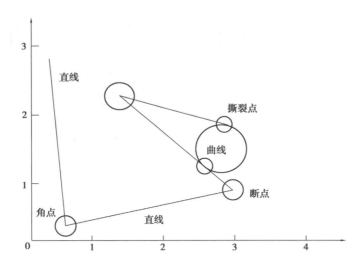

图 4.42　特征点

　　区域分割实际上就已经找到了数据中的撕裂点。折线也可以当成一个特征,是直线加角构成的特征。直线作为一个很关键的特征在很多应用中都是提取的关键,鉴于折线是普遍存在的,那么角点的检测同样是一个难以回避的问题。因此先提取角点,然后将所有折线都打断成直线和角点。假设只有一条折线,只有单个角点,那么可以采用多边形拟合方式确定角点的位置。首先将区域内的点拟合成一条直线,然后找出距离直线最远的点,如果这个距离大于某个阈值,则可以认为是折线,而该点就是折线的分割点,否则就是一条直线。当某个区域有多个角点时,就需要采用迭代或者递归的方式,不断地寻找角点并拆分成两段,循环进行,直到每个区域都不存在角点。如果区域不存在角点,并且点数据比较大,就一般认为都是直线。直线拟合的原理比较简单,实际上就是一个最小二乘法,或者为了提高拟合的精度可以采用加权的最小二乘法。

SLAM 中的数据关联问题是指建立在不同时刻、不同位置,通过传感器获得的观测特征之间和地图特征之间的对应关系,以确定它们是否来源于实际环境中的同一物理实体。在SLAM 中,数据关联的计算复杂度和准确度直接影响系统状态估计的时间消耗度和精确性,对最终建立的地图有着关键性的影响。故适合的数据关联算法在 SLAM 过程中至关重要。

如图 4.43 所示,激光雷达点云数据是由一系列三维空间中的点组成的,点云数据根据其密集程度可以分为稀疏点云和稠密点云,使用激光雷达进行遥感测距得到的点数量比较少,点与点的间距也比较大,属于稀疏点云。点云处理的关键在于点云的配准,其是通过点云构建完整场景的基础。目前常用的配准方法有迭代最近点(Iterative Closest Point ,ICP)算法和正态分布变换(Normal Distribution Transform ,NDT)算法。点云三维重建将点云数据转化为模型,常用的方法有基于 Delaunay 三角剖分的曲面重建与基于区域生长法的曲面重建。

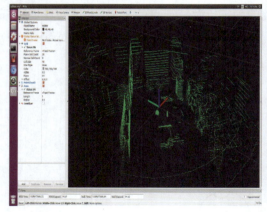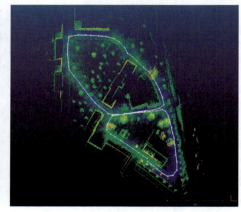

图 4.43　点云数据

在地图创建的初始时刻,由于未对环境进行任何有效的观察,因此可将地图所有栅格的状态初始化为 0.5,若以灰度值[0,255]对应栅格概率(0,1)。如图 4.44 所示,在初始时刻,所有栅格均表示为灰色,黑色的地方为被占据的栅格,白色的地方为未被占据的栅格,灰色的部分则表示未知状态的栅格。在地图更新过程中,系统通过计算,就可以表示出任意时刻下栅格被占据的概率,也能表示栅格未被占据的概率,从而对每个栅格的状态进行更新。以栅格地图为例,在栅格地图中环境被等分为多个栅格,图中栅格地图其中任何一个栅格 S 都有一个数值 $p(s)$ 相关联,以描述格 S 内存在点云的概率,也叫作栅格占据概率。当栅格占据概率大于 0.5,则认为被占据,即该栅格内存在点云;当栅格占据概率等于 0.5,则认为该栅格状态未知;当栅格占据概率小于 0.5,则认为未被占据,即该栅格内不存在点云。

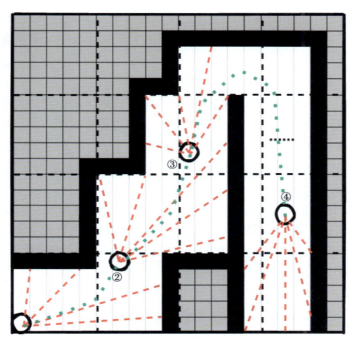

图 4.44　栅格地图

栅格被占据概率与未被占据概率的比值表示为栅格状态,由于每个栅格实际上只可能被占据或是未被占据,所以两者概率值相加为 1。从系统输入可以很容易地得到已更新的栅格状态,再将其还原为栅格占据概率,由此就可以得到更新后的栅格地图。

（2）后端

前端只是把新的一帧与前一个关键帧进行比较,当某一帧的结果有误差时,就会对后面的结果产生累计误差。随着车辆运动轨迹以及时间的增长,车辆位姿估计的误差就会不断增加,后端的作用就是结合前端和回环检测提供的信息消除前面累积的误差并校正车辆位姿,这个过程叫作后端优化。如图 4.52 所示,常用的后端优化方法主要有以下两种:

①基于滤波的方法,例如扩展卡尔曼滤波、粒子滤波。

②基于非线性优化的方法,例如图优化方法。

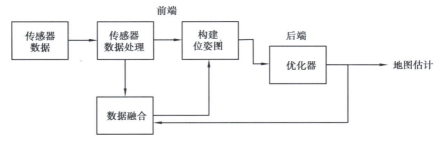

图 4.45　后端架构

通常情况下,图优化方法比滤波方法效率更高,因此现在图优化方法得到越来越多的应用。图优化就是把优化问题表现成图的一种方式。一个有意义的图是由若干个顶点以及连接着这些点的边组成的,在 SLAM 问题中顶点可以是车辆状态或特征点坐标。用边表示约束项,约束项可以是观测方程或是运动方程,对于一个非线性最小二乘问题,可以构建与之对应的图。

（3）回环检测

回环检测又称为闭环检测,是指智能网联汽车能够识别出之前到达过的地方,是地图形成闭环的能力。回环检测之所以能成为一个难点,是因为如果回环检测成功,则可以显著地减小累计误差,帮助车辆更精准、快速地进行规避障碍物导航工作,而错误的检测结果可能使地图变得更糟糕。因此,回环检测在大面积、大场景地图构建上是非常有必要的。

回环检测主要有三种方法:

①帧-帧匹配方法。帧-帧匹配方法存在如下缺点:单帧激光数据信息量小,匹配时有局限性,容易和其他相似度高的数据发生错误匹配。连续帧的激光数据重复部分多,存在很大的冗余性,匹配效率低,在大尺寸地图中匹配虚度缓慢。

②帧-图匹配方法。帧-图匹配方法可适当提高匹配效率,但依然无法解决单一激光数据匹配时的局限问题。

③图-图匹配方法。在图-图匹配方法中多帧激光数据构成局部地图后与子地图匹配,构建局部地图能够除去连续帧之间冗余的信息,使图-图匹配时要计算的栅格数比帧-图匹配方法更少,可以提高匹配效率,由于子地图中包含多帧观测数据,信息量比单帧数据丰富,因此能够避免闭环误差。

5. 视觉 SLAM

只利用摄像头外部感知传感器的 SLAM 称为视觉 SLAM(即 VSLAM)。视觉 SLAM 技术经过多年的发展,其基本流程目前已经趋于稳定。经典的视觉 SLAM 系统一般包括前端视觉里程计、后端非线性优化、回环检测和建图 4 个主要部分,如图 4.46 所示。前端视觉里程计根据传感器输入的数据,实时地跟踪和估计摄像头的位姿,后端非线性优化则对地图进行局部或全局的优化,并进行回路闭合,消除误差累计,最后系统实时地输出每个时刻车辆的位姿和三维地图。

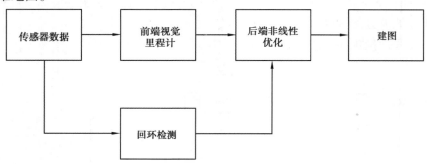

图 4.46 视觉 SLAM 结构

相机以一定的速率采集图像并形成视频。其分类有单目摄像头、双目摄像头、深度摄像头、鱼眼全景摄像头等,如图 4.47 所示。各类摄像头的主要区别为是否有深度信息,如单目摄像头没有深度,必须通过移动摄像头产生深度;双目摄像头通过视差计算深度;深度摄像头通过物理方法测量深度。

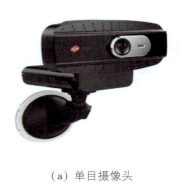

（a）单目摄像头　　　　　　　　　　（b）双目摄像头

（c）深度摄像头　　　　　　　　　　（d）鱼眼全景摄像头

图 4.47　摄像头

摄像头能够将三维空间的信息变成一张二维的照片，用一个数学模型描述，也就是摄像头模型，即景物通过摄像头光轴中心点投射到成像品平面上的摄像头模型，称为针孔模型或者小孔模型，是最简单的摄像头模型。

如图 4.48 所示，针孔摄像头模型存在 4 个坐标系：世界坐标系、摄像头坐标系、图像物理坐标系和图像像素坐标系。假设现实世界空间点的世界坐标系坐标为 $P_W(X_W, Y_W, Z_W)$，对应的摄像头坐标系坐标为 $P_c(X_c, Y_c, Z_c)$，对应的图像物理坐标系的坐标为 $P'(X', Y')$，对应的图像像素坐标系的坐标为 $P(u, v)$。f 为焦距（物理成像平面到光心 O 的距离）。

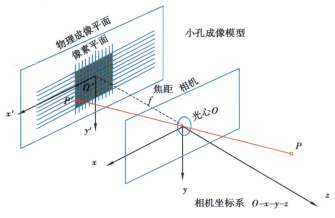
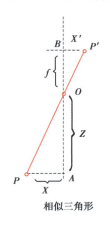

图 4.48　针孔摄像头模型

视觉 SLAM 的特点如图 4.49 所示。

图 4.49　视觉 SLAM 特点

单目相机 SLAM 仅用一个摄像头就能完成 SLAM。其最大的优点是传感器简单且成本低廉,缺点是不能确切地得到深度信息。一方面是由于绝对深度未知,单目 SLAM 不能得到目标运动轨迹和地图的真实大小,如果把轨迹和房间同时放大两倍,单目得到的图像跟没放大前一样。因此,单目 SALM 只能估计一个相对深度;另一方面,单目相机无法依靠一张图像获得图像中物体与自己的相对距离。为了估计这个相对深度,单目 SLAM 要靠运动中的三角测量,来求解相机运动并估算像素的空间位置。也就是说,它的轨迹和地图只有在相机运动之后才能收敛,如果相机不进行运动,就无法得知像素的位置。单目 SLAM 不受空间大小的影响,因此既可以用于室内,又可以用于室外。

双目相机和深度相机的目的在于通过某种手段测量物体与我们的距离,克服单目相机无法知道距离的缺点。若知道了距离,场景的三维结构就可以通过单个图像恢复出来,消除了尺度不确定性。尽管都是为测量距离,双目相机与深度相机测量深度的原理是不一样的。

双目相机由两个单相机组成,但这两个相机之间的距离(基线)是已知的,通过这个基线来估计每个像素的空间位置。计算机上的双目相机需要大量的计算才能估计每一个像素点的深度。双目相机测量到的深度范围与基线相关,基线距离越大,能够测量到的深度范围就越大,所以无人汽车上搭载的双目通常会较大。双目相机的距离估计是通过比较左右的图像获得的,并不依赖其他传感设备,所以它既可以应用在室内,也可应用于室外。

双目或多目相机的缺点是配置与标定较为复杂,其深度量程和精度受双目的基线与分辨率限制,而且视差的计算非常消耗计算资源,需要使用 GPU 和高速数据采集系统(FPGA)加速后,才能实时输出整张图像的距离信息。

深度相机的最大特点是可以通过红外结构光或 TOF 原理,直接测出图像中各像素与相机的距离。因此,它能够比传统相机提供更丰富的信息,也不必像单目或双目相机那样费时费力地计算深度。深度相机主要用于室内 SLAM,室外则较难应用。

视觉 SLAM 的框架由视觉传感器数据、前端视觉里程计、后端非线性优化、回环检测和建图构成。

①视觉传感器数据。视觉 SLAM 的主要内容为相机图像信息的读取和预处理。如果在机器人中,还可能有码盘、惯性传感器等信息的读取和同步。

②前端视觉里程计。前端视觉里程计的任务是估算相邻图像间相机的运动以及局部地图的样子,最简单的是两张图像之间的运动关系。计算机是通过图像确定相机运动的。在图像上,我们只能看到一个个像素,它们是某些空间点在相机的成像平面投影的结果。所以必须先了解相机跟空间点的几何关系。前端视觉里程计能够通过相邻帧间的图像估计相机运动,并恢复场景的空间结构。被称为里程计是因为它只计算相邻时刻的运动,而和过去的

信息没有关联。相邻时刻运动串联起来,就构成了无人驾驶汽车的运动轨迹,从而解决了定位问题。另外,根据每一时刻的相机位置,可计算出各像素对应的空间点的位置,从而得到地图。

③后端非线性优化。后端非线性优化主要是处理 SLAM 过程中噪声的问题。任何传感器都有噪声,所以,除了要处理"如何从图像中估计出相机运动",还要关心这个估计带有多大的噪声。前端给后端提供待优化的数据,以及这些数据的初始值,而后端在整体的优化过程中得到全局一致的轨迹和地图。它往往面对的只有数据,不必关心这些数据来自哪里。在视觉 SLAM 中,前端和计算机视觉研究领域更为相关,例如图像的特征提取与匹配等,后端则主要是滤波和非线性优化算法。

④回环检测。回环检测也可以称为闭环检测,是指无人驾驶汽车识别曾到达场景的能力。如果检测到回环,它会把信息提供给后端进行处理。回环检测实质上是一种检测观测数据相似性的算法。对于视觉 SLAM,多数系统采用目前较为成熟的词袋模型(Bag of Words,BoW)。词袋模型把图像中的视觉特征聚类,然后建立词典,进而寻找每个图中含有哪些"单词"。也有研究者使用传统模式识别的方法,把回环检测建构成一个分类问题,训练分类器进行分类。

⑤建图。建图主要是根据估计的轨迹,建立与任务要求对应的地图。地图是对环境的描述,但这个描述并不是固定的,需要视视觉 SLAM 的应用而定。地图的表示主要有 2D 栅格地图、2D 拓扑地图、3D 点云地图和 3D 网格地图,构建地图的种类如图 4.50 所示。

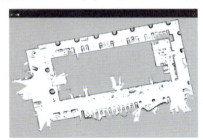

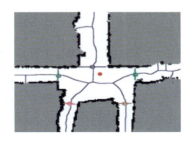

（a）2D 栅格地图　　　　　　　　　（b）2D 拓扑地图

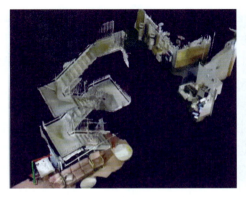

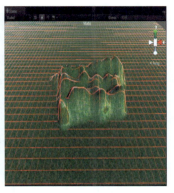

（c）3D 点云地图　　　　　　　　　（d）3D 网格地图

图 4.50　构建地图的种类

大多数视觉 SLAM 系统的工作方式是通过连续的相机帧,跟踪设置关键点,以三角算法定位其 3D 位置,同时使用此信息来逼近推测相机自己的姿态。简单来说,这些系统的目标是绘制与自身位置相关的环境地图。这个地图可以用于无人驾驶汽车在该环境中的导航。与其他形式的 SLAM 技术不同,只需要一个 3D 视觉摄像头就可以做到这点。通过跟踪摄像头视频帧中足够数量的关键点,可以快速了解传感器方向和周围物理环境结构。所以视觉 SLAM 系统都在不断地工作,以使重新投影误差或投影点与实际之间的差异最小化,一般通过一种称为 Bundle Adjustment(BA)的算法解决。视觉 SLAM 系统需要实时操作,这涉及大量的运算,因此映射数据和位置数据经常分别进行运算,但同时进行,便于在最终合并之前加快处理速度。视觉 SLAM 主要用于 GPS 缺失场景下的长时间定位,例如:室内、楼房中;补偿行驶过程中 GPS 信号不稳定造成的定位跳跃,如山洞高楼群、野外山区等。

6. 激光 SLAM 和视觉 SLAM 的区别

(1)成本

激光雷达普遍价格较高,但目前也有低成本激光雷达的解决方案,而视觉 SLAM 主要是通过摄像头来采集数据信息,与激光雷达对比,摄像头的成本显然要低很多。但是激光雷达能更高精度地测量出障碍点的角度和距离,方便定位导航。

(2)应用场景

视觉 SLAM 的应用场景要丰富很多。视觉 SLAM 在室内外环境下均能开展工作,但是对光线的依赖程度高,在暗处或者一些无纹理区域是无法进行工作的。而激光 SLAM 目前主要被应用在室内,用来进行地图构建和导航工作。

(3)地图精度

激光 SLAM 在构建地图时,精度比较高,构建的地图精度可达 2 cm 左右;在视觉 SALM 上的深度摄像机的测距为 3～12 cm,地图构建精度约 3 cm。所以激光 SLAM 的地图精度一般来说比视觉 SLAM 高,且能够直接用于定位导航。

(4)易用性

激光 SLAM 和基于深度相机的视觉 SLAM 均是通过直接获取环境中的点云数据,根据生成的点云数据,测算哪里有障碍物和障碍物的距离。但是基于单目、双目和鱼眼摄像机的视觉 SLAM,则不能直接获得环境中的点云,而是形成灰色或彩色的图像,需要不断通过移动自身的位置,通过提取和匹配特征点,利用三角测距的方法测算出障碍物的距离。

激光 SLAM 相对更为成熟,也是目前最为可靠的定位导航方案;而视觉 SLAM 仍是今后研究的主流方向之一,但是在未来,两者融合是必然的趋势。

7. SLAM 应用实例

目前,SLAM(即时定位与地图构建)技术主要被运用于无人机、无人驾驶、机器人、AR、智能家居等领域,从各应用场景入手,促进消费升级。

(1)机器人

激光 SLAM 是目前机器人自主定位导航所使用的主流技术。激光测距相比较于图像和超声波测距,具有良好的指向性和高度聚焦性,是目前最可靠、稳定的定位技术。激光雷达传感器获取地图信息,构建地图,实现路径规划与导航。

SLAM 机器人如图 4.51 所示。

图 4.51　SLAM 机器人

（2）无人驾驶

无人驾驶是近年来较火的话题之一，Google、Uber、百度等企业都在加速研发无人驾驶相关技术，抢占先机。随着城市物联网和智能系统的完善，无人驾驶必是大势所趋。无人驾驶利用激光雷达传感器（Velodyne、IBEO 等）作为工具，获取地图数据，并构建地图，规避路程中遇到的障碍物，实现路径规划。跟 SLAM 技术在机器人领域的应用类似，只是相较于 SLAM 在机器人中的应用，无人驾驶的雷达要求和成本要明显高于机器人。

SLAM 无人驾驶汽车如图 4.52 所示。

图 4.52　SLAM 无人驾驶汽车

（3）无人机

如图4.52所示，无人机在飞行的过程中需要知道哪里有障碍物，该怎么规避，怎么重新规划路线。显然，这是SLAM技术的应用。但无人机飞行的范围较大，对精度的要求不高，市面上其他的一些光流、超声波传感器可以作为辅助。

图4.53　无人机

（4）AR

AR通过计算机技术，将虚拟的信息应用到真实世界，真实的环境和虚拟的物体实时地叠加到了同一个画面或空间，如图4.54所示。这一画面的实现，离不开SLAM技术的实时定位。虽然在AR行业有很多可代替技术，但是，SLAM技术是最理想的定位导航技术。

图4.54　VR

4.2 法规、标准

4.2.1 智能网联汽车法律法规

智能网联汽车的发展应用如火如荼,作为其核心功能的自动驾驶技术,更是研发的重点。未来智能网联汽车的广泛普及已是大势所趋。在伴随着传感器技术、人工智能、大数据、5G 技术的发展,智能网联汽车呈现出智能化、网络化、平台化发展特征,逐渐转变为智能移动空间和应用终端,成为新型业态重要载体。

新技术会对以自然人为中心所建构的法律体系带来一定的挑战,以《中华人民共和国道路交通安全法》和《中华人民共和国民法典》为主。自动驾驶车辆相比传统车辆的优势在于驾驶员的准入门槛将会大幅降低,已有的驾驶证申领等制度已无法完全适用于自动驾驶车辆,应当根据智能化程度的不同降低驾驶员的能力要求。虽然自动驾驶系统这类人工智能机器取代驾驶员可以大幅消减道路交通危险行为,带来显著的社会经济效益,但其特性亦是把双刃剑。无论是机动车交通侵权责任还是产品责任,都不足以有效全面公平地规制自动驾驶车辆引发的交通事故。

此外,智能网联汽车还可能引发严重的隐私危机。万物互联时代,智能网联汽车也是一个强大的数据处理终端,为了保证行驶安全同时实现系统的"深度再学习",智能网联汽车必须不断地收集各类数据,这其中包括使用者的个人信息数据,甚至涵盖行人其他车辆的数据,这对用户的隐私保护造成巨大挑战,传统隐私保护法律框架显得捉襟见肘。

智能网联汽车带来的还有人车关系的探讨,随着自动驾驶技术水平的提高,人将不在作为操控汽车的主体,一切都将交给汽车的智能化系统进行车辆管控,那么人与车的关系就需要法律进行重新定义,同时其所带来的问题也需要法律来规定。

1. 国内外目前的法律现状

近年来,随着人工智能的不断发展,关于智能网联汽车的相关法律政策也正在逐步完善。下面分别介绍国内和国外的相关法律政策。

(1)国外法律法规现状

美国关于智能网联汽车的研究与立法都是走在世界前列的。其最早在 2012 年,加州、佛罗里达州、内华达州就在法律层面上允许自动驾驶汽车进行上路测试。之后美国的其他州也因地制宜颁布了相关法律政策。其法律政策规定只要车主开启了自动驾驶功能,不管有没有坐在车内驾驶,如若发生交通事故,都需要承担一定的法律责任。通过改装或植入方式将自动驾驶装入其他厂商生产的汽车时,原厂商将不承担法律责任。规定车辆必须配备易于终止自动驾驶技术的装置,能够在自动驾驶失效且无人接管时,使车辆自动停止运行。在隐私方面,需要厂商出具相关文件告知用户需要收集哪些信息,收集到的信息将做何使用。2020 年 1 月,美国已正式发布自动驾驶 4.0 计划,旨在确保美国在自动驾驶领域的技术领先地位。

欧洲于 2015 年发布了《欧洲自动驾驶智能系统技术路线》,提出了欧洲自动驾驶发展战略。2016 年修订了《维也纳道路交通公约》,其内容明确了只要车辆符合技术标准就可以将车辆的驾驶权交付给自动驾驶系统,公约的修订为自动驾驶汽车上路提供了法律依据,相当于提供了一个市场准入规则。德国、英国也相继制修订法律,鼓励自动驾驶汽车发展。

2019 年日本通过了《道路运输车辆法》修正案,清除自动驾驶道路测试障碍。在韩国,自动驾驶已成为国家战略,2020 年初韩国国土交通部发布《自动驾驶汽车安全标准》,针对自动驾驶汽车的部分功能提出有条件自动驾驶车(L3 级)安全标准,韩国也由此成为全球首个为 L3 自动驾驶制定安全标准并制定商用化标准的国家。此外,新加坡、荷兰、瑞典等也在积极推动自动驾驶相关立法工作。

(2)我国法律现状

我国在发布的《中国制造 2025》中,将汽车智能制造写进了这个纲领性文件中,创新与发展是我国智能制造的时代要求。2017 年 4 月 25 日,工业和信息化部、国家发展和改革委员会与科技部联合发布了《汽车产业中长期发展规划》,将“智能网联汽车”作为八大重点工程之一。2017 年 12 月 15 日《北京市关于加快推进自动驾驶车辆道路测试有关工作的指导意见(试行)》《北京市自动驾驶车辆道路测试管理实施细则(试行)》公布,这是我国相关政府部门第一次对无人驾驶汽车道路测试提出详细要求,其中也对自动驾驶汽车的分类定义了不同等级,对之后事故保险的推行等都有一定的促进作用。上海、重庆也陆续发布了当地的测试实施细则。工业和信息化部、公安部、交通运输部在 2021 年 7 月 27 日颁布了《智能网联汽车道路测试与示范应用管理规范(试行)》,并于 2021 年 9 月 1 日起施行,旨在加快制造强国、科技强国、网络强国、交通强国建设,推动汽车智能化、网联化技术应用和产业发展,规范智能网联汽车道路测试与示范应用。杭州市 2018 年 7 月 16 日颁布、8 月 20 日起施行的《杭州市智能网联车辆道路测试管理实施细则(试行)》中的内容与上海市的规定几乎完全相同,其他城市如长沙市、济南市、肇庆市等均对国务院部委的规定也制定了实施细则。

2020 年 2 月,由国家发展和改革委员会牵头的 11 个部委出台了《智能汽车创新发展战略》,在战略愿景中提出:“到 2025 年,中国标准智能汽车的技术创新、产业生态、基础设施、法规标准、产品监管和网络安全体系基本形成。实现有条件自动驾驶的智能汽车达到规模化生产,实现高度自动驾驶的智能汽车在特定环境下市场化应用。”这一文件对推动今后我国智能网联汽车发展具有重要意义。

2. 智能网联汽车的发展对现有法规造成的冲击

对于智能网联汽车,尽管国内外都推出了新的法律法规,但是仍旧无法完全解决其对法律法规带来的冲击。各国科学家也有不同的看法,目前仍旧处在一个争执不下的阶段。

在《中华人民共和国道路安全交通法》层面,依靠自动驾驶车的智能网联汽车还未获得法律的认可,即智能网联汽车的驾驶主体还是人,无人驾驶没有取得相应的法律地位。即使各地政府对自动驾驶车辆都有出台相关的有利于无人驾驶汽车发展的政策,但仍旧不能改变自动驾驶汽车无法在所有路段行驶的状况,只有部分地区划归出一些路段供无人驾驶运行,提供研究所需的必要性运行试验。同时,智能网联汽车相比传统车辆,其对驾驶员的准入门槛将会大幅降低,现有的驾驶证申领等制度已无法完全适用于智能网联汽车,而应当根据其智能化程度的不同对驾驶员有不同的要求,在这一方面,我国的法规仍旧需要继续完善。同时,对于智能网联汽车的维修检查、使用年限、最高行驶里程等一系列情况是否还应沿用以前的标准,还需要根据智能网联汽车的特殊情况重新制定新标准。

关于自动驾驶的法律地位,也存在着很大的争议,目前主要有3种说法,如图4.55所示。

一种是肯定说,即认为自动驾驶系统应当拥有完全独立的法律主体地位,随着人工智能技术的快速发展与不断进步,自动驾驶系统将会拥有自主性和独立性,且其潜在的商业价值和社会效益,将使其在社会中的作用变得日益重要。一种是否定说,即认为自动驾驶系统只是人类使用的一种工具,无论技术如何发展都不应当具备独立的法律人格,只能将自动驾驶系统认定为民法中的权利客体。还有一种是折中说,认为法律应当认可自动驾驶系统的部分人格,使其拥有一定范围的自主权,享有部分权利和义务,并需要对其制定特殊的法律规制标准。

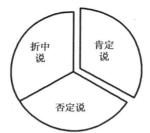

图4.55　智能网联汽车法律地位

在智能网联汽车牌照方面,因为目前的自动驾驶技术还不够成熟,所以智能网联汽车处于一个测试研发阶段,而汽车的牌照就限定了只能在当地使用,从而产生了一定的地域隔阂,若要去外地驾驶,还需要重新申领牌照,这将不利于智能网联汽车的发展,且增加了额外成本。

还有智能网联汽车难以确定责任主体的问题。当智能网联汽车发生交通事故,具体该如何明确责任主体。根据工业和信息化部发布的《汽车驾驶自动化分级》(GB/T 40429—2021)推荐性国家标准,我国将驾驶自动化分为6个等级,即0~5级。随着等级越高,人在驾驶中的参与成分就越少,4级与5级是真正意义上的无人驾驶。而这时候,我们也应该思考,如果智能网联汽车发生了交通事故,那么该依据什么进行事故责任确定,是仍旧判定驾驶员为责任主体,还是判定驾驶员、零部件供应商等团体为事故责任主体?这需要法律进行具体责任划分规定,使得将来的事故判定有法可依。并且随着自动驾驶的等级不同,事故责任主体的划分是否也需要改进?因为随着智能驾驶等级越高,人参与的成分就越少,所以发生交通事故时,按照智能驾驶等级不同从而施行不同的交通事故处理办法是否更能保护人民群众的切身利益,更有利于促进法制社会的实现。

隐私保护政策的完善也是智能网联汽车存在的一个问题。智能网联汽车的特点就是智能化与网联化,二者都会收集驾驶者的私人数据和其他车辆的数据,那么就会涉及驾驶者的隐私情况,如出行记录、个人信息等。传统的隐私保护政策不能完全适应这种情况,将会对其造成巨大冲击,如这些信息到底属于车主还是属于汽车生产厂家?厂家具体又该如何使用用户的个人隐私数据?所以,亟须根据智能网联汽车的特点,制定出能更完善保护群众利益的法律政策,以防隐私泄露带来隐患。

智能网联汽车保险政策还不完善。当下机动车发生事故,保险公司很容易运用成熟的保险制度体系进行精准的计算并进行保险理赔、风险承担和事故概率统计,但是对于自动驾驶汽车的保险理赔,几乎是空白的领域。但若一味引入原有责任保险制度,分散社会风险,由保险人承担赔付责任,自动驾驶汽车又不具备独立责任能力,生产者得以轻松免责,便会加大自动驾驶车辆使用人的负担,不仅显失公平,也会给生产者带来不良的侥幸心理,给自动驾驶汽车的发展造成负面干扰。

3. 智能网联汽车规制的探索

针对前面提到的种种因智能网联汽车带来的规制问题,我们应该努力向前探索,结合国家目前的实际情况,借鉴国外部分先进的法规制度,对智能网联汽车的已经带来或可能带来的隐患进行模拟分析,从而形成更加完善的有利于智能网联汽车不断向前发展的规制。

《中华人民共和国道路交通安全法》中的一部分法律条令已经无法解决现有的交通问题,需要及时对其进行修正与完善,让其能够紧跟时代的步伐,与智慧交通共同前进。对于交通事故责任认定也需要及时完善,对于有自动驾驶能力却没使用的,可按照以前的交通事故处理办法进行处理。但对于使用自动驾驶技术后造成交通事故的状况,就需要重新分析事故发生原因,再根据具体情况判定责任方为哪些人或者团体,不能完全沿用以人为主体的现有交通法规。

设立自动驾驶3级以上的智能网联汽车的准入制度。目前3级的智能驾驶已经比较成熟,4级甚至5级都不再遥远,那么设立3级以上的智能网联汽车进入实际道路运行的制度是十分有必要的,这将会帮助开发商加快完善更高级别的自动驾驶技术,并能根据法律法规对智能驾驶进行调整,使其更符合法律需要,更"遵纪守法"。

4.2.2　智能网联汽车安全标准

说起车辆安全,我们最先想到的就是驾驶安全。驾驶安全就是驾驶汽车过程中预防交通事故的能力以及一旦交通事故发生,汽车对驾驶员与周围环境(包括路人等)的保护能力。世界卫生组织(WHO)的报告指出,每年全球死于交通事故的人数高达125万,相当于每天都有约3 000人死于交通事故,致残与受伤的还未计算在内。而我国每年有超过25万人死于交通事故(高于一般中等收入国家18.5万人的水平,更是高收入国家9.3万人的两倍多)。交通事故致死在全球十大死亡原因中始终占有一席之地。

在我国道路等基础设施安全条件参差不齐的情况下,车辆的安全可靠性处于核心地位。通过总结各类交通事故得到的经验教训,我们可以更好地理解智能汽车需要针对什么样的场景实现什么样的安全功能,从而改善智能驾驶的安全性能。所以说,安全既是设计新一代智能驾驶车辆的起点,又是智能驾驶需要实现的目标。毕竟不论智能网联汽车中的技术有多么先进,功能有多么高级,大众都不会为一个不安全的产品买单。

目前大规模采用的自动驾驶技术均尚处于2级或3级,还远远没有实现5级别的完全无人驾驶。安装了3级别自动驾驶功能的汽车的相对数量仍然很少。从每年的汽车事故死亡人数上也可以得出此结论:即使是在自动驾驶发展迅速的美国,自2008年以来汽车事故致死的人数一直维持在3.5万人左右,并没有因为自动驾驶技术的提升而有明显减少。至少从目前来看,自动驾驶汽车仍有很长的路要走。

1. 功能安全

在驾驶员辅助、车辆推进、动力学控制以及主动和被动安全系统等领域的新功能越来越多地涉及系统安全工程领域。这些功能的开发和集成将加强对安全系统开发过程的需求，并且需要提供满足所有合理系统安全目标的证据。随着技术复杂性、软件和机电一体化实施的趋势，系统故障和随机硬件失效的风险越来越大。面对这一挑战，汽车工业借鉴了IEC标准并提出了汽车功能安全的概念，并于2011年进行了标准化（汽车功能安全标准ISO 26262）。标准规定，如果一个系统不存在由于电子电力系统（E/E系统）失效行为而引发的不合理的风险，则说这个系统是功能安全的。举例来说，由于气囊的错误弹起可导致乘员受到伤害并引发车祸，对气囊开启的控制就属于功能安全的范畴。虽然ISO 26262只涉及E/E系统的功能安全性，但它提供了一个框架，在该框架内可以考虑基于其他技术的安全相关系统。

自动驾驶对系统功能安全的要求主要在两个层面。一是在自动驾驶法规层面，提出了更严格的功能安全要求。联合国自动驾驶框架法规文件提出了系统安全、失效保护响应、系统安全验证等原则要求，明确了L3级及以上智能网联汽车的功能安全设计开发和测试验证要求。在针对L3级自动驾驶功能的R 157自动车道保持系统法规中，进一步提出了对过程文档和测试的要求；相较传统的制动、转向法规，增加了安全管理流程、模拟仿真测试和对评审人员能力的要求。二是在自动驾驶技术层面，提出了更高的功能安全要求。自动驾驶功能日趋复杂，更加依赖电子电气（E/E）系统实现感知、决策和控制，对车辆安全技术的正确性和完整性要求进一步提高。开发过程中，由于自动驾驶系统具有目标和事件探测与响应、最小风险策略、介入请求、人机交互等功能，需要提出更为系统全面的安全目标和功能安全概念需求，系统、硬件和软件设计面临更多冗余、异构、监控的要求。

（1）ISO 26262标准

随着智能汽车中的电子技术日趋复杂，系统失灵和随机硬件失灵的风险也越来越大。功能安全的目的就是全面识别这些风险，并且采取相应的措施将风险消除或控制在可接受范围之内。为此，ISO 26262建议使用危害分析和风险评估的方法来识别这些风险，制定减轻危害的安全目标，并基于系统工程方法严格控制系统生命周期的每一步以确保产品能够达到安全目标的要求。标准的大部分章节分别对应著名的V模型的各个开发阶段，如图4.56所示。

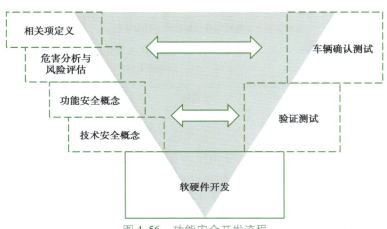

图4.56　功能安全开发流程

ISO 26262 不仅规定了有关安全生命周期的各个阶段和子阶段的要求,也规定了适用于安全生命周期的若干或所有阶段的要求,例如功能安全管理的要求。ISO 26262 将安全生命周期分为三个部分:概念期、产品开发期和生产发布后。每个部分又分为若干阶段和子阶段,如图 4.57 所示。

图 4.57　ISO 26262 总体框图

在功能安全管理阶段,也包括了对安全生命周期的管理。安全生命周期的子阶段包括项目定义、安全生命周期启动、危害分析和风险评估、功能安全概念,系统层面的产品开发、生产、经营维护和报废等。安全生命周期参考模型如图 4.58 所示。

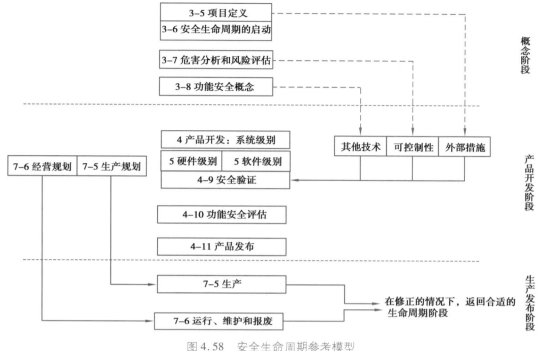

图 4.58　安全生命周期参考模型

下面就安全生命周期各阶段进行简单介绍：

项目定义：这是安全生命周期的开始阶段，对项目功能、接口、环境条件、法律要求、已知危害等进行描述。

安全生命周期启动：在项目定义完成的情况下，通过区分项目是一个新开发还是现有项的修改从而启动安全生命周期。

危害分析和风险评估：这是安全生命周期启动后的下一步。首先需要对危害事件进行暴露率、可控性和严重程度进行评估，这些参数共同决定了危害事件的汽车安全完整性等级。之后确定相关项安全目标，从而将危害事件分配给安全目标。

功能安全概念：以基于安全目标并考虑初步的项目架构假设来建立功能安全概念，其由分配给项目的功能安全需求构成，并且当其他技术与外部措施接口的期望能够被验证时，功能安全概念也能够包括它们在内。

系统层面产品开发：在功能安全概念建立完成后，项目从系统层面基于 V 模型进行开发。

硬件层面产品开发：根据系统设计规范。从硬件层面对项目进行开发，其开发流程也是基于 V 模型。

安全确认：提供产品符合安全目标的证据和功能安全概念适用于项目功能安全性的证据。提供证据证明安全目标在车辆级别的正确性与完整性，并且产品完全实现了安全目标。

功能安全评估：评估该项目实现的功能安全性。

产品发布：认定该产品已能进行批量生产作业。

生产计划和运行计划：在系统层面的开发过程中启动生产和运行计划及其相关要求的

定义。

生产、运行、维护和报废：该阶段涉及了项目的功能安全目标相关的生产过程，即与安全相关的特殊特性和对项目的维护、修理、报废的指导说明的建立和管理，确保项目在生产发布之后的功能安全性。

可控制性：在危害分析与风险评估中，驾驶员或其他受到危害人员对危险情况的控制能力。可控制性与功能安全概念、技术安全概念关于可控制性的假设都需要在安全确认环节进行验证。

外部措施：外部措施指项目外的措施，在相关项目定义中进行了规定，用于减少或减轻来自相关项的风险。外部措施不仅包括附加的车载装置，如动态稳定控制器或防爆轮胎，而且也可包括车辆以外的装置，如防撞栏或隧道消防系统。在安全确认过程中，需要确认在相关项目定义、危害分析和风险评估，功能安全概念和技术安全概念中关于外部措施的假设。外部措施可在危害分析和风险评估过程中考虑，然而，如果可信度来自危害分析和风险评估过程中的外部措施，那么，在功能安全概念中，外部措施不能被认为是一个减少风险的途径。

其他技术：比如机械与液压技术，与 ISO 26262 标准内的电子电气技术不同的技术。在功能安全概念制定与安全需求分配中考虑这些技术。

（2）功能安全评估

与传统的道路车辆功能安全相比，人机共驾模式对危害分析和风险评估中的可控性度量提出了新要求。相比较传统道路车辆关注的失效安全系统，失效可运行的安全机制更多在自动驾驶模式下应用。高复杂、高耦合下的自动驾驶系统，安全需求分解、软硬件度量、安全一致性评估等难度显著增加。网络安全与自动驾驶功能安全相互交叉，增加了系统分析的范围。场景的复杂性和功能的多样性，增加了功能安全验证确认的工作量，提高了对自动驾驶残余风险可接受水平的判定难度。

对智能网联汽车自动驾驶技术来说，其功能评估可以分为 3 个方面。

①对功能安全流程管理进行评估。规范的功能安全流程管理体系可以避免或减少系统性风险，提高开发效率。功能安全流程管理评估的对象主要包括管理、生产运行和支持过程。功能安全流程管理要满足整体功能安全管理、概念阶段和系统开发过程的安全管理、生产发布后的安全管理等要求。生产运行要满足响应的功能安全要求，符合生产过程能力评估、控制措施、现场观察说明等规定。支持过程要满足变更管理、配置管理、文档管理、分布式开发接口、安全要求的定义和管理、软件组件鉴定、硬件要素评估等要求。

②对产品功能安全开发过程进行评估。主要侧重产品安全，评估对象主要包括概念、系统和软硬件阶段的开发活动。概念阶段的核心要求是危害分析与风险评估、功能安全概念设计；分析整车级危害，确认危害事件的汽车安全完整性等级（ASIL），然后通过危害分析和风险评估确定相关项的安全目标，将 ASIL 等级分配给相应的安全目标，设计功能安全要求，并进行分配。系统阶段的核心要求是进行系统架构设计及分析，提出技术安全要求，分配给软硬件接口。硬件阶段的核心要求是硬件安全要求定义、硬件功能安全指标评估，进行硬件安全设计与实现。软件阶段的核心要求是软件安全要求定义和软件架构设计，进行软件安全设计与实现。

③对功能安全系统集成验证确认进行评估。主要侧重对集成验证和确认的评估。集成验证的对象是集成后的自动驾驶系统,目的是提供证据证明系统各个要素正确交互、符合技术和功能安全要求,并为没有可能导致违背安全目标的非预期行为提供足够的置信度水平;测试内容主要包含自动驾驶系统的黑盒测试、仿真测试、边界测试、故障注入、耐久测试等。整车测试的对象是集成了自动驾驶系统的整车,目的是证明集成后整车系统故障造成的非预期风险足够低。确认主要是提供符合整车层面安全目标以及功能安全目标完整性的证据等,是为了证明达成了安全目标,实现了功能安全,并确认自动驾驶系统满足预期的用途,主要基于测试和检查等方式。

2. 预期功能安全

联合国世界车辆法规协调论坛审议通过《自动驾驶汽车框架文件》,旨在针对具有 L3 及更高级别自动驾驶功能的智能网联汽车,确立安全性相关原则。此外,欧盟发布《自动驾驶车辆豁免程序指南》、日本发布《自动驾驶安全技术指南》、新加坡发布《自动驾驶技术参考TR68》,均提出自动驾驶安全原则要求。

标准层面,国际标准化组织道路车辆技术委员会(ISO/TC 22)发布 ISO 26262—2018《道路车辆功能安全》,积极推动 ISO 21448 预期功能安全标准的制定。法规层面,联合国欧洲经济委员会(UNECE)已在 R 13 制动系统、R 79 转向系统、R 131 自动紧急制动系统中引入功能安全要求,并在 R 157 自动车道保持系统中提出功能安全和预期功能安全要求。

通过对比研究功能安全标准 ISO 26262 和预期功能安全标准 ISO 21448 可以发现,二者既有相似之处,又各有侧重,需要协同推进以保障自动驾驶系统的安全性。

道路车辆功能安全是指不存在由电子电气系统的功能异常表现引起的危害,而导致不合理的风险。预期功能安全是指不存在由预期功能或其实现的不足引起的危害而导致不合理的风险。在自动驾驶应用场景下,对功能安全和预期功能安全要求也在发生变化。

功能安全和预期功能安全在侧重点和要求内容上存在较大差别。功能安全主要针对系统性失效和随机硬件失效引起的危害,重点关注的是功能的失效。预期功能安全主要针对因系统功能或其实现的不足导致的危害,而非故障,是对功能安全的有效补充,主要解决因自身设计不足或性能局限在遇到一定的触发条件(如环境干扰或人员误用)时导致的整车行为危害。

3. 信息安全标准

国内外在围绕汽车电子相关网络安全出台的法律政策方面,总体呈现了以汽车联网、自动驾驶等应用场景为目标,引导汽车产业链上各环节加强对安全保障投入的探索模式,部分国家汽车产业组织正在积极研究并发布汽车网络安全相关政策和指南等,为行业提供可实施的规范。

2017 年美国交通部道路安全局发布《联邦自动驾驶系统指南:安全愿景 2.0》,要求厂商采取措施应对网络威胁和漏洞对驾驶辅助系统进行安全评估。

2017 年英国政府发布《智能网联汽车网络安全关键原则》,提出 8 大方面原则,涉及管理层推动、安全风险管理与评估、产品售后服务与应急响应机制、整体安全、系统设计、软件安全管理、数据安全与弹性设计。

2017 年欧洲汽车制造商协发布了一套六项关键原则,以增强对联网汽车和自动驾驶汽车的保护,使其免受网络威胁。

2020 年联合国世界车辆法规协调论坛 UN/WP. 29 发布网络安全和软件更新的法规草案。

1)网络信息安全标准

(1)国外网络信息安全标准

①国际标准化组织发布 SAE J3061、SAE J3101 标准。

②国际标准化组织发布 ISO/SAE 21434、ISO 24089 标准。

③国际电信联盟发布 ITU X. 1373 标准。

④美国国家标准与技术研究院发布 NIST FIPS PUB 140—2、FIPS PUB 140—3 标准。

⑤电气与电子工程师协会发布 IEEE 1609. 2 标准。

⑥德国汽车工业协会发布 A-SPICE for Cybersecurity 标准。

(2)我国网络信息安全标准

①全国汽车标准化技术委员会发布 TC114 标准。

②全国信息标准化技术委员会发布 TC260 标准。

2)数据安全标准

我国数据安全法律体系和标准体系日趋完善。在《中华人民共和国国家安全法》《中华人民共和国网络安全法》等现行法律的基础上,《中华人民共和国数据安全法》于 2021 年 9 月 1 日起正式施行,中央网信办、工业和信息化部等多个部委亦先后出台车联网和智能网联汽车数据安全相关政策法规,进一步明确了数据安全管理制度、数据安全保障能力、数据跨境流动管理的基本原则和制度要求。

(1)我国数据安全法律

我国信息安全法律基础框架主要由三部法律构成,《中华人民共和国网络安全法》《中华人民共和国数据安全法》《中华人民共和国个人信息保护法》,车联网数据安全相关的政策法规和标准规范也处于这三部法律组成的法律框架之下。

《中华人民共和国网络安全法》于 2017 年 6 月 1 日起施行。其中涉及车联网领域的主要包括网络安全等级保护制度、网络关键设备认证检测要求、个人信息和重要数据出境安全评估制度、用户信息保护制度等内容。

《中华人民共和国数据安全法》于 2021 年 9 月 1 日起施行,明确了我国坚持"保障数据安全"与"促进数据开发利用"并重的立法与监管理念,确立了数据分类分级保护,数据安全风险评估、报告,信息共享,监测预警,数据安全应急处置,数据安全审查等制度,为车联网行业数据安全管理机制和保障能力建设提出了明确要求。2021 年 7 月 10 日,国家互联网信息办公室发布《网络安全审查办法(修订草案征求意见稿)》,将数据安全审查纳入网络安全审查制度,并对包括车联网企业在内的数据处理者开展数据跨境传输活动提出了新的要求。

2021 年 4 月,第十三届全国人大常委会第二十八次会议对《个人信息保护法(草案二审稿)》进行了审议,确立了个人信息处理的基本原则,赋予了个人在个人信息处理活动中的多项法定权利,将合同所必需、履行法定职责或法定义务、保护自然人的重大利益、公共利益等纳入个人信息处理的合法基础,明确了处理敏感数据的特定义务,确立了个人信息跨境传输的基本监管模式,车联网企业处理个人信息将面临更为严格的合规要求。

以上三部信息安全立法在与《中华人民共和国民法典》的配合下,将明确个人主体在车联网数据活动中拥有的数据权利和权益保护路径;在与《中华人民共和国密码法》的衔接下,将突出商用密码在车联网数据安全领域的有效应用,并与网络安全等级保护制度和关键信息基础设施安全保护的相关要求紧密结合,共同推进。

(2)我国数据安全政策法规

《汽车数据安全管理若干规定(征求意见稿)》于 2021 年 5 月 12 日由国家互联网信息办公室发布,明确界定了汽车领域运营者、个人信息、重要数据的基本概念,规定了车内处理、匿名化处理、最小保存期限、精度范围适用、默认不收集等 5 项基本原则,并对车联网企业收集处理个人信息、生物特征数据及其他重要数据提出了明确要求。

《智能网联汽车生产企业及产品准入管理指南(试行)》(征求意见稿)于 2021 年 4 月 7 日由工业和信息化部发布,要求智能网联汽车生产企业应当满足企业安全保障能力要求,确立软件升级、网络安全、数据安全的管理制度和保障机制,实施数据分类分级管理并制定重要数据目录。同时要求智能网联汽车产品应当具备数据记录和存储功能,满足相关性能和安全性要求,并达到车辆网络安全测试、软件升级测试、数据存储测试等数据安全相关的准入测试要求。

《关于加强车联网(智能网联汽车)网络安全工作的通知(征求意见稿)》于 2021 年 6 月 22 日由工业和信息化部发布,要求车联网运营企业和智能网联汽车生产企业加强车联网网络安全防护、平台安全防护、保障数据安全、安全漏洞管理。在网络安全方面,要强化车联网网络设施和系统安全、通信安全,落实安全监测预警、安全应急处置和安全防护定级备案;在数据安全方面,要加强数据安全管理,提升数据安全技术保障能力,规范数据开发利用和共享使用,强化数据出境安全管理。

(3)我国数据安全标准规范

在标准体系的顶层设计上,工业和信息化部于 2021 年 6 月 21 日发布了《车联网(智能网联汽车)网络安全标准体系建设指南》(征求意见稿),是在《国家车联网产业标准体系建设指南(智能交通相关)》整体框架基础上,结合车联网网络安全工作实际需求,明确了车联网网络安全标准体系建设的总体要求、建设思路、建设内容、组织实施等内容,提出了车联网领域总体与基础共性、终端与设施安全、网联通信安全、数据安全、应用服务安全、安全保障与支撑六大类标准建设方向。其中,车联网数据安全标准主要规范智能网联汽车、车联网平台、车载应用服务等数据安全和个人信息保护要求,具体包括通用要求、分类分级、出境安全、个人信息保护、应用数据安全等五类标准。

国家标准《信息安全技术网联汽车采集数据的安全要求(草案)》于 2021 年 4 月 28 日由全国信息安全标准化技术委员会秘书处发布。该标准首次在国家标准层面对网联汽车的数据收集、传输、存储、跨境提出要求,包括不得向车外传输车内数据、位置轨迹数据存储不得超过7天、特定类型数据禁止出境等内容。此外,行业标准《车联网信息服务数据安全技术要求》规定了车联网服务过程中数据生命周期内保护的总体要求,包括数据采集、传输、存储、使用、迁移、销毁、备份恢复等方面的安全保护要求;《车联网信息服务用户个人信息保护要求》规定了用户个人信息保护的信息内容分类、敏感性分级和分级保护要求。

4.3　测试评价

4.3.1　智能网联汽车测试概述

1.智能网联汽车测试的意义

科学完善的测试评价体系对提高汽车研发效率、提升用户使用体验、健全技术标准和法律法规、推进产业创新发展至关重要。

智能网联汽车功能任务众多,所需测试项目数量巨大,使智能网联汽车测试评价技术面临巨大挑战。汽车行驶环境还包括许多危险驾驶或极限驾驶工况、特殊驾驶环境、密集车辆、混杂交通、复杂地形及道路结构,在道路或场地测试中很难甚至不可能遇到或复现。世界最负盛名的决策咨询机构兰德公司对需要驾驶多少英里才能展示自动驾驶车辆的可靠性得出的关键结论:自动驾驶汽车需要行驶数十或数百亿英里才能验证其可靠性。这样就很可能需要行驶数十或数百年才能验证其可靠性,只靠传统的场地测试已经不可能验证智能网联车辆的可靠性,因此亟须创新的测试验证方法与工具。

智能网联汽车要实现商业落地,测试评价成为最重要的环节。智能网联汽车测试的关键环节:虚拟仿真测试、场地标准测试、开放道路测试。

2.智能网联汽车测试的技术和方法

智能网联汽车测试要解决测什么、怎么测以及在哪里测等问题。

在智能网联汽车发展的初期,其功能多以单一节点实现,例如主动紧急制动 AEB、ACC、LDW 等。此时由于测试功能单一,测试时可以针对不同的智能网联汽车功能,选择其合适的测试场景配置,此时的测试评价方法多为基于功能的测试评价,其大多属于矩阵测试的范畴。

随着智能网联汽车技术进步划分标准的变更,功能测试的项目也在不断变化,智能网联汽车自动驾驶功能常见测试内容见表4.2。

表4.2　智能网联汽车自动驾驶功能常见测试内容

序号	测试项目	测试场景	序号	测试项目	测试场景
1	交通标志和标线的识别及响应	①限速标志识别及响应 ②停车让行标志标线识别及响应 ③车道线识别及响应 ④人行横道线识别及响应	2	交通信号灯识别及响应*	①机动车信号灯识别及响应 ②方向指示信号灯识别及响应

序号	测试项目	测试场景	序号	测试项目	测试场景
3	前方车辆行驶状态识别及响应	①车辆驶入识别及响应 ②对向车辆借道本车车道行驶识别及响应	9	并道	①邻近车道无车并道 ②邻近车道有车并道 ③前方车道减少
4	障碍物识别及响应	①障碍物测试 ②误作用测试	10	交叉路口通行*	①直行车辆冲突通行 ②右转车辆冲突通行 ③左转车辆冲突通行
5	行人和非机动车识别及避让*	①行人沿道路行走 ②两轮车横穿马路 ③两轮车沿道路骑行	11	环形路口通行*	环形路口通行
6	跟车行驶	①稳定跟车行驶 ②停-走功能	12	自动紧急制动	①前车静止 ②前车制动 ③行人横穿
7	靠路边停车	①靠路边应急停车 ②最右车道内靠边停车	13	人工操作接管	人工操作接管
8	超车	超车	14	联网通信*	①长直路段车车通信 ②长直路段车路通信 ③十字交叉口车车通信 ④编队行驶

注:1. 标注 * 的项目为选测项目。
　　2. 企业声明车辆具有标注 * 项目的自动驾驶功能或者测试路段涉及相应场景的,应进行相关项目的检测。

1）测试接口

为实现测试的标准化、通用化,测试需要满足一定的接口需求。

（1）数据库接口

①提供通用的定义和描述方式,以满足实际采集数据的转化和测试场景自动生成的要求;

②拥有数据格式转化工具,能够将不同传感器采集的数据转化后储存;

③具有图形化编辑窗口,能够人为定义测试场景;

④具有一定的自动重构场景的接口和能力;

⑤储存形式上应按照具体程度分类分层,分为功能场景、逻辑场景和具体场景;

⑥接口上提供各层接口,使自动化测试工具能按层索引至具象场景,并在仿真环境中搭建。

（2）仿真平台接口

①提供自动化测试软件进行流程控制所需的 API 接口函数,应兼容 C/C++、Java、Python

等常见语言；

②场景搭建的接口应支持自动化搭建；

③提供丰富的车辆、行人、骑行者等交通参与者，以及路牌、红绿灯等交通标示、施工说明等临时交通设施等接口，供测试场景的自动搭建；

④可通过共享对象等提供仿真测试过程的数据实时接口；

⑤能够与测试过程同步输出具体测试场景的图像信号。

（3）仿真结果接口

①提供仿真过程控制用户接口，支持手动开始、暂定、结束仿真等流程控制；

②具备数据可视化能力，通过虚拟仪表等显示系统参数状态和仿真场景视频；

③显示窗口提供自定义接口，供用户设置默认的需显示的参数和视频视角；

④提供数据曲线读取分析的 GUI 窗口；

⑤视频窗口图形操作接口，具备旋转、平移、缩放、视角调整等功能，提供播放速度、进度等控制接口；

⑥输出应支持 OSI 标准，可支持 FLV、AVI、Mp4、csv、excel、dat、mtl 等常用文件格式的导出。

（4）自动化测试接口

①兼容 C/C++、Python 等多种编程语言接口用于测试用例的定义；

②提供测试报告内容和形式的定义接口；

③流程控制接口应兼容实时测试平台；

④兼容仿真测试软件接口；

⑤满足多种形式场景数据库文件的读取；

⑥支持 xml、pdf、docx 等多种文档格式报告的输出。

2）智能网联汽车测试的方法

智能网联汽车的测评除了会用到传统汽车的测试方法（包括以传感器为核心的测量原理、方法、工具及数据处理等），还有会用到在环测试方法及实车测试方法。下面将对部分测试、在环测试与实车测试方法和常用的评价方法进行介绍。

在进行智能网联汽车的各类算法开发时，常常在设计阶段就会通过模型在环测试或者软件在环测试对所设计对象进行检测，以此来更早发现其中的问题与缺陷，降低研发成本。

（1）模型在环测试方法

基于模型的系统工程（Model-Based System Engineering，MBSE）是一种用于解决设计复杂控制、信号处理以及通信系统中关于问题的数学和可视化方法，它被广泛应用于运动控制、工业设备、航天以及汽车相关应用中，是一种主流的开发与测试方法。MBSE 中，模型就是在整个开发过程中的可执行规范，这些规范最终会化为一行行代码从而更直观地展示其动态状况。在开发初期对模型进行测试，发现问题，从而在不断对其进行改进与验证，让开发者集中精力在算法的研究中，而不用浪费精力去构建测试装置。而依据模型执行的仿真顺序也称为模型在环测试（MIL），其测试数据可来自测试矢量数据库，也可来自实际系统模型。模型在环测试的结果可用于验证软件行为的准确性,确认开发流程的初始需求。以模型在环测试收集的信息可以成为验证代码的基准。

（2）软件在环测试

软件在环测试(SIL)是利用计算机和各种系统工具,针对智能网联汽车的系统软件进行测试。一般的软件在环测试时对仿真中生成的代码或者是手写代码进行评估,从而在初期对代码进行检测验证。智能网联汽车中的自动驾驶阶段无法用传统的软件在环工具进行测试,而是需要应用到一个关键工具——离线仿真系统。它能够对自动驾驶中的感知系统、定位系统、智能决策系统、高精度地图系统等进行测试,同时离线访问所有模块,并实时生成车辆状态反馈。软件在环测试是后续测试的基础,可以在初期快速找出问题让开发者解决,加快软件迭代速度,节省时间和成本,提高开发的效率。

（3）硬件测试

智能网联汽车的硬件系统是最基础的部分,所有功能的实现都需要依靠硬件的支持与正常工作。在自动驾驶硬件研发时,为了达到自动驾驶的目的,对其硬件系统提出了很高的要求,所以需要对研发的硬件系统组件进行驱动测试、电气测试和可靠性测试。驱动测试是为了验证硬件功能是否满足设计要求;电气测试是为了验证硬件的电气特性是否满足设计需求;而可靠性测试则是为了验证硬件可靠性,包括硬件环境适应性、机械可靠性和电磁兼容性。

（4）硬件在环集成测试

硬件在环集成测试(HIL)是在实验室搭建一个半实物仿真的测试平台,搭建尽量接近真实道路的行车环境。相比于软件仿真测试,硬件在环测试能够以智能网联汽车系统集成的角度,实现前端传感器的硬仿真介入。以真实道路测试记录的数据为基础,通过硬件在环测试技术将场景进行还原,从而将被测系统放在接近真实世界的测试环境中,实现了虚拟场景仿真到全传感器仿真场景的突破。硬件在环测试通过现场可编程门阵列(FPGA)实现无人车系统多种传感器的仿真,包括激光雷达、毫米波雷达等。通过智能网联汽车最前端的数据仿真,用数据驱动构建一个测试环境,以接近真实行车环境的仿真数据来面对智能网联汽车系统。数据驱动构建集成链条测试根据 ISO 26262 的功能安全核心思想,覆盖智能网联汽车系统功能、接口、性能资源、异常注入等多项测试内容。

（5）车辆在环测试

车辆在环测试(VIL)基于半实物仿真技术思想,是真实车辆和虚拟仿真的联合测试系统。例如可以在一个封闭场地内实现任意开放道路的集成测试,实现大部分的真实测试需求,并能对 2D、3D 感知环境进行精确仿真控制。车辆在环测试在封闭场地内最大限度还原开放道路场景,降低在实际道路测试的风险性,节约了测试成本与时间。车辆在环测试具有如下特点:

①实现快速的场景及驾驶测试;

②高效地验证各控制器的功能;

③降低实车测试的难度和风险;

④减少交通事故和风险;

⑤减少对场地、真实交通和试验车辆的需求。

（6）道路在环测试

道路在环测试能够反映智能网联汽车在实际道路上的行驶状况，通过测试分析，能够对其在各种道路场景和障碍物下的汽车性能与各项功能进行考察，特别是智能网联汽车具备的自动驾驶功能，其在实际道路下的感知、决策、控制能力和应对措施都能够得到有效的考察和验证。道路在环测试主要包括封闭测试场测试、开环测试、半开放道路测试和开放道路测试。封闭测试场测试是智能网联汽车进入开放道路测试前首先需要进行的测试；与传统汽车测试场地有所不同的是，智能网联汽车封闭测试场主要针对的是车辆的感知能力和决策应对能力，面向的是车-车-车-路、车-人等综合系统的测试。封闭测试场能够检测车辆的基本功能及软硬件系统运行状况，从而更早地发现问题，避免进入开放测试场出现事故，降低风险，节省成本和时间。开环测试是在人工驾驶状态下对车辆系统进行测试，其因为有人工驾驶的参与，能够最大限度保障测试安全，所以能够在开环道路上进行测试，其弊端是无法充分验证车辆的控制模块。半开放道路测试是进入开放道路测试前的一个测试。半开放道路是指有可控的规模、有限的车辆和社会行人通过的道路。因为半开放道路的车辆和行人流量较少且可控，所以比实际开放道路更简单，可以让智能网联汽车从简单路况的行驶开始，更容易避免发生安全事故。最后就是开放道路测试，开放道路是指社会车辆和行人通行的道路，场景多变且不可控，交通情况复杂。开放道路测试是智能网联汽车道路在环测试的最后一个环节，也是必须完成的环节。它能够全面真实地反映汽车在各种复杂道路上的行驶状况和对危机的处理能力，同时能检测出在经过重重测试后仍旧隐藏的问题，是一项对汽车各方面能力及功能的综合测评。

4.3.2 智能网联汽车测试标准

1.国外智能网联汽车最新法规动态。

国外智能网联汽车最新法规动态见表4.3。

表4.3　国外智能网联汽车最新法规动态

政策法规名称	提出或通过时间	核心内容
《道路车辆 预期功能安全》	2019年1月发布	预期功能安全指不存在因预期功能不足或由于合理预见的人员误操作而造成的危险，其用于指导功能设计、验证和确认工作。设计阶段（例如传感器性能需求）、验证阶段［例如技术复查、相关场景高覆盖率的测试用例、潜在触发事件的注入、在环测试（例如 SIL/HIL/MIL）中选定的 SOTIF 相关的用例］、确认阶段（长期的仿真测试和实车测试）

政策法规名称	提出或通过时间	核心内容
《确保美国在自动驾驶汽车技术中的领导地位:自动驾驶汽车4.0》	2020年1月发布	确立了三类、十大原则: 1. 保护用户和社区团体:优先考虑安全;强调安全和网络安全;确保隐私和数据安全;增强移动性和可及性。 2. 促进市场高效运行:保持技术中立;保护美国的创新和创造力;法规现代化。 3. 促进协调一致:促进一致的标准和政策;确保一致的联邦方针并提高运输系统水平的效率
《自动驾驶产品安全评估标准》	2020年4月发布	标准范围包括评估自动驾驶产品的安全原则与流程,自动驾驶产品无须人类驾驶员监督。此标准基于设计流程、测试、工具资格、自主性验证、数据完整性以及针对非驾驶员的人机交互等因素,涵盖相应风险分析与安全相关方面等若干主题,并要求提供安全论证
《自动车辆保持系统》	2021年1月生效	首个针对L3等级自动驾驶车辆法规,规定了自动驾驶车辆开启自动车道保持功能的具体需求、移交条件及干预条件,其中重点约束了车载显示器、人机交互条件、与驾驶员车辆控制权移交、驾驶员没有做出正确判断后的系统退出机制等

2. 我国智能网联汽车上路测试法律标准

为了更深入地推动我国智能网联汽车的发展及应用,工业和信息化部、公安部、交通运输部在2018年4月3日印发了《智能网联汽车道路测试管理规范(试行)》,以下简称《规范》。《规范》是根据《中华人民共和国道路交通安全法》《中华人民共和国公路法》等法律法规进行制定的,为智能网联汽车的道路测试进行了规范化的管理。

《规范》对智能网联汽车进行上路测试有所规定。首先是规定了测试主体、测试驾驶人及测试车辆的标准。

(1)测试主体标准

测试主体是指提出智能网联汽车道路测试申请、组织测试并承担相应责任的单位,应符合下列条件:

①在中华人民共和国境内登记注册的独立法人单位;

②具备汽车及零部件制造、技术研发或试验检测等智能网联汽车相关业务能力;

③对智能网联汽车测试时可能造成的人身和财产损失,具备足够的民事赔偿能力;

④具有智能网联汽车自动驾驶功能测试评价规程;

⑤具备对测试车辆进行实时远程监控的能力;

⑥具备对测试车辆事件进行记录、分析和重现的能力;

⑦法律、法规规章规定的其他条件。

（2）测试驾驶人标准

测试驾驶人是指经测试主体授权,负责测试并在出现紧急情况时对测试车辆实施应急措施的驾驶人,应符合下列条件:

①与测试主体签订有劳动合同或劳务合同;

②取得相应准驾车型驾驶证并具有 3 年以上驾驶经历;

③最近连续 3 个记分周期内无满分记录;

④最近 1 年内无超速 50% 以上、违反交通信号灯通行等严重交通违法行为记录;

⑤无饮酒后驾驶或者醉酒驾驶机动车记录,无服用国家管制的精神药品或者麻醉药品记录;

⑥无致人死亡或者重伤的交通事故责任记录;

⑦经测试主体自动驾驶培训,熟悉自动驾驶测试规程,掌握自动驾驶测试操作方法,具备紧急状态下应急处置能力;

⑧法律、法规规章规定的其他条件。

（3）测试车辆标准

测试车辆是指申请用于道路测试的智能网联汽车,包括乘用车、商用车辆,不包括低速汽车、摩托车,应符合以下条件:

①未办理过机动车注册登记。

②满足对应车辆类型除耐久性以外的强制性检验项目要求;对因实现自动驾驶功能而无法满足强制性检验要求的个别项目,测试主体需证明其未降低车辆安全性能。

③具备人工操作和自动驾驶两种模式,且能够以安全、快速、简单的方式实现模式转换并有相应的提示,保证在任何情况下都能将车辆即时转换为人工操作模式。

④具备车辆状态记录、存储及在线监控功能,能实时回传下列第 a、b、c 项信息,并自动记录和存储下列各项信息在车辆事故或失效状况发生前至少 90 s 的数据,数据存储时间不少于 3 年:

a. 车辆控制模式;

b. 车辆位置;

c. 车辆速度、加速度等运动状态;

d. 环境感知与响应状态;

e. 车辆灯光、信号实时状态;

f. 车辆外部 360° 视频监控情况;

g. 反映测试驾驶人和人机交互状态的车内视频及语音监控情况;

h. 车辆接收的远程控制指令（如有）;

i. 车辆故障情况（如有）。

⑤测试车辆应在封闭道路、场地等特定区域进行充分的实车测试,符合国家行业相关标准,省、市级政府发布的测试要求以及测试主体的测试评价规程,具备进行道路测试的条件。

⑥测试车辆自动驾驶功能应由国家或省市认可的从事汽车相关业务的第三方检测机构进行检测验证,检测验证项目包括但不限于表 4.2 所列的项目。

3. 自动驾驶车辆道路测试标准

自动驾驶车辆的道路测试标准主要有 4 个方面,分别是环境感知能力、执行能力、紧急处置能力和综合驾驶能力。结合《北京市自动驾驶车辆道路测试能力评估内容与方法(试行)》对智能网联汽车的自动驾驶道路测试标准进行介绍。

(1)环境感知能力

交通标志认知与交通法规遵守能力评估按照以下方式操作:

①依据封闭测试场地道路实际情况,合理动态布置交通标志及辅助隔离设施,安排测试路线,引导自动驾驶车辆对标志做出反应;

②自动驾驶车辆按照标志的文字或符号传递的引导、限制、警告或指示信息行驶;

③评估标志不少于 5 种,包括但不限于禁令、警告、指示标志等。

交通标线认知与交通法规遵守能力评估按照以下方式操作:

①依据封闭测试场地道路实际标线情况,合理布置辅助隔离设施,安排测试路线,引导自动驾驶车辆对标线做出反应;

②自动驾驶车辆按照路面上的各种线条、箭头、文字、立面标记、突起路标和轮廓标等传递的信息行驶;

③评估标线不少于 5 种,包括但不限于禁止、警告、指示标线等。

交通信号灯认知与交通法规遵守能力评估按照以下方式操作:

①依据封闭测试场地交通信号灯布置实际情况,安排测试路线;

②依据自动驾驶车辆的行驶速度与行驶位置,动态操控交通信号灯的切换时间;

③自动驾驶车辆依据测试路线按照交通信号灯信号行驶;

④需完成交通信号灯红绿 2 种通行状态的行驶测试。

交通指挥手势认知与交通法规遵守能力评估按照以下方式操作:

①在封闭测试场地交叉路口,设置道路交通指挥人员,安排测试路线;

②依据自动驾驶车辆的行驶速度与行驶位置,道路交通指挥人员动态做出交通指挥手势;

③自动驾驶车辆依据道路交通指挥人员交通指挥手势行驶。

(2)执行能力

①曲线行驶。自动驾驶车辆从弯道的一端驶入,从另一端驶出。行驶中转向、速度平稳。一次性通过,中途不得停车,车轮不得碰轧车道边线、隔离设施。时间不超过 1 min。

②直角转弯。自动驾驶车辆由左向右或由右向左通过直角转弯道路,一次通过,中途不得停车,车轮不得碰轧车道边线、隔离设施。转弯前,应开启转向灯,完成转弯后,关闭转向灯。时间不超过 1 min。

③起伏路行驶。自动驾驶测试车辆行驶至起伏路前减速,缓慢通过起伏路,中途不得停车,车辆不得出现明显跳跃。时间不超过 1 min。

④过限宽门。自动驾驶测试车辆以不低于 10 km/h 的速度从三门之间穿越,且不得碰擦限宽设施。运行路线如图 4.59 所示。

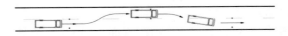

图4.59 过限宽门车辆运行路线图

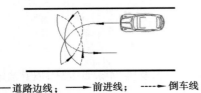

——道路边线； ——前进线； ----倒车线

图4.60 窄路掉头车辆运行路线图

⑤窄路掉头。自动驾驶车辆行驶至掉头路段靠右停车，不超过三进二退，将车辆掉头。运行时间不得超过5 min。窄路掉头车辆运行路线如图4.60所示。

⑥坡道停车和起步。自动驾驶车辆在坡道上准确停车(不驻车)，平稳起步，车辆不得后溜。起步时间不得超过30 s。

（3）紧急处置能力

①紧急情况处置。自动驾驶车辆遇到故障，或不能处理的场景时，应通过人可感知的方式提醒测试驾驶员。自动驾驶车辆自动或借助测试驾驶员介入合理减速，正确判断后方跟车情况，将车平稳停于应急车道或路边安全区域，并开启危险报警闪光灯。

②人工介入后的可操控性。自动驾驶车辆在自动驾驶状态下，测试驾驶员按照评估人员的指令，接管车辆并操纵车辆，人工介入后操作时间不少于1 min。

③紧急停车。自动驾驶车辆在自动驾驶状态下，车辆速度不超过40 km/h时，测试驾驶员按照评估人员的指令，接管车辆并实现停车。从评估人员指令下发到车辆实现停车不超过2 s。

（4）综合驾驶能力

①起步。自动驾驶车辆自动或借助测试驾驶员介入检查车辆状态，将挡位换到行进挡，开启转向灯。自动驾驶车辆在无测试驾驶员介入下平稳起步、无后溜，不熄火。

②停车。自动驾驶车辆在行驶过程中遇到前车拥堵缓行停车时，自动降低速度并停车(不驻车)。

③跟车。自动驾驶车辆根据所在车道、路况和前车车速，合理加减速，速度变化及时、平顺。

④变更车道。自动驾驶车辆变更车道前，正确开启转向灯，依据后方道路交通情况，确认安全后变更车道，变更车道完毕关闭转向灯；变更车道时，判断车辆安全距离，控制行驶速度，不得妨碍其他车辆正常行驶。

⑤直行通过路口。自动驾驶车辆依据所通行路口交通情况，减速或停车，采取正确的操作方法，安全通过路口。

⑥通过人行横道线。自动驾驶车辆减速，依据两侧交通情况确认安全后，合理控制车速通过，遇行人停车让行。

⑦路口左、右转弯。自动驾驶车辆依据所通行路口交通情况，减速或停车，根据行驶方向选择相关车道，正确使用转向灯，根据不同路口采取正确的操作方法，安全通过路口。T4级及以上，需测试异形复杂路口。

⑧路口掉头。自动驾驶车辆依据所通行路口交通情况，减速或停车，正确选择掉头地点和时机，发出掉头信号后掉头。掉头时不妨碍其他车辆和行人的正常通行。T4级及以上，

需测试异形复杂路口。

⑨靠边停车。自动驾驶车辆开启右转向灯,依据后方和右侧交通情况,减速,向右转后靠边,平稳停车。关闭转向灯,自动或借助测试驾驶员介入熄火与启动驻车制动器。停车后,车身距离道路右侧边缘线或人行道边缘30 cm以内。

⑩通过公共汽车站。自动驾驶车辆提前减速,依据公交车进、出站动态和乘客上、下车动态,着重注意同向公交车前方或对向公交车后方有无行人横穿道路。

⑪ 会车。自动驾驶车辆正确判断会车地点,会车有危险时,控制车速,提前避让,调整会车地点,会车时与对方车辆保持安全间距。

⑫通过环岛。自动驾驶车辆按照环岛道路曲线安全驶入和驶出环岛。

⑬主辅路行驶。自动驾驶车辆依据主辅路交通情况,自动减速或停车,正确使用转向灯完成主辅路变更。

⑭通过模拟苜蓿叶式立交。自动驾驶车辆根据模拟苜蓿叶式立交行驶方向正确选择出入匝道,减速行驶,开启转向灯,安全通过立交。

⑮通过学校区域。自动驾驶车辆提前减速至30 km/h以下,依据周围情况,文明礼让,确保安全通过,遇有行人横过马路时应停车让行。

⑯通过隧道。自动驾驶车辆行驶至隧道前,依据隧道处道路交通标志,按标志要求操作。驶抵隧道时先减速,开启前大灯,鸣喇叭;驶抵隧道出口时,鸣喇叭,关闭前大灯。禁止鸣喇叭的区域不得鸣喇叭。

⑰超车。自动驾驶车辆超车前,保持与被超越车辆的安全跟车距离。依据左侧交通情况,开启左转向灯,选择合理时机,鸣喇叭或交替使用远近光灯,从被超越车辆的左侧超越。超车时,依据被超越车辆的动态,保持横向安全距离。超越后,在不影响被超越车辆正常行驶的情况下,开启右转向灯,逐渐驶回原车道,关闭转向灯。

⑱倒车入库。评估过程中,自动驾驶车辆进退途中不得停车。从道路一端控制线(车身压控制线)倒入车库停车,再前进出库向另一端驶过控制线后倒入车库停车,最后前进驶出车库。完成时间不超过3.5 min。车辆运行路线如图4.61所示。

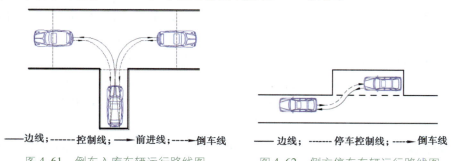

——边线;------控制线;——前进线;——→倒车线　　　——边线;------停车控制线;-----→倒车线

图4.61　倒车入库车辆运行路线图　　　图4.62　侧方停车车辆运行路线图

⑲侧方停车。自动驾驶车辆在库前方一次倒车入库,中途不得停车,车轮不触轧车道边线,车身不触碰库位边线。再前进向左前方出库,出库前应开启左转向灯,出库过程中车轮不触轧车道边线,车身不触碰库位边线,出库后关闭转向灯。完成时间不得超过1.5 min。侧方停车车辆运行路线如图4.62所示。

⑳通过雨、雾区道路。自动驾驶车辆感知周边环境,视雨量情况和能见度情况,或减速或保持车速,并开启前照灯、危险报警闪光灯、雾灯(若是雾区),安全通行。需测试交通信号灯路口。

㉑通过湿滑、遗撒路面。自动驾驶车辆驶入湿滑路面前,减速驾驶,驶入湿滑路段后,使用低速挡匀速行驶,平稳控制车辆方向通过。在路面有遗撒时,自动驾驶车辆根据遗撒物体情况,减速,规划好路线,避让遗撒障碍物,安全通行。

㉒避让应急车辆。自动驾驶车辆感知周边环境,依据应急车辆所在位置和车道,做出避让动作,保证应急车辆快速通行。

㉓夜间行驶。自动驾驶车辆起步前开启前照灯。行驶中正确使用灯光。无照明、照明不良的道路使用远光灯;照明良好的道路、会车、路口转弯、近距离跟车等情况,使用近光灯。超车、通过急弯、坡路、拱桥、人行横道或没有交通信号灯控制的路口时,应交替使用远近光灯示意。

4.3.3　智能网联汽车测试场地

与传统汽车相比,智能网联汽车搭载了先进的传感器、执行器和控制器,融入了控制算法,融合了现代网络通信技术,更重要的是,车辆将脱离人类对其的主动控制,实现系统自动控制驾驶。所以,智能网联汽车与传统汽车相比更加需要特定的多元化测试场地,当前规划建设智能网联汽车测试场成为现阶段我国发展智能网联汽车领域的重点工作之一。本小节将介绍国内外的智能网联汽车测试场地状况。

1. 国外智能网联汽车测试场地

相比于我国来说,国外对智能网联汽车的研究起步较早,虽然我国在此领域正在逐步追赶,但其在测试场方面仍旧更成熟、更完善一些。国外比较经典的智能网联汽车测试场地有美国的 M-City(图 4.63)、英国的 Mira City Circuit、瑞典的 Asta Zero(图 4.64)、日本的 JARI、加拿大的 PMG 等。

其中,美国的 M-City 是世界上第一个专门为了测试无人驾驶汽车、V2V/V2I 车联网技术建造的智能网联汽车测试场,其主要用于模拟城市近郊的低速试验和高速公路环境的高速试验。M-City 模拟城市街区,通过搭建街边建筑立面仿真房屋建筑物等。除此之外,还设置了标志标线设施(信号灯、标志牌、车道线等)和街边设施(消火栓、公交车站等),测试场地高度还原现实交通环境。此外,美国的 ACM(American Center for Mobility)测试场也包含了大量的典型驾驶场景,如环形隧道、6×6 车道十字路口、环岛、城市道路等等,是一个大型综合测试场。

英国的 Mira City Circuit 测试场是由英国著名的汽车测试服务公司 Mira 所修建的,其共有 24 个环路,共分为 9 个区域,可分别用于传统车辆和智能网联汽车的测试。其最大的特点就在于为智能网联汽车测试提供的基础设施与服务。Mira City Circuit 包含私人的 GSM/GPRS 网络和 Wi-Fi 接入点网络,有多个本地基站,其在跟踪定位以及监控方面也处于领先地位,RTK-GPS 提供误差矫正、主交叉路口边按车流方向放置毫米级精度和高帧率摄像头,提供地面实况 3D 动作捕捉。

图 4.63 美国 M-City 测试场

图 4.64 英国 Mira City Circuit 测试场

瑞典的 Asta Zero 测试场分为 4 个测试区域：乡村区域、城市区域、多车道区域和高速区域。针对不同的测试区域，设置交叉口不同方向驶来的汽车、路边突然出现的行人、树林里窜出的动物模型等，还原了现实中可能会出现的各种交通状况。其测试内容涵盖较为全面，包括车辆动力学测试、驾驶员行为测试、V2V/V2I 测试、通信技术等。其综合能力强大，特别针对 ADAS 场景模拟测试具有显著优势。

国外智能网联汽车测试场概况见表 4.4。

表 4.4 国外智能网联汽车测试场概况

场地	地点	建成时间	面积/m²	道路长度/km	测试内容
M-City	美国	2015	13 万	6.8	自动刹车、标志识别、V2X 等
Asta Zero	瑞典	2014	200 万	10	车辆动力学、自动紧急制动、车身稳定、车道保持、自适应巡航等
Mira City Circuit	英国		304 万（整个 Mira 测试场）	95	自动转向、自动寻找车位、自动变道、盲点预警、前车跟随等
JARI	日本	2005	302 万	21	制动性能、操控性能、AEB 评价等
FMG	加拿大	1996	540 万	25	电子稳定控制、车辆预警系统、车辆交叉口安全预警、V-X 车辆编队行驶、电子稳定控制等

2. 国内智能网联汽车测试场地

国内对智能网联汽车的研究目前还处于初始阶段，虽然起步较晚，但是在国家各项政策的鼓励下，有大量的企业投入对智能网联汽车的研究当中。国内的智能网联汽车测试场的建设主要分布在北京、上海、重庆、浙江等地。目前，我国正在规划建设的智能网联汽车测试及示范基地见表 4.5。

表 4.5　我国智能网联汽车测试及示范基地

部委/企业/研究机构推进		名　称
我国智能网联汽车测试及示范基地	工业和信息化部	国家智能汽车与智慧交通（京冀）示范区
		智能汽车与智慧交通应用（重庆）示范区
		国家智能网联汽车（上海）试点示范区
		5G 车联网应用（浙江）示范区
		国家智能网联汽车应用（北方）示范区
		中国武汉智能网联汽车示范区
		国家智能交通综合测试基地
		中德合作智能网联汽车车联网四川试验基地
		广州智能网联汽车与智慧交通应用示范区
		国家智能网联汽车（长沙）测试区
		天津（西青）国家级车联网先导区
	交通运输部	长安大学车联网与智能汽车测试场
		交通运输部公路交通综合测试场
		重庆车辆检测研究院
	住房和城乡建设部	莆田城市智慧汽车基础设施和机制建设试验点
		宁波城市智慧汽车基础设施和机制建设试验点
		泉州城市智慧汽车基础设施和机制建设试验点
		武汉城市智慧汽车基础设施和机制建设试验点
		德清城市智慧汽车基础设施和机制建设试验点
		广州城市智慧汽车基础设施和机制建设试验点
	发展和改革委员会	上海基于智能汽车平台的"车路网云一体化"综合示范区

		中汽中心智能网联汽车试验中心建设项目
我国智能网联汽车测试及示范基地	企业或研究机构	长沙湘江新区智能网联测试区
		中国智能车综合技术研发与测试中心
		奇瑞 V2X 示范场地
		北汽无人驾驶示范区
		深圳无人驾驶示范区

我国在 2015 年前后就开始积极展开智能网联汽车测试场地的建设部署,国家智能网联汽车(上海)试点示范区(图 4.65)封闭测试区一期于 2016 年投入运营,该示范区分 4 个阶段展开建设。第一阶段是封闭测试和体验区,以服务智能汽车、V2X 网联通信两大类关键技术的测试及演示为目标。第二阶段开放道路测试区基本建成智能网联汽车测试所需环境,成为国家首个功能完备的智能网联汽车试点示范区。第三阶段增加高速公路测试场景,基本建成智能网联汽车区域性测试示范公共服务平台。第四阶段逐步形成系统性评价体系和综合性示范平台,打造智能网联汽车综合性典型城市的示范区,并探索连接与虹桥枢纽的共享交通走廊。

图 4.65　国家智能网联汽车(上海)试点示范区

智能汽车与智慧交通应用(重庆)示范区逐步开展由试验场地封闭环境到城市交通开放环境的一系列实验,具体包括智能驾驶、智能路网、绿色用车、防盗追踪、便捷停车、资源共享、大范围交通诱导和交通状态智慧管理等八大领域,第一期"智能汽车集成系统试验区(i-VISTA)"已建成并开始启用。

深圳无人驾驶示范区将引进 M-CITY 项目进入中国(深圳)落地,M-CITY 项目是全球首个无人驾驶汽车测试区,是美国密歇根大学 MTC 中心的下属项目,包括了美国交通运输部、福特、通用、本田,已进行阿尔法巴路测日产等在内的政府机构和企业参与了该项目的建设。

总体来说,我国的智能网联汽车测试场地建设仍旧处于探索阶段,在目前通信标准、规范并不完善的情况下,我国的智能网联汽车测试场地包容性较强,部署了移动通信技术 5G、Wi-Fi、DSRC、LTE-V 等通信制式。在测试场景方面,规划得较完善,2017 年中国汽车工程学会发布的团体标准《合作式智能运输系统 车路通信系统 应用层及应用层数据交互标准》中涉及的三类场景(安全类、效率类、信息服务类)在测试场中基本有所体现。而在测试场景方面,智能网联汽车跟传统汽车一样,都需要适应在不同的环境下行驶,所以,各测试场在气候特征、路况等方面纷纷打造自身独有的特色。例如智能汽车与智慧交通应用(重庆)示范区。重庆地区气候湿润多雾,且山川较多,智能网联汽车需要适应当地的典型场景,如坡道、隧道(干扰信号)等特殊地质和路况。2019 年,测试场地涵盖西部地区 90% 以上的特殊路况。国家智能网联汽车应用(北方)示范区则是含有吉林场地的特殊冰雪路况。中国武汉智能网联汽车示范区也考虑了对于不同气象条件的模拟,且覆盖客车、轿车、专用车等不同车辆。

习　题

一、单选题

1.高精度地图的地图精度精确到(　　)级。

A. 厘米　　　　　　B. 米　　　　　　　　C. 毫米　　　　　　D. 分米

2.高精度地图是(　　)级之上自动驾驶不可缺少的技术。

A. L2　　　　　　　B. L3　　　　　　　　C. L4　　　　　　　D. L5

3.在高精度地图生产过程中,先构成特征地图。特征地图是通过提取车辆上(　　)采集的原始数据,获取高精度地图特征值来构建的。

A. 摄像头　　　　　B. 毫米波雷达　　　　C. 激光雷达　　　　D. 传感器

4.准确可靠的汽车(　　)等定位信息是实现智能网联汽车导航功能的前提和基础。

A. 位置　　　　　　B. 姿态　　　　　　　C. 位姿　　　　　　D. 状态

5.中国的卫星定位导航系统是(　　)。

A. GPS　　　　　　B. GLONA. SS　　　　　C. BDS　　　　　　D. GA. LILEO

二、多选题

1.高精度地图主要由静态数据和动态数据构成,其中静态数据包括(　　)。

A. 道路层　　　　　B. 车道层　　　　　　C. 交通设施层　　　D. 车路层

2.高精度地图对智能网联汽车的应用包括(　　)。

A. 辅助环境感知　　B. 辅助定位　　　　　C. 辅助路径规划　　D. 辅助控制

3.高精度地图要素的数据模型主要分为(　　)。

A. 道路模型　　　　B. 车道模型　　　　　C. 道路标记模型　　D. 基本对象模型

4.按技术原理的不同,可将现有的汽车定位技术分为(　　)。

A. 基于信号定位　　　B. 卫星定位　　　　　C. 航迹递推　　　　　　D. 地图匹配

5. 自动驾驶中的汽车定位要达到安全可靠,需要满足的性能指标有(　　　)。

A. 精度　　　　　　　B. 完好性　　　　　　C. 连续性　　　　　　　D. 可用性

三、填空题

1. 通俗来讲,高精度地图是比普通导航地图精度更高、数据维度更广的地图,其精度更高体现在地图精度精确到＿＿＿＿。

2. 动态交通信息的更新需要实时反映在地图上,以确保智能网联汽车驾驶的安全,实现实时高精度地图在技术存在诸多难点,＿＿＿＿＿＿＿＿＿＿等问题需要解决。

3. 高精度地图是对物理环境道路信息的精准还原,可为汽车＿＿＿＿＿＿、＿＿＿＿＿＿和＿＿＿＿＿＿等驾驶决策控制提供关键道路信息。

4. 超高精度地图与传统地图相比,具有不同的＿＿＿＿＿和＿＿＿＿＿。

5. 在高精度地图生产过程中,通过提取车辆上传感器采集的原始数据,获取＿＿＿＿＿,构成特征地图。

四、判断题

1. 目前,高精度地图主流的采集设备是激光雷达、摄像头、IMU、GNSS 和轮测距仪的组合。(　　　)

2. 众包数据构建高精度地图,使用安装了成本相对低廉的车载传感器的智能网联汽车收集路况与道路特征,然后通过深度学习和图像识别算法将其转换为结构化数据,生成高精度地图众包信息。(　　　)

3. GPS 地面控制部分又称地面端,由分布在全球的 1 个主控站、6 个注入站和若干个监测站组成。(　　　)

4. "北斗三号"全球导航系统建设,将按照计划由 6 颗 GEO 卫星和 30 颗 NON-GEO 卫星组成全部 36 颗卫星。(　　　)

5. 北斗卫星导航系统 5 颗地球静止轨道卫星的固定位置为东经 58.75°、80°、110.5°、140°和 160°。中地轨道卫星运行在三个轨道面上,轨道面均匀分布 60°。(　　　)

五、简答题

1. 高精度地图作为普通导航地图的延伸,在精度、使用对象等方面与普通导航地图有什么不同?

2. 简述高精度地图的作用。

3. 高精度地图要素的数据模型的分类有哪些?

4. 现有的汽车定位技术分类有哪些?

六、问答题

1. 与传统地图相比,高精度地图信息的丰富性和准确性都有显著提升。高精度地图包含的信息有什么样的内容和特点?

2. 从成本、应用场景、地图精度、易用性 4 个方面分析视觉 SLAM 和激光 SLAM 的区别。

3. 自动驾驶对系统功能安全在哪些方面提出了要求?

4. 详细介绍智能网联汽车的自动驾驶道路测试标准中紧急处置能力的内容。

第5章 智能网联汽车产业应用及发展

随着全球汽车保有量的快速增长,能源短缺、环境污染、交通拥堵、事故频发等现象日益突出,并已成为汽车产业可持续健康发展的制约因素。而智能网联汽车,则被公认为是解决这些问题的有效方案,代表着汽车行业未来的发展方向。

教学目标

通过本章学习,让学生了解智能网联汽车产业及产业链,以及智能网联汽车产业的应用及应用场景、未来智能网联汽车产业的发展趋势及方向。

教学要求

知识要点	能力要求
智能网联汽车应用场景	了解智能网联汽车的应用场景分类并掌握智能网联汽车应用场景分类的原理
智能网联汽车行业现状	了解智能网联汽车发展历史以及智能网联汽车行业现状
智能网联汽车产业发展趋势	了解智能网联汽车产业链以及智能网联汽车产业发展趋势
智能网联汽车产业面临的挑战	智能网联汽车国内外相关法规政策以及智能网联汽车产业面临的挑战

案例导入

目前涌现的共享出行等新兴商业模式,提供了新一代交通出行的服务,如图 5.1 所示,未来共享用车平台就是汽车分时租赁模式的"无人驾驶版本"。2017 年,宝马公司发出转型信号:从汽车制造商转型为汽车出行服务方案供应商。2018 年,一汽等国内主要车企纷纷组建出行公司。我们买车是为了出行方便而不是伺候它们,智能网联汽车的智慧共享用车模式势必改变城市出行,智能网联共享汽车的新概念就是从人约车到车接人再到人开/坐车,最后车进行自主联网找位。

<table>
<tr><td>手机预约</td><td>远程应答</td><td>车辆到达</td><td>确认登车</td></tr>
<tr><td>实时扫描</td><td>自动避让</td><td>车辆共享</td><td>沟通交流</td></tr>
<tr><td>方便残疾</td><td>车车互联</td><td>车物互联</td><td>实时通信</td></tr>
</table>

图 5.1　智能网联共享汽车应用场景

5.1　智能网联汽车应用场景

根据行驶环境的类型,智能网联汽车应用场景主要有以下情形:

封闭空间应用场景:主要指工场、机场、港口等区间内的中低速移动;

规定空间应用场景:快速公交系统专用车道、机场巴士等规定空间中低速移动;

汽车专用应用场景:高速公路、货车干线运输等高速移动;

交通环节整治空间应用场景:城市区域出租车服务、公交服务等中速移动;

混合空间应用场景:在社区等生活区"最后一公里"的租行服务、支线公交服务等中低速移动。

5.1.1　无人配送车

在第八届国际智能网联汽车技术年会上,北京市高级别自动驾驶示范区颁发了国内首批无人配送车车辆编码。美团、京东物流和新石器成为首批获牌企业,车辆编码分别为MT0001、JD0001、NX0001。

Robotaxi、物流重卡早已经取得牌照并被允许进行路测,无人配送车(图 5.2)则晚了好几年。在取得"合法身份"这条道路上,无人配送车困难重重。但与获得路权的困难相比,在前段时间引起全国关注的广州疫情的物资配送中,无人配送车却发挥了不小的作用,也使人们对无人配送车的关注到达了一波高峰。在新冠疫情期间,广汽集团、小马智行、文远知行、百度 Apollo、美团、新石器等企业均派出无人配送车辆支援疫情管控区内的物资运输。封闭市区环境为无人配送车提供了一个较好施展实力的舞台,也为无人配送车向大众端的"破圈"提供了一个良好的机遇。

图 5.2　无人配送车

5.1.2　无人零售车

新冠疫情期间,许多公司的无人清扫车和无人配送车参加了武汉等地的防疫活动。新冠疫情发生后,京东和阿里的无人配送车先后参与了"618"和"双 11"电子商务日的配送。美团还宣布,2023 年将在北京推出 1 000 辆无人配送车。

在这样的自动驾驶量产落地前夕,无人车领域之一新石器时代无人车推出了"移动新零售"的新方法,将无人驾驶汽车变成移动零售车,销售早餐、饮料等商品,如图 5.3 所示。

图 5.3　无人零售车

据试运行数据显示,一辆无人零售车日交易量在 300 多单,交易额在 3 500 元以上,每年可带来 25 万元的利润。无人驾驶汽车正在出售货物,仍在摸索中的低速无人驾驶汽车领域,这种收入能力无疑是非常具有吸引力的。在低速无人车即将量产落地的背景下,国内低速无人车企业新石器结合其对市场的认识和无人驾驶技术,却开发出一套"移动新零售"的新经营方式,实现单车年利润预期 25 万元。

5.1.3　自动驾驶环卫车

2019 年 6 月,启迪投资企业 autowise. ai 获得了上海市自动驾驶推进小组(上海市经信委、交通委、公安局)颁发的上海市首张自动驾驶清扫车牌照,这也是全球第一张自动驾驶清扫车测试牌照,如图 5.4 所示。这不仅是 autowise. ai 本身技术实力的体现,还是无人驾驶商业化的重要里程碑。

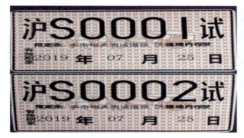

图 5.4　autowise. ai 获得全球第一张自动驾驶清扫车测试牌照

长久以来,环卫服务行业一直依赖大量人力,虽然最近几年机械化环卫车辆已经在推广,但依然需要人工驾驶,人力成本一直是环卫服务公司运营成本的大头。近几年来,自动驾驶技术开始逐渐成熟,在技术难度上,环卫的低速场景、低安全风险等特性,让其成为自动驾驶商业化相对容易的垂直赛道,如图 5.5 所示。全面推进城市数字化转型赋能,已成为经济社会发展的主攻方向之一。随着城市化进程的加快,经济高速发展,国民素质进一步提升,都对环境提出了更高的要求,城市环卫智能化建设被认为是城市数字化转型中的重要板块,也是城市管理和平稳运行的基础组成,环卫行业自动化、智能化转型势在必行。环卫企业数字化转型的核心是智能决策,5G、物联网、人工智能、人脸识别、无人机、无人驾驶等新科技使环卫企业能够更精确、更精细地感知和收集数据,并将数据中的信息进行深度分析,最终使决策过程更科学、更高效,从而达到降低劳动强度、提升响应速度、高效资源配置、提升作业质量的目的。自动驾驶的加持给环卫产业转型提供了条件,环卫车行驶速度低、硬件要求低、路线相对固定、作业时间可以规避复杂环境场景等特点,也是自动驾驶比较理想的落地场景,两者相辅相成,共同推动城市环卫智能升级。

图 5.5　自动驾驶环卫汽车

5.1.4　高速公路自动驾驶测试

2021 年 7 月 27 日,北京市智能网联汽车政策先行区正式开放自动驾驶高速场景,允许首批获得高速公路测试通知书的企业开展试点测试。此次开放的是京台高速 10 km 的测试范围。上高速的自动驾驶车辆安装了 ETC,车辆通过收费站时走 ETC 通道。自动驾驶车辆开展测试需要避开早晚高峰和极端天气。

上路测试车辆搭载具备与测试道路 RSU 之间进行通信和数据传输功能的 OBU 装置,将监管数据和实时数据接入示范区云控平台,实现车路协同与安全监管,及时为车辆推送道路安全信息,确保高速公路和城市快速路自动驾驶测试安全。针对商用车自动驾驶载物示范,需经过车辆货物半载、满载模拟测试两个试验阶段,审核通过后才能开展载物示范应用。同时,在经过规定里程的测试后,才能申请开展特殊时段和特殊天气场景下的测试,逐级分步为企业提供各类自动驾驶测试应用场景。在高速公路测试过程中,要求测试车辆分三阶段配备前后随行车,每个阶段需通过审核才能撤随行车。同时测试车辆必须在开放道路的指定车道内开展道路测试及示范应用,相关测试道路设置多种提示标志,为混行的社会车辆给予提示。

5.1.5　自主泊车

自主泊车系统(Automatic Parking System,APS)也可以称为自动泊车,是指汽车可以自动识别停车位,从而进行车辆停车过程的路径规划,控制车辆驶入车位的一种辅助驾驶系统,按照停车方式,它可以分为垂直停车和平行停车,垂直停车一般是在停车场中停车时的状态。如图 5.6 所示。平行停车一般是在道路两侧停车位停车,如图 5.7 所示,也可以称为侧方位停车。随着相关研究的深入,自主泊车系统正在从半自动泊车(仍需要驾驶员进行辅助操作)向全自动泊车发展。

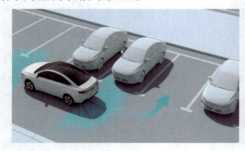

图 5.6　自主泊车(垂直停车)　　　　图 5.7　自主泊车(侧方位停车)

对目标停车位的检测识别是自主泊车系统的一个重要组成部分,市场上大多数(半)自动泊车系统产品都是通过用户界面,以空间的超声传感器(通常安装在车辆的两侧)为基础来指定目标停车位的位置。同时,全景式监控影像系统(Around View Monitor,AVM)已成为停车辅助产品,一些汽车制造商已生产了配备此系统的车辆。AVM 系统通过由 3 台或 4 台摄像机采集的大量图像拼接在一起来生成车辆 360°周围环境的鸟瞰图图像。显示 AVM 图像有助于驾驶员在停车操作期间轻松识别停车位标记和车辆周围的障碍物。随着智能网联技术的发展,A. Nandugudi 等(2014 年)分析了一种有趣的方法,该方法利用诸如加速度计之类的用户智能手机传感器来检测用户活动,以确定他们是在停车还是要离开。后台应用程序读取传感器数据,并巧妙地使用此信息来确定某个停车场是否有空位。

5.1.6　自动驾驶出租车

自动驾驶出租车是基于自动驾驶技术,并能提供出租服务的车辆。2018 年 11 月 1 日上午,广州公交集团白云公司举行自动驾驶出租车发布仪式,宣布推出全国第一辆自动驾驶出租车,如图 5.8 所示。

图 5.8　全国首辆自动驾驶出租车

1. 自动驾驶出租车对传统出行服务的影响

Robotaxi 即为自动驾驶出租车,是使用自动驾驶技术代替人工驾驶员进行驾驶行为的出租车服务。受各地政策与技术成熟度约束,目前 Robotaxi 需配备安全员,成本高昂。但根据麦肯锡预测,Robotaxi 每千米成本不断下降,与传统出租车成本相比将在 2025—2027 年达到拐点。出租车司机人力成本与自动驾驶改造成本基本持平。以传统燃油出租车为例,自动驾驶出租车成本依旧略低;与电动出租车相比,则自动驾驶出租车改造成本需控制在 50 万元左右,二者基本持平。未来 5—10 年人力成本将会进一步升高,而自动驾驶系统改造成本会逐渐降低。预计 2025 年左右,Robotaxi 取消安全员并规模化部署后,其成本优势凸显,将带来出行服务的颠覆。

自动驾驶出租车可避免人为因素产生的事故风险。人工驾驶员注意力会受各种因素影响而分散,而自动驾驶系统则不存在此情况。通过车路协同技术在人类视觉盲区接收道路信息,或通过激光雷达在光线不佳的情况下“看到”人眼分辨不清的障碍物,提前规划车辆行为决策,避免交通事故。

“自动驾驶+共享出行”模式推广,可一定程度解决环境污染问题。自动驾驶出租车的普及率升高及出行成本降低,其便捷性和舒适性将使用户更多转向共享出行,减少私家车购置量。"自动驾驶+电动化"的发展,可有效降低尾气排放量。电动汽车由电动机驱动,电气化程度较高,更适宜自动驾驶技术研发。多数自动驾驶出租车都采用混动或者电动车型,使得出行更环保。

2. 国外自动驾驶出租车发展现状

多国允许自动驾驶载人、无安全员上路,Robotaxi 运营范围逐步扩大。美国正从道路测试向商业收费的示范运营推进,逐步被政府和用户所认可。亚利桑那州最早允许开放 Robotaxi 载人运输,Waymo 于 2018 年开始向早期用户免费开放此项服务;2018 年 2 月,Waymo 获得亚利桑那州交通部门营运许可,允许其作为运输公司同 Uber 和 Lyft 一样开展载客商业运营。在加利福尼亚州,自动驾驶车辆获得加利福尼亚州 DMV1 的部署许可证和 CPUC2 颁发的载客运输两种许可后,将被允许载客服务,但不能收取费用。目前,Waymo、Cruise、Pony. ai、AutoX 等获得相关许可。美国方面,亚利桑那州自 2018 年起,车内无安全驾驶员的车辆,只要能够遵守传统驾驶的法律和规则即可在道路测试,无须专门许可;加利福尼亚州 DMV 对 Waymo 和 Nuro 颁发了无司机测试许可证。Waymo 在加利福尼亚州部署 30 辆无安全员 Robotaxi,但要求操作员可远程控制及接管车辆以确保安全。欧洲方面,荷兰、英国允许无安全员随行的道路测试。荷兰在 2017 年更新自动驾驶道路测试法案,允许在没有人类驾驶员情况下进行测试;英国准许自动驾驶汽车在公共道路上测试,并提出不用坐在驾驶座位的测试操作员的概念,但仍要求能够实时接管汽车。日本方面,先后颁布《自动驾驶汽车道路测试指南》和《远程自动驾驶系统道路测试许可处理基准》,准许企业申请无人在车内的远程测试。随着示范运营覆盖范围逐步扩大,服务被民众所接受。Waymo 的 Robotaxi 运营范围在从凤凰城扩展到加利福尼亚州南湾,已服务超过 10 万人次。其中凤凰城地区,月活跃用户有 1 500 余人,单日订单量是刚上线时的 3 倍。另一方面,其 Robotaxi 自动驾驶出租车定价约为 2.3 美元/英里。Robotaxi 作为共享出行方式的一种选择,正逐步被民众所接受。

3. 国内自动驾驶出租车发展现状

配套政策逐渐开放,允许自动驾驶出租车载人测试。六城开放自动驾驶载人道路测试和试运营,但不允许商业收费及取消安全员。目前广州、长沙、上海、武汉、沧州、北京等允许载人测试,但对车辆数量、封闭测试里程数及载客对象提出严格要求。载人测试更靠近真实场景与商业模式。一方面便于企业迭代自动驾驶技术,优化车辆乘坐体验及人机交互功能。另一方面,也起到民众教育的作用,让用户逐步使用和接受自动驾驶出租车,为未来大规模推广做铺垫。允许载人道路测试意味着自动驾驶出租车向商业化又迈进一步。

企业开展面向普通民众,以商业化为目标的示范运营。现阶段领先企业的示范运营以商业化为主要目的。之前开放道路测试主要针对自动驾驶技术验证,在开放载人测试后,其重点转向商业应用。将自动驾驶出租车作为出行服务提供给民众,验证运营模式及商业模式。Robotaxi 逐渐与民众日常出行使用习惯融合。百度自动驾驶出租车已经可以面向普通民众开放,使用百度地图或百度 App 可进行叫车服务,无须额外申请或下载;AutoX 接入高德,在其地图 App 可进行呼叫,经审核后可体验 Robotaxi 服务。文远知行、小马智行等也在部分城市特定区域开展相关业务。企业在运营范围、车辆数目、服务对象等分阶段持续扩大规模。企业不再以"大规模量产"作为目标，由点及面的运营发展成为可行路径。在全国寻找接受度高、开放性强的试点城市部署自动驾驶出租车，在不同道路环境下运营。增加车辆规模，扩大服务对象，逐步积累场景数据。AutoX 的试运营范围从深圳扩展到上海，百度也计划在北京、沧州开放运营。

5.1.7　智慧交通解决方案

1. 智慧交通相关背景介绍

近几年，随着城市化进程的加快，我国许多城市交通的现状已经不容乐观。尤其是上下班的这种高峰期，由于人流量大，私家车多，道路异常拥堵，即使不开私家车，地铁和公交车里也是拥挤不堪。机动车数量的增加还带来一个难题就是停车难，造成许多违法停车的事情发生，除此之外，交通事故也是频频发生。在这种情况下，交通部门的交通管理手段却还比较落后，有些城市在交通方面管理不得当，以致浪费了大量的人力、物力和财力，效率却没能提高。这种时候"智慧交通"应运而生，智慧交通主要是在智能交通的基础上，通过利用物联网、云计算、大数据等新技术来汇集更多的交通信息，从而为大家提供一种实时的交通数据。它不仅着眼于对交通信息的广泛应用与服务，还有利于提高交通设施的运行效率，从根本上体现了可持续发展的概念。

智慧交通解决方案——路口监管可视化，如图 5.9 所示。

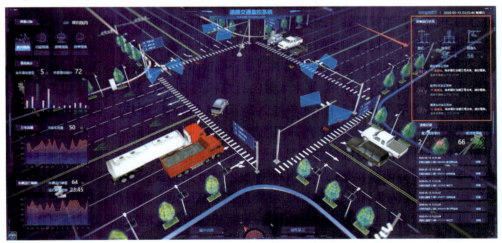

图 5.9　智慧交通解决方案——路口监管可视化

2. 智慧交通的总体解决方案

一个城市的智慧交通是建立在现代电子信息技术的基础上的，主要包括八大系统，分别是交通信息采集系统、交通诱导系统、智能公交系统、治安卡口系统、指挥中心、电子警察系统、交通监控系统、交通信号控制系统。智慧交通采用感知层、网络层、数据库、云平台、应用层这五层架构，感知层即数据源，提供道路容量、停车场信息、事故报警等交通信息，这些信息通过网络层传至数据库，数据库主要是进行数据加载整合与数据存储管理的，而云平台主要是对这些数据信息进行云计算，通过一系列的分析、模拟、预测来对这些信息做出决策，应用到各种交通管理上去。

3. 智慧交通的应用案例

（1）交通信号灯智能控制系统

在整个城市交通诱导管理系统中，交通信号灯控制系统属于其中的一个子系统。它主要就是对其控制区域内的交通配时方案进行自动调整，必要时还可以进行人工干预，从而达到疏导交通的目的。交通信号灯智能控制系统的主要功能就是协调公车优先控制、面向拥堵路段的瓶颈控制、面向拥堵区域需求控制、行人二次过街控制以及非拥堵状态分时段干线绿波控制。

（2）智慧公交管理系统

智慧公交管理系统是在系统工程理论的基础上，由多种先进技术合成的一种公共交通管理系统。其中运用的技术包括车辆定位技术、计算机网络技术、通信技术、智能卡技术等。现阶段的智慧公交系统可以满足如公交电子收费、信息服务、智能化调度、网络通信等多种交通需要。

（3）不停车收费系统（ETC）

不停车收费系统中应用的技术主要有射频识别、地磁感应技术、红外技术、专用短程通信技术等。现阶段，我国的不停车收费系统不仅应用于高速公路上的自动扣费，还广泛应用于市区过桥、过隧道等的自动扣费、基于云控基础平台的数据应用中。

不停车收费系统示意图，如图 5.10 所示。

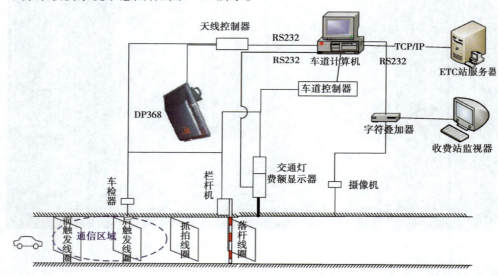

图 5.10　不停车收费系统示意图

（4）云智慧停车系统

面对现在各个城市普遍出现的"停车难"的问题，一个最新的解决方案就是云智慧停车系统。云智慧停车系统是建立在对各级的停车管理系统进行集中管理的基础上的一个平台，运用的新技术主要有 GPS 技术、GIS 技术、大型空间数据库技术、智能终端技术等。不仅有利于交通部门对停车状况的远程监控，同时也为车辆驾驶人员提供了准确的停车信息。

（5）智能停车场

在云智慧停车系统中,智能停车场是一个非常重要的组成部分。它的工作原理就是通过车位探测器对停车场的车位状况进行实时的数据采集,然后节点控制器会将数据传到中央处理器,中央处理器再传至管理系统,系统再进行最终处理,通过对外发布信息来对要停车的车辆进行指引。智能停车场的出现,相比过去传统的停车模式而言,具有许多无法比拟的优势,比如多种收费模式与付费模式,出入口可以进行自由切换,还具有车牌识别、图像对比、双卡认证等多种防盗模式。

（6）突发应急事件处理

智慧交通的综合管控平台还有一个针对突发事件的应急指挥系统,这个系统是综合了应急报警、电子警察、专家智能决策系统等多种系统组成的,不仅可以在突发事件发生时降低工作人员的工作强度,而且可以在很大程度上提高对于突发交通事件的处理效率。

智慧交通的出现,让我们意识到城市发展与交通业的发展是不矛盾的,只有在让城市发展的同时,努力地改善交通环境,缓解城市内的交通矛盾,构建一个完善的交通管理体系,才能让广大居民更好地出行,促进城市更好地发展。

5.2　国内外智能网联汽车发展历程

国外对智能网联汽车的研究相对较早,比如欧盟、美国、日本等智能网联汽车的发展受到了政府的高度重视,相继出台了车辆智能化和网联化的发展战略。

5.2.1　美国智能网联汽车发展现状

美国是对智能网联汽车研究最早和技术水平最高的国家。在通用、福特、奔驰、宝马、特斯拉等企业和谷歌等高技术企业的推动下,美国的智能网联汽车在产品设计、道路测试等方面均领先于其他国家。美国各级政府高度重视智能网联汽车的发展,为推动产业发展,相继制定相关发展战略、法规标准,并在不同时期从研发、示范推广等多个方面提供政策支持。

早在 2009 年,谷歌就创建了自动驾驶汽车项目。2012 年谷歌自动驾驶汽车获得了美国内华达州颁发的首批执照。

美国强调技术创新,营造创新发展环境,连续更新发布了《自动驾驶汽车规划（AV1.0—AV4.0）》《智能交通战略》等,加快 RoboTaxi、物流配送等示范应用和商业化步伐。

①AV1.0,联邦自动驾驶汽车政策指南:要求汽车厂商提供设计、开发、测试和部署 4 个方面的 15 项安全评估文件,强调联邦政府对安全技术标准的管理权。

②AV2.0,安全愿景:对 AV1.0 的替代,提出创新性的监管方案;自愿性自动驾驶系统指南,包含 12 个优先考虑的安全设计元素;阐明联邦和各州在自动驾驶系统监管方面的职能。

③AV3.0,准备迎接未来交通:进一步放宽对自动驾驶技术的发展限制;明确"安全第一"等监管原则;取消十大指定自动驾驶试验场。

④AV4.0,确保美国自动驾驶技术领先地位:聚焦于使监管政策跟上产业发展步伐,致力于推动企业创新,提升公众对自动驾驶车辆的认知与信任。

AV1.0—AV4.0 发展理念一脉相承,不断迭代更新,在明确政府监管工作重点和原则的基础上,政策体系不断完善。

2017 年 9 月,美国众议院通过了美国首部自动驾驶汽车法案——HR3388,对各州的碎片化法规做统一管理。截至 2017 年底,华盛顿特区和 21 个州先后通过了关于自动驾驶汽车的立法。

2020 年 4 月,美国发布《ITS 战略 2020—2025》,与《ITS 战略 2015—2019》《ITS 战略 2010—2015》一脉相承。

①美国通过 ITS 技术的应用拓展提升交通的安全和效率,推进社会的整体进步。

②美国 ITS 战略以五年规划为蓝图布局智能交通发展战略,其愿景和使命具有一定的延续性和继承性。

③在战略重点上,2010 版战略强调交通的连通性,2015 版战略重视车辆自动化和基础设施互联互通,2020 版战略从强调自动驾驶和智能网联单点突破到新兴科技全面创新布局,完善了基于技术生命周期的发展策略,着重推动新技术从研发到实施再到评估全流程示范的应用。

目前,美国的两大无人驾驶测试示范区位于东部的底特律和西部的硅谷,其中东部的密西根大学是世界上第一座为测试无人驾驶汽车、V2V/V2I 车联网技术而打造的无人驾驶试验区。

5.2.2　欧盟智能网联汽车发展现状

欧盟高度重视汽车智能化。2010 年,欧盟委员会发布《欧盟 2020 战略》,提出数字社会增长计划。2013 年,欧盟委员会推出地平线 2020 科研计划,加速推进智能网联汽车的研发。2014 年,欧盟携欧洲十几家整车制造商和零配件供应商共同推出“Adaptive”项目(智能车辆自动驾驶应用和技术),旨在开发能在城市道路和高速公路上行驶的部分或完全自动化汽车,并通过发布一系列政策以及自动驾驶路线图等,推进智能网联汽车的研发和应用,引导各成员国智能网联汽车产业的发展。德国于 2014 年开始在高速公路、城市和乡间道路上实地测试,2017 年 5 月正式通过首部关于自动驾驶的法律,允许特定条件下代替人驾驶,2017 年 9 月率先研究第一份自动驾驶指导原则。瑞典在 2017 年 5 月发布了一项关于自动驾驶汽车开展测试的法令,由瑞典运输机构负责审查并有条件地授予许可证。2015 年 7 月,由欧洲道路研究咨询委员会发布自动驾驶路线图,规划 2030 年前乘用车依次从 level 0 过渡到 level 5,从而完全实现自动驾驶。

欧盟通过 C-ITS 系统建设的战略规划、技术路线图研究、支持创新研究项目等方式促进欧盟层面共识达成和跨行业协同,通过对物理/数字设施的研究,加速网联式自动驾驶发展。

5.2.3　日本及其他国家智能网联汽车发展现状

1. 日本

20 世纪 90 年代,日本开始研究智能汽车和智能交通系统。2013 年,日本制定建立的一个最先进的信息化国家战略中,就包括了智能汽车的一些元素和目标。2014 年,日本实施“自动驾驶系统研发计划”,提出到 2030 年普及全自动驾驶汽车的目标,计划确定了 4 个方向共计 32 个研究课题,旨在推进政府和民间协作所必要的基础技术一级协同式系统相关领域的开发与实用化。2016 年 5 月,日本 IT 综合战略本部制定了自动驾驶普及路线图,在 2020 年允许无人驾驶的乘用车在部分地区上路;同月,日本警察厅颁布《自动驾驶汽车道路测试指南》,并启动修订《道路交通法》和《道路运输车辆法》。2017 年 4 月,日本政府将自动驾驶期间的交通事故列入汽车保险的赔付对象。2017 年 6 月,日本警察厅发布《远程自动驾驶系统道路测试许可处理基准》,允许汽车在驾驶位无人的状态下进行上路测试。此外,日本政府还制定了未来的发展目标和方向的战略,见表 5.1。

表 5.1　日本智能网联汽车发展规划

时间	事　件
短期战略 (2014—2016 年)	①完成市场总体部署; ②研发 V2X 系统及终端设备
中期战略 (2017—2020 年)	①2017—2018 年,完成部分自动驾驶市场部署,死亡人数降低到 2 500 人/年; ②2019—2030 年,完成驾驶安全支持系统、V2X 研发与市场化,建设全世界最安全的道路; ③完成交通信息开放数据共享架构及应用,减少交通拥堵,并为 2020 年东京奥运会提供运行方案
远期战略 (2021—2030 年)	①完成自动驾驶系统研发及市场应用; ②最终建设完成全世界最安全且最畅通的道路目标。

日本依托构建社会 5.0 大系统的顶层设计规划,通过与智能交通、智慧城市的深度融合发展自动驾驶,在全国范围内部署大量的 FOT(Field Operational Tests)测试,有效推动自动驾驶测试验证与示范推广。SIP-adus 以构建世界最安全的交通体系并服务社会为目的,已经进入 2.0 阶段,自 2014 年每年更新发布《官民 ITS 构想·路线图》。2020 年,私家车在高速公路实现 L3 功能,L2 级以上卡车编队行驶(后续车辆无人),以及特定区域内用于出行服务的 L4 级自动驾驶。2025 年,私家车、卡车运输实现高速公路 L4 级自动驾驶。全国范围无人驾驶出行。

2.韩国及其他国家

众多其他国家围绕智能网联汽车开展顶层规划设计、法规制定修订、FOT 测试等工作,应对全球智能网联汽车产业竞争,抢占未来发展战略制高点。

(1)韩国

韩国发布《韩国自动驾驶战略规划》,计划 2027 年将韩国打造成第一个全球自动驾驶国家。

①2027 年全国主要道路的 L4 级完全自动驾驶商用化:2021 年推出 L3 级自动驾驶汽车、2024 年 L4 级部分商用化、2027 年 L4 级全面商用化。

②修订标准,促进 L3 级自动驾驶汽车应用:2020 年 1 月初,韩国制定 L3 级自动驾驶安全标准,使搭载自动车道保持功能的 L3 级自动驾驶汽车在韩国上路成为可能。

（2）新加坡

新加坡提出建设智慧国家目标与 SAVI 倡议、积极开展道路测试，并发布《自动驾驶技术参考 68》（TR68）。

①提出建设智慧国家，将交通运输作为智慧国家的重要落脚点，为在有限的空间内打造更加高效、安全、可靠的强化运输体系，开展无人驾驶汽车、公共交通非接触收费、定制穿梭车、城市交通开放数据、自动驾驶标准研究等工作。

②新加坡自动驾驶汽车倡议、《自动驾驶技术参考 68》（TR68）为自动驾驶汽车生产企业和技术开发商提供指导规范。

（3）澳大利亚

澳大利亚不断完善法规环境，开展大量 FOT 项目，推动自动驾驶发展。

①发布《国家自动驾驶汽车实施指南》，说明《澳大利亚道路规则 297》中"适当控制"对具有自动驾驶功能汽车的应用要求。同时，确认当汽车处于有条件自动驾驶状态时，驾驶员有遵守道路交通法规的责任。

②发布测试指南，修订法规限制，推动自动驾驶道路测试。

③围绕智能网联汽车、智能交通系统和智慧出行服务，在沿海地区开展大量技术研究、测试验证、示范应用项目，有力地推动了智能网联汽车发展。

5.2.4　我国智能网联汽车发展情况及发展目标

我国的智能网联汽车在高速发展的状态下已初步拥有 L2 及以上汽车研发以及测试的能力，在应用程度和商业层面上也在不断探索。2018 年 12 月，《车联网产业发展行动计划》被信息化部印发并由各大官方宣传。旨在实现智能网联汽车与其他产业的融合突破，在特定的现实生活场景中，让智能网联汽车拥有自动驾驶的功能，并建立车联网（智能网联汽车）基础应用体制，从而完成大幅度提升用户渗透率的目标。而且大批地方政府迎着"新基建"的风口，大力扶持并承办了一批车路协同和智慧交通项目。例如，2017 年，百度与金龙客车签订合作并研发一批无人驾驶微循环车的协议。从远景发展目标可以看到，在智能汽车实际应用过程中，我们需要构建中国方案。目前，在智能网联汽车发展过程中，没有成功的和既定的道路可以借鉴，必须立足高新技术与产业发展需求，并结合我国国情，打造智能网联汽车创新发展中国方案。

1. 我国智能网联汽车的发展

我国对自动驾驶汽车的研究始于 20 世纪 80 年代，得益于"863"计划，即《国家高技术研究发展计划》提出的自动化技术。

我国产业基础决定我国难以采用国际上两条以"单车智能"为核心的发展路径。具体来说，我国之所以要发展中国方案的主要原因有两个：一是汽车在行驶过程中所需的通信、地图和数据具有极强的本地属性，需要国家统一的安全监管，因此难以直接复制引用国外技术；二是智能网联汽车是由新一代信息通信技术、汽车系统技术、集成技术三者融合组成，需要跨界协同、融合创新，但国际上没有成功方案可以借鉴。因此，智能网联汽车的发展急需具有本地属性的新产品，提出了中国方案的智能网联汽车。中国方案智能网联汽车的内涵在于要符合中国基础设施标准,包括道路基本设施标准、地图数据标准、V2X 通信标准、交通法规等;符合中国联网运营标准,包括智能网联汽车准入、联网运营监管、信息安全等相关标准;符合中国新体系架构汽车产品标准,包括智能终端、通信系统、云平台、网关、驾驶辅助系统、自动驾驶系统等新架构汽车产品标准。关于中国方案智能网联汽车的发展思路,可以通过建立中国方案的智能网联汽车信息物理系统架构,充分融合智能化与网联化发展特征,以五大基础平台为载体,实现"人-车-路-云"一体化的智能网联汽车系统。

2016 年,我国发布《节能与新能源汽车技术路线图》,明确描述智能化和网联化分级方式,在国际上率先提出网联化分级方式——网联辅助信息交互、网联协同感知、网联协同决策与控制,为产业发展开辟了新思路和新路径。目前,《节能与新能源汽车技术路线图 2.0》已经发布,在这一版本中,对车辆智能化、网联化分级和产业化实现路径时间表进行了进一步的修订与完善,深化探索中国方案智能网联汽车技术路线图。实际上,坚持这样一种网联化的技术融合方案,得到了越来越多的国家和地区的认可,包括欧盟道路交通研究咨询委员会在 2019 年公布的网联式自动驾驶发展路线图中,明确提出了基于数字化基础设施支撑的网联式协同自动驾驶(Infrastructure Support levels for Automated Driving,ISAD)。

2017 年 4 月,工业和信息化部等部委发布《汽车产业中长期发展规划》,提出加大智能网联汽车关键技术攻关、开展智能网联汽车示范推广。9 月,组织研究智能网联汽车公共道路适应性验证管理规范,包括申请、测试、事故处理等内容。12 月,发布《国家车联网产业标准体系建设指南(智能网联汽车)》,提出分阶段建立我国智能网联汽车标准体系战略目标。

2018 年 1 月初,国家发展和改革委员会公布了研究起草的《智能汽车创新发展战略(征求意见稿)》,提出搭建技术创新体系、产业生态体系、路网设施体系、法规标准体系、产品监管体系、安全保障体系等六大产业体系。实现到 2020 年中低级别智能汽车达到规模化生产,中高级别智能汽车实现市场化应用;2035 年中国标准智能汽车享誉全球,率先建成智能汽车强国。2018 年 3 月,工信部印发《2018 年智能网联汽车标准化工作要点》,推进智能网联汽车技术标准研究与制定。国家政府层面出台的一系列政策文件对支持和规范智能网联汽车公共道路适应性验证,推动汽车智能化、网联化技术发展和产业应用起到有效积极作用。

2020 年 2 月,国家发展和改革委员会等十一部委联合发布《智能汽车创新发展战略》,制定顶层设计规划。

近期目标,到 2025 年:

①体系建设:中国标准智能网联汽车技术创新、产业生态、基础设施、法规标准、产品监管和网络安全体系基本形成。

②市场培育:实现有条件自动驾驶的智能网联汽车达到规模化生产,实现高度自动驾驶的智能网联汽车在特定环境下市场化应用。

③基础设施:车用无线通信网络实现区域覆盖,新一代车用无线通信网络在部分城市、高速公路逐步开展应用,高精度时空基准服务网络实现全覆盖。

远期愿景,2035—2050 年:

①中国标准智能汽车体系全面建成、更加完善。

②安全、高效、绿色、文明的智能汽车强国愿景逐步实现。

③充分满足人民日益增长的美好生活需要。

2020年11月,国务院办公厅印发《新能源汽车产业发展规划(2021—2035年)》。

①到2025年,我国新能源汽车市场竞争力明显增强,动力电池、驱动电机、车用操作系统等关键技术取得重大突破,安全水平全面提升。纯电动乘用车新车平均电耗降至12.0千瓦时/百公里,新能源汽车新车销售量达到汽车新车销售总量的20%左右,高度自动驾驶汽车实现限定区域和特定场景商业化应用,充换电服务便利性显著提高。

②力争经过15年的持续努力,我国新能源汽车核心技术达到国际先进水平,质量品牌具备较强国际竞争力。纯电动汽车成为新销售车辆的主流,公共领域用车全面电动化,燃料电池汽车实现商业化应用,高度自动驾驶汽车实现规模化应用,充换电服务网络便捷高效,氢燃料供给体系建设稳步推进,有效促进节能减排水平和社会运行效率的提升。

2.我国智能网联汽车发展目标

我国智能网联汽车发展的总体目标(图5.11)有以下几点:

①到2035年,中国方案智能网联汽车技术和产业体系全面建成、产业生态健全完善,整车智能化水平显著提升,网联式高度自动驾驶智能网联汽车大规模应用。

②由于采用智能化和网联化技术,驾乘安全性和舒适性显著提高,交通事故和人员伤亡数量大幅降低,交通出行和物流运输效率显著提升,道路交通能源消耗和污染排放有效降低。

③中国方案智能网联汽车关键核心技术处于国际领先水平,有效助推汽车产业转型升级、新兴产业经济重构和安全、高效、绿色的汽车社会文明形成,促进建设世界汽车强国的战略目标实现。

图5.11 我国智能网联汽车发展总体目标

(1)顶层设计方面

中国方案智能网联汽车发展战略形成,并逐渐成为国际汽车发展体系重要组成部分。政策法规体系、技术标准体系、产品安全体系、运行监管体系建成并不断完善。汽车与交通、信息通信等产业相互赋能、协同发展,新型产业生态体系形成,智能网联汽车、智能交通、智慧城市深度融合。

顶层设计目标如图5.12所示。

图5.12　顶层设计目标

（2）技术和产品创新能力方面

研发体系、生产配套体系、创新产业链体系形成并持续优化。拥有世界排名前十的供应商企业1～2家,中国品牌智能网联汽车以及核心零部件国际竞争力增强。"人-车-路-云"高度协同,通信网络、道路交通、地图定位等智能化基础设施覆盖度高。

技术和产品创新能力目标如图5.13所示。

图5.13　技术和产品创新能力目标

（3）市场应用方面

PA、CA级智能网联汽车渗透率持续增加,2025年达50%,2030年超过70%。2025年,C-V2X终端的新车装配率达50%,2030年基本普及。2025年,高度自动驾驶车辆首先在特定场景和限定区域实现商业化应用,并不断扩大运行范围。网联协同感知、协同决策与控制功能不断应用,车辆与其他交通参与者互联互通。

市场应用方面目标如图5.14所示。

图5.14　市场应用方面目标

3.智能网联汽车发展里程碑

针对乘用车、货运车辆、客运车辆三类典型车辆类型,制定分阶段发展目标与里程碑。

路线图的研究范围为乘用车、货运车辆、客运车辆制定分阶段发展目标与里程碑,如图5.15所示。智能网联乘用车为轿车,其功能包括城市道路自动驾驶、停车场自动驾驶等。智能网联货运车辆包括中型、大型货车,以及目前在特定区域示范应用的新型物流配送车辆。智能网联客运车辆包括用于城市公交、城际客运、社会团体等客车,以及目前在特定区域示范应用的新型通勤小巴。

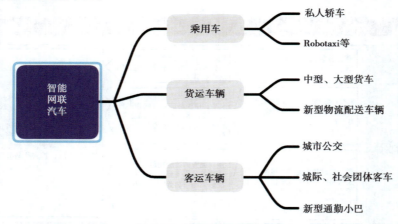

图5.15　路线图研究范围

(1)智能网联乘用车发展里程碑

2025年左右,CA级自动驾驶乘用车技术的规模化应用,HA级自动驾驶乘用车技术开始进入市场。2030年左右,HA级自动驾驶乘用车技术的规模化应用,典型应用场景包括城郊道路、高速公路以及覆盖全国主要城市的城市道路。2035年以后,FA级自动驾驶乘用车开始应用。

乘用车发展里程碑如图5.16所示。

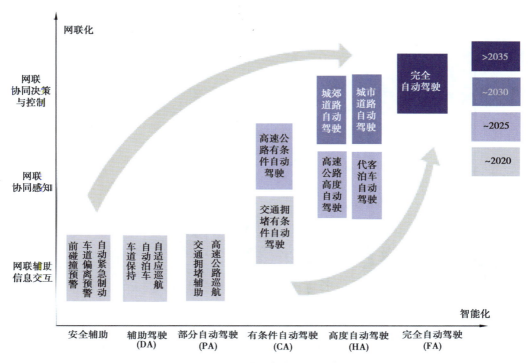

图 5.16　乘用车发展里程碑

乘用车应用场景见表 5.2。

表 5.2　乘用车应用场景

交通拥堵有条件自动驾驶（Traffic Jam　Chauffeur,CA 级）
高速公路有条件自动驾驶（Highway　Chauffeur,CA 级）
高速公路高度自动驾驶（Highway　Autopilot,HA 级）
代客泊车自动驾驶（Automated Valet　Parking,HA 级）
城市/郊区道路自动驾驶（City/Suburban Autopilot,HA 级）
完全自动驾驶（FA 级）

（2）智能网联货运车辆发展里程碑

2025 年左右,高速场景 DA、PA 级自动驾驶技术规模化应用,CA 级自动驾驶货运车辆开始进入市场。限定场景 HA 级自动驾驶实现商业化应用,高速公路队列行驶开始应用等。2030 年左右,城市道路 HA 级自动驾驶技术开始应用,高速公路 HA 级自动驾驶技术实现商业化应用,限定场景 HA 级自动驾驶、高速公路队列行驶实现规模商业应用,典型应用场景覆盖全国主要城市的城市道路。2035 年以后,FA 级智能网联货运车辆开始应用。

货运车辆发展里程碑如图 5.17 所示。

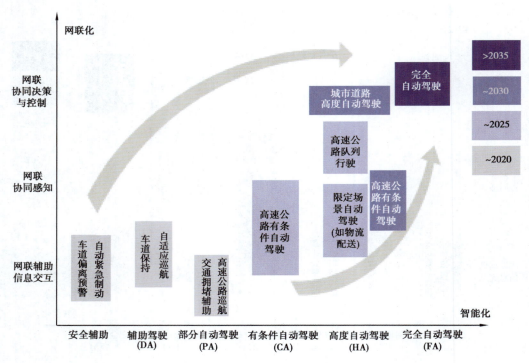

图5.17　货运车辆发展里程碑

货运车辆应用场景见表5.3。

表5.3　货运车辆应用场景

高速公路有条件自动驾驶（Highway Chauffeur，CA级）
高速公路高度自动驾驶（ Highway Autopilot，HA级）
高速公路队列行驶（Highway Pilot Platooning，HA级）
限定场景自动驾驶（Confined Areas Autopilot，HA级）
城市道路自动驾驶（City Autopilot，HA级）
完全自动驾驶（FA级）

（3）智能网联客运车辆发展里程碑

2025年左右,限定场景公交车（如BRT）CA级自动驾驶技术商业化应用、限定场景接驳车HA级自动驾驶技术商业化应用。2030年左右,HA级自动驾驶接驳车规模化应用,限定场景HA级自动驾驶公交车（BRT）商业化应用,HA级自动驾驶城市道路公交车开始进入市场。2035年以后,实现城市道路公交车HA级自动驾驶技术规模化应用,高速公路客运车HA级自动驾驶商业化应用。随技术发展,逐步实现全路况条件下的自动驾驶。

客运车辆发展里程碑如图5.18所示。

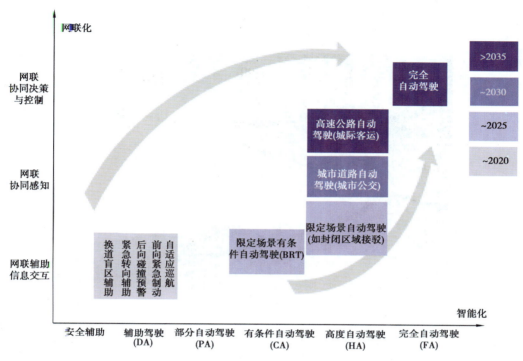

图 5.18　客运车辆发展里程碑

客运车辆应用场景见表 5.4。

表 5.4　客运车辆应用场景

限定场景有条件自动驾驶（BRT,CA 级）
限定场景自动驾驶（Confined Areas Autopilot,HA 级）
城市道路自动驾驶（City Autopilot，HA 级）
高速公路自动驾驶（ Highway Autopilot,HA 级）
完全自动驾驶移动平台（FA 级）

5.3　智能网联汽车发展趋势

5.3.1　智能网联汽车技术发展趋势

1. 趋势一:智能化和网联化融合发展趋势

智能网联汽车从单车智能化逐步向智能化与网联化相融合的路径发展,不仅是与基础设施的网联通信,而且是 V2V、V2I、V2P 等更加深入的网联协同,这是因为:

①道路交通场景复杂程度越来越高,仅凭单车智能化方案难以在量产车上实现无人驾驶。

②通过采用智能化与网联化相融合的发展方向,可以有效弥补单车智能化存在的能力盲区和感知不足,降低对自身搭载传感器、硬件性能等要求,降低单车成本,有利于快速实现

自动驾驶。

智能化与网联化相融合发展趋势如图 5.19 所示。

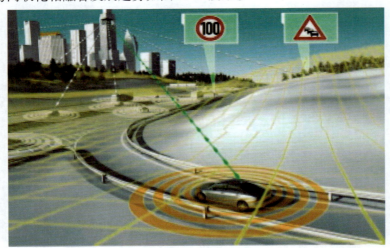

图 5.19 智能化与网联化相融合发展趋势

2. 趋势二:软件定义汽车、数据驱动汽车

自动驾驶推动新型电子电气架构演进,软件定义、数据驱动汽车将成为未来发展趋势。

①传统汽车电子系统缺陷明显,已经难以满足未来汽车软件化的需求。未来基于域控制器、中央计算平台的电子电气架构将成为趋势。

②其优势明显,可使车辆软硬件分离,充分利用硬件性能,提高软件复用率,降低整体成本;同时,车企可主导核心算法开发,自主软件系统的开发与应用,加强对整车 OTA 升级能力,从而实现车辆性能、功能的持续优化与迭代更新。

软件定义、数据驱动汽车发展趋势如图 5.20 所示。

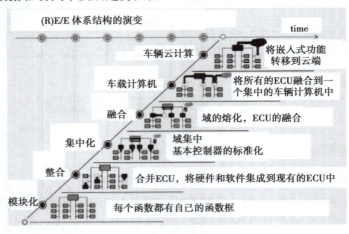

图 5.20 软件定义、数据驱动汽车发展趋势

3. 趋势三:应用场景拓展

在特定场景优先得到实践应用,随着技术不断验证与成熟,逐步向城市郊区道路、高速

公路等场景拓展,如图5.21所示。从技术层面来看,限定区域运营场景由于路况简单、线路相对固定、车速相对较低、交通参与者较少等因素,更有利于自动驾驶功能的实现。因此,智能网联汽车会按照低速封闭场景到低速开放场景或高速封闭场景到高速开放场景的顺序实现商业化落地。

图 5.21　逐步向城市郊区道路、高速公路等场景拓展

4. 趋势四:路基设施加速智能化

未来路侧基础设施将加速智能化进程,连接云控平台与智能网联汽车,形成多级化智能网联交通体系,如图5.22所示。

① 通过路侧基础设施智能化,可以有效提升交互实时性、道路参与者定位精度,并提高信息交互效率。

② 此外,在路侧边缘借助机器智能算法,以交通数据流整合为核心,支持实现智能交通物联网和信息网的融合,构建起全局动态交通管控系统、数据驱动的智能化协同管控系统,保障智能交通体系全面性与动态性。

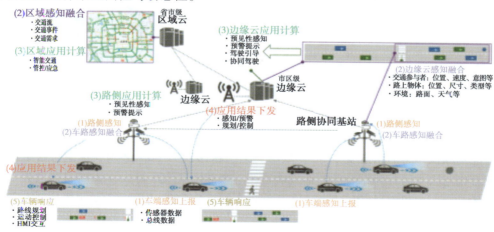

图 5.22　路基设施加速智能化进程

5. 趋势五:推动汽车产业重构

智能网联汽车推动汽车产业生态重构,如图 5.23 所示。

图 5.23　智能网联汽车推动汽车产业生态重构

6. 趋势六:智能网联汽车与智慧城市、智能交通融合

智能网联汽车与智慧城市、智能交通实现融合成为主要发展趋势,如图 5.24 所示。

图 5.24　智能网联汽车与智慧城市、智慧交通融合

　　纵观全球智能网联汽车发展趋势,我国汽车业已进入新的发展阶段,智能网联技术作为未来产业发展的核心突破口之一,将推动我国汽车行业上新台阶,并将带动相关产业协同发展。智能网联汽车背后信息安全、产业战略安全问题,决定了我国必须要探索符合中国国情的开放合作与自主可控相结合的产业发展道路。智能网联汽车将成为我国引领世界汽车产业发展的重大历史机遇,探索并践行智能网联汽车创新发展的中国方案至关重要且刻不容缓。

5.4　智能网联汽车面临的挑战和应对

5.4.1　智能网联汽车面临的挑战

1. 关键技术方面的挑战

智能化和网联化是智能网联汽车的两条技术发展主线。美国、日本等国家整车企业在选择实现两条技术路线路径过程中都采用了以发展智能化为起点,分阶段融合网联化技术,最终达到智能化和网联化的高度融合,实现完全自动驾驶。目前美国、日本的智能化和网联化技术都取得了显著进步。智能化方面,美国、日本的整车企业选择研发驾驶辅助系统作为发展智能网联汽车的起点。自 2009 年起,美国谷歌公司无人驾驶汽车计划已经发展到第三代,其中在第三代的自动驾驶已经达到 4 级,该车已经实现不需要人类驾驶员操作即可启动、行驶和停止。特斯拉在 2016 年推出第二代 Autopilot 自动辅助驾驶技术,该技术已经达到自动驾驶 3 级标准。特斯拉正在开发一套全新得到"视觉神经网络",车身各处传感器收集的信息最终由行车电脑中的"视觉神经网络"处理,实现更高级别的自动驾驶。本田公司推出基于毫米波雷达的安全系统,通过车载单眼,将图像作用在感知认知系统和主动安全控制系统中并融合在一起,实现多种自动驾驶功能。网联化方面,美国、日本的部分整车、零部件及其他企业积极推动 V2X 技术发展。通用汽车推出的 V2V 系统,能够实现全方位物体定位传感器的工作。福特汽车已经将 V2X 技术应用在全新第六代野马跑车。电装公司对 V2X 技术在多项自动驾驶功能中的有效性进行了成功验证。我国智能网联汽车核心技术研发与应用尚处于初级阶段,总体水平比较滞后,特别是在智能化关键技术领域还需努力。

智能网联汽车需要具备高智能化和高可靠性才能实现完全自动驾驶,而目前芯片、传感器等关键设备以及决策系统、控制系统等软件的技术水平,距离完全自动驾驶要求的智能化和可靠性还相去甚远。传统汽车包括 MCU(微控制单元)在内的电子零件都是为辅助驾驶员决策设计的,功能单一,运算能力较低。而智能网联汽车需要自主决策,需要从汽车的感测、运算和制动等功能区块大幅强化处理能力,子系统的数量和复杂度将呈指数级增加。另外,我国智能网联汽车面临的关键技术制约更为突出,车载芯片、毫米波雷达主要被国外巨头垄断,国产配套能力仍待进一步提高。有研究称,国内仅有 4 家公司实现车规级 MCU 量产。其均由从消费类和工业类 MCU 起步,但是车规级 MCU 对安全可靠性的要求与消费类和工业类大不相同,至于生产能用于自动驾驶决策的 MCU,国内企业则还有相当长的路要走。

2. 基础设施方面

智能网联汽车自主实现完全自动驾驶难度极大,也并不经济,业界普遍寄希望于基础设施改进,帮助自动驾驶更快实现,但基础设施建设是一个更复杂的问题。智能网联汽车已经超出车的范畴,更像是一个复杂系统,车路协同、车间协同对智能网联汽车的产业化至关重要,需要通信、定位、云计算等多种技术支持。当前,我国已经规划了车联网专用频率,5G 网络也开始大规模建设,在车联网发展上取得了一定的先发优势。但是,由于路况差异大、基础设施改造成本高等因素,智能网联汽车发展的初期和中期可能呈现出区域限制和缓慢推进的情况。目前各地测试标准规范的差异,互不认可他地测试结果的情况,是这种区域限制的一个侧面。

智能网联汽车需要人、车、路、云、网、图互联,协同发展,道路基础设施是网联化的重要基础,需要建设智能化基础设施网络、无线通信网络、高精度位置服务网络等各种基础设施网络。道路基础设施的智能化改造需要跨部门协调与跨产业协同,建设投资大、周期长,投资主体不明确,没有形成有效商业模式,影响了建设进度。

智能网联汽车开发过程中离不开测试与综合评价,产品质量检验需要大量测试。相比欧美日发达国家智能网联汽车技术开发实践,我国智能网联汽车产品测试场地建设不足。与传统汽车测试场地不同,智能网联汽车测试场地主要考核车辆对道路及周边环境感知能力。因此智能网联汽车测试场地应该是受控封闭测试场,场地应具有技术研究、模块开发、性能测试等多项功能。目前美国建成了 M-City、SmartRoad、Go Mentum Station 等测试场地,主要用于自动驾驶技术以及 V2X 技术测试。英国和瑞典建成了包含具有测试智慧交通、自动驾驶、V2X 技术测试功能的综合性测试场地。相比国外建成的先进测试与试验场地,我国智能网联汽车测试场地建设相对不足。目前重庆已经建立智能汽车实验场地,该场地是在原传统测试产地基础上改造而建成的。测试场地环境要素、交通要素、设施要素等需要重新集成,需进行大量测试与数据收集,验证场地具有综合测试功能之后才能投入使用。虽然北京、上海、江苏、深圳等都在规划建设智能网联汽车测试场地,但现有测试场地不能满足技术开发需要。

3. 法律制度与标准方面

面对智能网联汽车等新兴业态,法律和相关规则也未做好充分准备。智能网联汽车的路权在法律层面上尚不明确,发展与安全的关系还需进一步平衡。首先,道路交通安全法未对道路测试明确授权。《中华人民共和国道路交通法》对驾驶员的要求均是针对人类驾驶员的,未规定无人类驾驶员或者人类驾驶员监控驾驶的情形,与之相对应的许多细则规定,如双手不能脱离方向盘等都使自动驾驶存在很大违规风险。其次,智能网联汽车标准缺失,机动车准予登记上路的前提是符合机动车国家安全技术标准,缺少国家标准意味着不具备登记上路的前提,因此智能网联汽车目前只拿到一些试验牌照。另外,测绘、客货运营、保险等领域的法律法规都存在着对智能网联汽车的制度约束或者供给不足,适用哪种侵权责任也尚未有定论。同时,以智能网联汽车为代表的人工智能技术在发展中始终面临着伦理规范考量的问题。

我国智能网联汽车相关标准尚处于建设初期,标准体系与核心产品标准并不健全,标准制定权分散在汽车、交通、通信等多个部门,现有标准大部分是团体标准或行业标准,难以满足智能网联汽车快速发展的需求。我国相关法律法规尚未针对自动驾驶汽车做出调整,《中华人民共和国道路交通安全法》《中华人民共和国公路法》《中华人民共和国保险法》等都不涉及自动驾驶方面的内容,《中华人民共和国网络安全法》《中华人民共和国测绘法》《中华人民共和国标准化法》等都存在不适应自动驾驶技术产业化的规定,自动驾驶汽车上高速公路测试等受法规限制。

4.产业化方面

智能网联汽车产业发展中需要做好产业发展战略规划,现阶段我国尚未拟定智能网联汽车发展战略。从当前我国智能网联汽车产业发展基本路线来看,对产业层面技术架构进行设定,并且提出了明确的发展目标。智能网联汽车产业技术发展路线图第一次明确了基于产业层面的"两横三纵"技术总架构,明确提出了我国智能网联汽车产业"三步走"的战略目标。技术发展路线图将不仅有力引导了产业技术创新与技术应用,而且将为我国智能网联汽车产业发展战略和技术创新战略提供有力支撑。但是产业技术发展路线图不等同于产业发展战略规划。我国智能网联汽车产业战略规划,需要在顶层设计上解决我国智能网联汽车产业发展战略选择、产业布局、产业技术创新以及产业政策等重大问题。为此,我国智能网联汽车产业发展战略需要确定在中长期我国智能网联汽车发展的战略发展方向、发展目标、实施路径、重点任务以及保障措施,并拟定近期行动计划,确保工作落实有效且有序推进。但是技术发展路线与产业技术创新之间存在较大差异,技术发展路线与产业发展规划不能相互对应,所以当前要在顶层设计上选取智能网联汽车产业发展策略,做好产业布局,对各项技术进行创新。在智能网联汽车长远发展中要明确中长期战略发展方向、发展目标、重要措施,制订行动计划。

产业发展离不开产业标准体系建设,需要发挥技术标准的引导和规范作用。产业标准体系要先于产业发展,即所谓"产业发展,标准先行"。为促进我国智能网联汽车产业标准体系建设,2017 年 6 月,国家工业和信息化部办公厅和国家标准化管理委员会联合公布了《国家车联网产业标准体系建设指南(智能网联汽车)(2017 年)》(征求意见稿)(以下简称《指南》),《指南》包含总体要求、构建方法、标准体系和组织实施 4 个部分。《指南》提出的建设目标是,到 2020 年初步,建立能够支撑驾驶辅助及低级别自动驾驶的智能网联汽车标准体系。到 2025 年,形成能够支撑高级别自动驾驶的智能网联汽车标准体系。《指南》中还首次界定了我国智能网联汽车"智能化等级"以及"网联化等级"。《指南》将进一步凝练社会各界对智能网联汽车的共识,为我国智能网联汽车产业发展发挥巨大引领和规范作用。但是,我国智能网联汽车产业标准体系存在以下不足:一是产业标准不全面。现有产业标准主要集中在基础性、共性、关键技术领域,而行业当下急需的标准没有建成或相关研究还未立项。二是产业标准与国际标准对接存在障碍。为了提高产业标准的实用性、指导性,相关部门在指定行业标准时务实地考虑到我国的路况和交通实际,使得产业技术标准具有一定"中国特色",这给我国智能网联汽车产业标准与国际产业标准接轨留下障碍。三是产业技术标准验证不足。产业标准需要大量的试验与运行测试,才能体现技术标准的科学性、前瞻性,但是我国智能网联汽车试验与运行测试存在明显不足。四是跨行业、跨领域的技术标准缺乏。在《指南》中,"信息安全"领域的技术标准拟建 16 项,而正式完成的项目只有 1 项。在"相关标准"子目录里,"通信协议"拟建 2 项标准,"界面接口"拟建 6 项标准,但实际上尚无建成标准。

智能网联汽车产业政策为促进产业发展发挥重要作用。为此,国家出台了一系列产业政策,引导与规范产业发展。我国目前智能网联汽车相关产业政策主要作用于基础性、共性、关键技术领域,加速推动其技术研发与应用。产业政策的实施加快了我国汽车产业技术进步,缩短了与发达国家间的差距。但是我国智能网联汽车产业政策存在以下不足:一是制定产业政策带有明显的"路径依赖"。政策制定的"路径依赖",会影响我国智能网联汽车产业发展战略的实施。我国产业政策的一个重要特征是实现"赶超战略",该战略在一些重要经济领域的成功实践,可能会影响到我国智能网联汽车产业发展战略的选择。我国已经具备发展智能网联汽车的多种有利优势,完全可以考虑选择"领跑战略"。二是产业发展目标不明确。现行产业政策没有明确我国智能网联汽车产业发展目标,没有明确我国在未来国际智能网联汽车产业链上的分工。三是产业政策作用模式与手段不完善。目前我国智能网联汽车产业政策的作用模式是采用选择性产业政策,政策手段主要采用直接税额优惠和财政补贴或财政贴息等支持性的政策工具,带有明显的行政色彩,而功能性产业政策没有得到有效利用。四是制定产业政策的机制不完善。我国出台智能网联汽车产业政策的部门包括国务院、发展和改革委员会、工业和信息化部等,多部门出台政策容易造成政策泛化、碎片化,容易产生政策衔接问题。智能网联汽车属于复合型新领域,出台政策部门需要结合其他部门相关政策进行调整、妥协,否则政策内容与初始设计会严重影响政策效果。

未来自动驾驶汽车如何运营还有一系列问题需要突破;高精度地图数据采集与应用的商业模式不清晰;智能网联汽车测试场地存在建设投入高、利用率低、收入模式单一等问题;智能基础设施建设投入产出比不明确,影响投资积极性。

5.4.2　促进我国智能网联汽车发展的应对策略

面对上述困难,业界一直盼望国家的顶层设计和发展路线图。《智能汽车创新发展战略》(以下简称《战略》)的正式公布为智能网联汽车行业注入了一针强心剂,进一步指明了行业发展方向,明确了技术和产业发展着力点,对于现实问题给出了有针对性的回答。

1.相关技术与测试评价标准和场地方面

《战略》六大任务中,"构建协同开放的智能汽车技术创新体系"被列为首位,体现出技术创新在智能网联汽车发展中的基础性作用。技术创新体系的内容与智能网联汽车的技术发展特点相对应,包括关键基础技术、测试评价技术和应用示范试点。基础技术是前提,测试评价技术是安全性、可靠性的保障。应用示范试点是验证技术、产品及其商业模式的关键支撑。《战略》的技术创新体系有三个亮点:一是要构建一个协同、开放的技术体系。技术协作体系可以在一定程度上降低企业参与创新和技术研发的成本,减少重复劳动,而且还可以促进技术间、产品间的衔接,提高研发和产业链配套效率。二是明确发展多类型、多层级的测试评价系统。实车测试、仿真测试等测试方法的衔接配合,有利于提高测试效率。另外,受客观因素限制,在未来一段时间内,可能会出现多等级智能网联汽车共存的情况。而多层级的测试评价系统,有利于实现阶段性的产业化,降低商业化周期。三是提出"开展城市级智能汽车大规模、综合性应用试点"。城市级应用试点与封闭场地测试和定点道路测试相比,对于安全性和可靠性的要求是有数量级上的差别的,该方向将进一步提高智能网联汽车的技术成熟度和优化商业模式。

智能网联汽车技术架构复杂,涉及汽车、电子技术、信息通信、交通等多个领域。围绕智能网联汽车关键技术,整合现有资源,鼓励整车及零部件企业协同清华大学、同济大学等国内高等院校和研发机构开展攻关,重点突破环境感知技术、控制执行技术、人机共驾技术、通信与平台技术等技术领域;加快推动整车企业与互联网企业、电子信息企业等相关产业的创新合作,搭建智能网联汽车基础数据共享平台和产业化服务平台,促进资源共享,推进智能网联汽车与智慧交通、信息通信等产业的融合发展。

智能网联汽车是一种新生事物,国内不同行业对智能网联汽车的理解不够全面。在政府的主导下,从国家和行业层面明确智能网联汽车定义、功能、构成和发展定位、目标,加强统筹协调,分级推进智能网联汽车发展。围绕智能网联汽车智能化水平提升需求,以国家《汽车产业发展中长期规划》为战略引导,重点发展环境感知系统,车载 V2X 无线通信技术、高精度定位与地图技术,人机交互与共驾技术、集成控制及执行系统技术,加快发展智联终端装备,同步发展多源信息融合技术,推动面向乘用车和商用车的自主式智能网联汽车产业链与智慧交通体系建设,构建智慧生态环境城市。

目前我国还未有自能驾驶车辆上路相关标准法规,相关部门协调统一,围绕智能网联汽车体系架构和相关产业发展目标,推进成立全国汽车智能网联汽车标准化委员会,建立跨部门、跨行业、跨领域的统筹协调机制,编制智能网联汽车标准体系及上路验证规范准则,积极开展乘用车自动紧急制动系统、盲目监视系统等 ADAS 系统标砖体系建立,营造促进智能网联汽车发展的软环境。

根据智能网联汽车的需求,加快推进 LTE-V 等通信网络设施建设,支持 5G 通信设备研发和网络体系建设;不断优化车道宽度、道路限速等设施参数,提升道路基础设施信息化、标准化水平;推进部署路边通信终端及网络,建设高精度 GPS 定位系统和视频监控系统,实现测试和监控数据与公共云平台的联网,打造面向智能化、网联化的智慧路网基础设施体系,为开展智能网联汽车关键技术的研发和应用测试,不同等级智能网联汽车提供重要支撑。

目前,我国智能网联汽车产业技术突破的难点主要集中在车联网技术、高精度地图、高精确的传感器以及高性能的集成计算等领域。为此,一是需要加强 V2X 技术研发与应用,扩展车载传感器感知范围。在功能技术上实现通过 V2X 应用广播前车的环境感知结果,预先告知后车。再通过 V2X 网络互联到云端,获得更大范围的环境信息,扩展实时导航和路径规划等。二是需要加强高精度地图研发,提高导航精确性。需要提供厘米级的定位以及应对复杂驾驶环境的精确三维地图数据,进行动态目标检测和障碍物检测等,降低对传感器依赖。三是需要应用雷达探测技术,保证感知精确度。毫米波雷达可以准确检测前方车辆的距离和速度,能通过点云来建立周边环境的 3D 模型。需要加强激光雷达或毫米波雷达与视觉传感器技术融合研发,实现目标物体检测和目标空间测距,从而进行深度识别,提高环境感知度。四是需要构建高性能集成计算平台。高性能集成计算平台主要应用在移动终端芯片产品开发上,提高产品数据处理能力。为此,需要构建车载嵌入式平台,支持多系统感知,实现提供图像处理功能。

2. 产业建设方面

在《战略》提出的六大体系建设任务中,产业生态体系需要协调动员的范围最大,增强产业核心竞争力、培育新型市场主体、创新产业发展形态、推动新技术转化应用均涉及多业态、多领域协同创新。汽车关键零部件和智能系统的产业化发展是智能网联汽车生态系统构建的基础,但不是全部。智能网联汽车的产品特性给了不同领域玩家全新的想象空间,不但智能网联技术不再只是某一行业企业的专属领域,在其上的各种应用模式也并非全由汽车企业做主。汽车生态体系随着智能网联汽车的发展将会迎来前所未有的规模。

(1)实时产业创新协同发展

我国具备加快智能网联汽车产业发展的现实优势:一是在供给侧,我国已经具备完整的工业体系以及具有正向设计为主的研发能力,另外我国已经发展了强大的信息产业;二是在需求侧,国内具有超大的市场需求规模。但是,我国智能网联汽车产业发展的劣势依然存在。例如我国传统汽车产业总体水平以及与汽车产业紧密相关的基础工业水平不高,信息产业支撑实体经济的能力不足等。为此需要从战略高度及全局的角度出发,积极实施协同创新发展战略。通过组建产业联盟,整合政府、企业、高校及科研机构资源,参与协同创新。通过体制机制等制度创新,释放产业创新发展潜力。为此,一是需要加快我国智能网联汽车产业标准建设。加强基础性、共性以及关键性技术研发,开展联合技术攻关,形成自主知识产权。通过产业标准建设,抢占国际竞争制高点。二是加强技术创新,推进我国智能网联汽车重大技术进步成果转化以及示范应用。依托上海等国家智能网联汽车试点示范区建设,加快我国智能网联汽车重大技术进步成果转化。当前应加快《合作式智能运输系统 车用通信系统 应用层及应用层数据交互标准》以及《智能网联汽车道路测试与示范应用管理规范(试行)》等技术进步成果转化以及示范应用。三是鼓励产业集群建设。以国家智能网联汽车试点示范区为核心,整合社会各方要素,围绕创新链、产业链、资源链开展联合行动,组建我国智能网联汽车产业集群,加快产业布局。四是支持商业模式创新。支持面向个人消费者的硬件产品销售模式创新;支持提供包含增值服务、UBI 保险、LBS 精准营销、流量变现在内的数据服务模式创新;支持以娱乐服务、移动管理和健康监控为主要内容的提供远程服务模式创新;支持面向车辆运营商,提供包括车队管理、预防性维护和自动驾驶等在内的车辆管理服务模式创新。

(2)推进产业标准体系建设

建立并完善层次清楚、科学合理、适合国情的智能网联汽车产业标准体系,是促进产业技术进步,引领产业健康有序发展的重要保障。为推进产业标准体系建设,在顶层设计方面:一是需要以智能化为主,兼顾智能化与网联化协同发展。目前标准体系构建应坚持以汽车技术为重点,适度兼顾与外界通信、协调等网联化,暂时不启动交通道路设施建设标准。二是需要构建不同层次定位、不同性质的标准。由国家部委主导,加快基础性、共性、关键技术领域行业标准建设。对行业急需的、尚未成熟的标准,可由各行业学会、协会等具有团体标准制定发布资质的组织先行制定团体标准并在一定范围内推荐实施,择机完善并建成为国家标准。三是产业标准体系既要考虑中国国情又要兼顾国际接轨。我国的交通状况、典型驾驶行为、路况工况、交通事故形态等与发达国家存在明显差异,这决定了我国智能网联汽车产业标准有其特殊性。我国智能网联汽车产业发展是一个渐进演进的过程,产业标准建设也是一个逐步完善的过程,可以在产业发展过程中分阶段、分层次、有重点地对接国际产业标准体系。四是产业标准体系需要具有兼容性。我国智能网联汽车产业标准不仅需要兼容本行业未来技术发展,为对接未来技术标准留下接口,而且要兼容其他相关行业技术标准。

（3）优化产业结构

《中国制造2025》系列解读以及重点领域技术路线图,明确了我国智能网联汽车产业技术发展目标。在未来国际竞争中,我国智能网联汽车产业不仅需要在产业技术方面到达世界领先水平,还需要在智能网联汽车产业国际分工、商业化、市场化等方面抢占中高端。为此需要从以下几个方面优化产业政策:一是正确定位产业政策功能。我国智能网联汽车产业处于创业期,产业发展的外部性存在明显的市场失灵。在当前阶段,我国智能网联汽车产业政策的功能定位应该是支持智能网联汽车产业发展的智慧城市、智慧交通等基础设施建设,鼓励关键技术如ADAS、传感器、控制器等研发,加强产业技术标准建设等。二是创新产业政策工具。在创业期,我国智能网联汽车产业政策主要作用于供给侧。为弥补市场失灵,实施选择性产业政策,通过运用补贴和税额优惠为主的政策工具,加快了关键技术研发,有利于产业规模快速扩张。随着产业技术进步与产业发展,我国智能网联汽车产业政策将不仅作用于供给侧,以提高供给质量,还要作用于需求侧,以激活潜在市场需求。产业政策工具方面,要摒弃直接补贴,要创新产业政策工具,综合运用财政、货币、贸易、创新等政策工具,形成政策合力,提高政策效应。三是改善产业政策治理。在制定我国智能网联汽车产业政策过程中,要加强"政、企、学、研"合作,实现产业政策多元共治。通过多元参与、多维度充分交流意见,能提高政策制定的科学性及可实践性。要引入第三方评估机构,对我国智能网联汽车产业政策实施效果进行动态评估,并根据评估结果对产业政策进行调整,提高政策绩效。要根据我国智能网联汽车产业生命周期和发展变化,部分选择性产业政策需要择机退出。

3. 规则层面

《战略》第四、五、六项主要任务均可归为规则建设层面,"法规标准体系"侧重于静态规则建设,"产品监管体系"侧重于动态规则完善,"网络安全体系"则突出了网络安全的关键地位。《战略》规则层面的主要任务聚焦安全问题,一千余字的篇幅中,"安全"字样出现多达31次,足见政策设计者对于智能网联汽车安全性的关注。相对于征求意见稿,《战略》的最终稿在规则建设方面有三个明显趋势:一是智能系统的主体性和相关责任仍是下一阶段规则层面关注的重点。无论是征求意见稿还是最终稿,都将"机器驾驶人"认定、相关责任确认作为关注重点。随着智能网联汽车测试和试点规模的扩大,事故引发的矛盾将进一步显现。如何面对事故、解决纠纷和引导舆论,将成为影响智能网联汽车产业化的关键因素之一。二是发展阶段发生变化。从征求意见稿的"在条件成熟时对《中华人民共和国道路交通安全法》及其实施条例等进行修订",转变为最终稿的"促进《中华人民共和国道理交通安全法》等法律法规修订完善",体现出官方对智能网联汽车发展条件已基本成熟的认可。三是加强了对伦理规范的重视。《战略》最终稿增加了对"伦理规范研究"的关注,当前以伦理道德引导人工智能发展已经成为普遍共识,我国也在国家层面建立了国家科技伦理委员会,将科技伦理纳入顶层设计。智能网联汽车作为人工智能技术产业化的重点领域,特别是容易发生伦理道德选择的自动驾驶方面,在产业界仍缺乏关注。《战略》对伦理规范研究的关注,再次强调了伦理规范对智能网联汽车发展的重要性。

习　题

一、单选题

1. 下列不属于智能网联汽车应用场景的是(　　　)。

A. 自动驾驶出租车　　　B. 自动驾驶环卫车　C. 自主泊车　　　　D. 共享汽车

2. 不属于智慧交通的应用的是(　　　)。

A. 交通灯智能控制系统　B. 不停车收费系统　C. 智能停车场　　　D. 车辆违章拍照

3. 2021 年 7 月 27 日,(　　　)市智能网联汽车政策先行区正式开放自动驾驶高速场景,允许首批获取高速公路测试通知书的企业开展试点测试。

A. 上海　　　　　　　　B. 北京　　　　　　C. 重庆　　　　　　D. 广州

4.(　　　),广州公交集团白云公司举行自动驾驶出租车发布仪式,宣布推出全国第一辆自动驾驶出租车。

A. 2018 年 11 月 21 日　　　　　　　　　B. 2019 年 11 月 1 日

C. 2018 年 11 月 11 日　　　　　　　　　D. 2019 年 11 月 21 日

5. 美国强调技术创新,营造创新发展环境,连续更新发布了《自动驾驶汽车规划(AV1.0—AV4.0》、(　　　)等,加快Robotaxi、物流配送等示范应用和商业化步伐。

A.《智能网联战略》　　　B.《智慧交通战略》　C.《智能交通战略》D.《安全愿景》

二、多选题

1. 在第八届国际智能网联汽车技术年会上,北京市高级别自动驾驶示范区颁发了国内首批无人配送车车辆编码,(　　　)成为首批获牌企业。

A. 京东物流　　　　　　B. 美团　　　　　　C. 阿里巴巴　　　　D. 新石器

2. 一个城市的智慧交通是建立在现代电子信息技术的基础上的,主要包括(　　　)、指挥中心、电子警察系统、交通监控系统、交通信号控制系统。

A. 交通信息管理系统　　B. 交通诱导系统　　C. 智能公交系统　　D. 治安卡口系统

3. 2020 年 2 月,国家发展和改革委员会等十一部委联合发布《智能汽车创新发展战略》,远期愿景,2035—2050 年(　　　)。

A. 中国标准智能网联汽车体系基本建成

B. 安全、高效、绿色、文明的智能网联汽车强国愿景逐步实现

C. 充分满足人民日益增长的美好生活需要

D. 中国标准智能网联汽车体系全面建成

4. 针对(　　　)三类典型车辆类型,制定分阶段发展目标与里程碑。

A. 乘用车　　　　　　　B. 货运车　　　　　C. 无人车　　　　　D. 客运车

5. 为打造智能网联汽车中国方案发展路径,充分结合中国优势与产业发展趋势,进一步适应产业变革需求,在推进我国智能网联汽车产业发展过程中,近年来坚持(　　　)的发展方向和路径。

A. 充分发挥领先产业与体制优势,坚持智能化与网联化融合技术路线

B. 把握历史机遇窗口,着力推进我国智能汽车计算基础平台、云控基础平台等能力建设

C. 深化贯彻智能网联汽车安全技术研究与应用

D. 智能网联汽车推动汽车产业生态重构

三、填空题

1. _____模式推广,可一定程度缓解环境污染问题。自动驾驶出租车的普及率升高及出行成本降低,其便捷性和舒适性将使得用户更多转向共享出行,减少私家车购置量。

2. 智慧交通主要是在智能交通的基础上,通过_____利用等新技术来汇集更多的交通信息,从而为大家提供一种实时的交通数据。

四、判断题

1. 自主泊车系统(Automatic Parking System,APS)也可称为自动泊车,是指汽车可以自动识别停车位,从而进行车辆停车过程的路径规划,控制车辆驶入车位的一种辅助驾驶系统。(   )

2. 自动驾驶出租车通过车路协同技术在人类视觉盲区接收道路信息,或通过激光雷达在光线不佳的情况下"看到"人眼分辨不清的障碍物,提前规划车辆行为决策,避免交通事故。(   )

3. 目前深圳、长沙、上海、武汉、沧州、北京等允许载人测试,但对车辆数量、封闭测试里程数及载客对象提出严格要求。(   )

4. 一个城市的智慧交通是建立在现代电子信息技术的基础上的。(   )

5. 我国是对智能网联汽车研究最早和技术水平最高的国家。(   )

五、简答题

1. 列举 4 个智能网联汽车的应用场景。

2. 自动泊车按照停车方式可分为几种?

3. 一个城市的智慧交通是建立在现代电子信息技术的基础上的,主要包括哪八大系统?

4. 智慧公交管理系统需要运用哪些技术?

5. 日本智能网联汽车发展规划中的短期战略包括哪些内容?

智能网联汽车技术二维码索引

序号	名称	二维码	序号	名称	二维码
1	自动驾驶微型车认知		5	疲劳监测系统认知	
2	计算平台认知		6	自动驾驶微型车 can 通信	
3	毫米波雷达的标定		7	线控转向系统零部件参数测试	
4	激光雷达标定		8	路径跟踪与实现	

参考文献

[1] 王建,徐国艳,陈竞凯,等.自动驾驶技术概论[M].北京:清华大学出版社,2019.

[2] 杨世春,曹耀光,陶吉,等.自动驾驶汽车决策与控制[M].北京:清华大学出版社,2020.

[3] 崔胜民,卞合善,等.智能网联汽车环境感知技术[M].北京:人民邮电出版社,2020.

[4] 李克强,戴一凡,李升波,等.智能网联汽车(ICV)技术的发展现状及趋势[J].汽车安全与节能学报,2017,8(1):1-14.

[5] 赵津,张博,潘霞,等.车联网通信技术及应用前景研究[J].时代汽车,2021(6):15-16,32.

[6] 姚勤文,刘玥,张玉稳,等.车联网C-V2X技术原理及测试解决方案[J].电子技术与软件工程,2021(6):92-93.

[7] 刘宗巍,匡旭,赵福全.V2X关键技术应用与发展综述[J].电讯技术,2019,59(1):117-124.

[8] 熊光明,高利,吴绍斌,等.无人驾驶车辆智能行为及其测试与评价[M].北京:北京理工大学出版社,2015.

[9] 姜锋,司宇,汤亚丰,等.智能网联汽车测试场现状分析及发展建议[J].中国汽车,2021(1):24-29.

[10] 刘恒畅.自动驾驶技术伴生风险的法律规制[D].兰州:兰州理工大学,2021.

[11] 宋传增.智能网联汽车技术概论[M].北京:机械工业出版社,2020.

[12] 陈慧岩,熊光明,龚建伟,等.无人驾驶汽车概论[M].北京:北京理工大学出版社,2014.

[13] 陈孟元.移动机器人SLAM、目标跟踪及路径规划[M].北京:北京航空航天大学出版社,2017.

[14] 贾平,魏慧楠.无人驾驶汽车的相关法律问题及其对策[J].长安大学学报(社会科学版),2018,20(4):36-45.

[15] 李晶华,弋国鹏.智能网联汽车技术与应用[M].北京:机械工业出版社,2021.

[16] 崔胜民.智能网联汽车新技术[M].北京:化学工业出版社,2016.

[17] 中国汽车技术研究中心有限公司·数据资源中心.智能网联汽车技术[M].北京:社会科学文献出版社,2019.

[18] 刘法旺,李艳文. 自动驾驶系统功能安全与预期功能安全研究[J]. 工业技术创新, 2021,8(3):62-68.

[19] 吴翔宁,施轶凡,朱云华,等. 自动驾驶汽车对交通安全法律的挑战及相关规制研究[J] 品牌与标准化,2021(1):92-94.

[20] 王文娟,陈岩. 智能网联汽车发展中的法律政策研究[J]. 数字通信世界,2021(1): 55-57.

[21] CASSEL A, BERGENHEM C,CHRISTENSEN O M, et al. Perception safety require-ments and multi sensor systems for automated driving systems[J]. SAE International Journal of Advances and Current Practices in Mobility, 2020, (2): 3035-3043.

[22] 中国电子信息产业发展研究院. 智能网联汽车测试与评价技术[M]. 北京:人民邮电出版社,2017.

[23] 余贵珍,周彬,王阳,等. 自动驾驶系统设计及应用[M]. 北京:清华大学出版社,2019.

[24] 殷秋实. 智能汽车的侵权法问题与应对[J]. 法律科学(西北政法大学学报),2018(5):42-51.

[25] 郑莉. 数据安全如何解题?[J]. 汽车观察,2021(10):70-71.

[26] 潘妍,许智鑫,马泽宇. 车联网数据安全风险分析与政策研究[J]. 保密科学技术, 2021(7):16-22.